企业环境污染第三方治理法律问题研究

QIYE HUANJING WURAN
DISANFANG ZHILI
FALÜ WENTI YANJIU

孔东菊 著

知识产权出版社
全国百佳图书出版单位

图书在版编目（CIP）数据

企业环境污染第三方治理法律问题研究 / 孔东菊著. —北京：知识产权出版社，2019.6
ISBN 978-7-5130-6274-9

Ⅰ.①企⋯ Ⅱ.①孔⋯ Ⅲ.①环境保护法—研究—中国 Ⅳ.①D922.680.4

中国版本图书馆 CIP 数据核字（2019）第 101540 号

责任编辑：彭小华　　　　　　　　　　责任校对：王　岩
封面设计：韩建文　　　　　　　　　　责任印制：孙婷婷

企业环境污染第三方治理法律问题研究

孔东菊　著

出版发行：知识产权出版社 有限责任公司	网　　址：http://www.ipph.cn
社　　址：北京市海淀区气象路 50 号院	邮　　编：100081
责编电话：010-82000860 转 8115	责编邮箱：huapxh@sina.com
发行电话：010-82000860 转 8101/8102	发行传真：010-82000893/82005070/82000270
印　　刷：北京九州迅驰传媒文化有限公司	经　　销：各大网上书店、新华书店及相关专业书店
开　　本：787mm×1092mm　1/16	印　　张：16
版　　次：2019 年 6 月第 1 版	印　　次：2019 年 6 月第 1 次印刷
字　　数：257 千字	定　　价：78.00 元
ISBN 978-7-5130-6274-9	

出版权专有　侵权必究
如有印装质量问题，本社负责调换。

序　言

企业环境污染第三方治理是指排污企业将生产经营过程中产生的污染交由专业第三方治理，并支付治理费用的环境污染治理模式。2014年12月27日，国务院办公厅发布《关于推行环境污染第三方治理的意见》（国办发〔2014〕69号），明确第三方治理是排污者污染治理的新模式。这是我国第一个从国家层面提出第三方治理的文件，对于推动环境污染第三方治理具有重大意义。该《意见》颁布之后，多省市相继发布了规范性文件，企业环境污染第三方治理模式在中央政府的推动下实施。

与传统企业环境污染治理模式相比较，这一新的污染治理模式中，排污企业与治理第三方之间通过合同方式，将污染治理责任转变为经济支付责任，一系列法律问题随之产生。为此，近年来不少学者从不同的视角展开研究，并发表了大量的文章，为解决新污染治理模式推进过程中的诸多法律问题贡献了自己的智慧。

本书是笔者主持的教育部人文社会科学研究规划基金项目"企业环境污染第三方治理法律问题研究"（14YJA820012）最终研究成果，力图对企业环境污染第三方治理模式涉及的相关法律问题进行体系化研究。全书分为六章，分别为：企业环境污染第三方治理概述、企业环境污染第三方治理的理论基础、企业环境污染第三方治理的域外经验及启示、排污企业与治理第三方之间的合同关系、企业环境污染第三方治理法律责任的划分及企业环境污染第三方治理的政府监管。书中还收录了国家发改委办公厅分别于2016年和2017年印发的"环境污染第三方治理合同（示范文本）"和六个环境污染第三方治理的典型案例,以及浙江省环保厅于 2016 年编写的《浙江省环境污染第三方治理实例选编》(节编),与读者分享。

  由于笔者能力与水平有限,书中错漏之处在所难免,书稿完成之际心中惶恐。恳请专家同行不吝赐教,多多批评指正,不胜感谢!

孔东菊
2019 年 2 月 25 日

目录
CONTENTS

第一章 企业环境污染第三方治理概述 …………………………… 1
  第一节 企业环境污染第三方治理的提出 …………………… 1
  第二节 企业环境污染第三方治理含义解读 ………………… 9
  第三节 企业环境污染第三方治理的主要形式 ……………… 15
  第四节 企业环境污染第三方治理在部分地区的发展现状 ………… 23

第二章 企业环境污染第三方治理的理论基础 …………………… 29
  第一节 污染者负担原则 ……………………………………… 29
  第二节 公共治理理论 ………………………………………… 35
  第三节 循环经济理论 ………………………………………… 40
  第四节 可持续发展理论 ……………………………………… 44

第三章 企业环境污染第三方治理的域外经验及启示 …………… 49
  第一节 日本 …………………………………………………… 50
  第二节 美国 …………………………………………………… 56
  第三节 德国 …………………………………………………… 60
  第四节 域外实践给我国的启示 ……………………………… 65

第四章 排污企业与治理第三方之间的合同关系 ………………… 74
  第一节 企业环境污染第三方治理合同的性质 ……………… 74

  第二节 企业环境污染第三方治理合同的类型 …………… 83
  第三节 委托运营形式下第三方治理合同的主要内容 …… 89
  第四节 建设运营形式下第三方治理合同的主要内容 …… 96
  第五节 企业环境污染第三方治理合同的法律规制 ……… 106

第五章 企业环境污染第三方治理法律责任的划分 …… 118
  第一节 企业环境污染第三方治理法律责任概述 ………… 118
  第二节 企业环境污染第三方治理民事责任的划分 ……… 125
  第三节 企业环境污染第三方治理行政责任的划分 ……… 144

第六章 企业环境污染第三方治理的政府监管 …………… 156
  第一节 政府环境监管概述 ………………………………… 156
  第二节 企业环境污染第三方治理政府监管存在的问题 … 168
  第三节 企业环境污染第三方治理中完善政府监管的建议 … 176
  第四节 企业环境污染第三方治理政府监管法律责任 …… 185

参考文献 ……………………………………………………………… 207

附件 1 ………………………………………………………………… 213

附件 2 ………………………………………………………………… 225

附件 3 ………………………………………………………………… 230

附件 4 ………………………………………………………………… 235

第一章
企业环境污染第三方治理概述

第一节 企业环境污染第三方治理的提出

一、传统企业环境污染治理模式及其弊端

（一）我国传统企业环境污染治理模式的形成

在我国，对环境保护与污染防治的关注由来已久，相关规定最早可追溯至公元前16世纪的商朝。《韩非子·内储说上》有记载："殷之法，弃灰于公道者断其手。"此后，中国古代朴素的环境保护思想得以传承和发展。中华人民共和国成立之初，百废待兴，集中力量发展经济成为我国政府工作的首要任务。在这一阶段，为合理开发利用自然资源与保护环境，我国先后出台了一系列规范性文件，其中不乏涉及企业污染治理的规定，如1957年《关于注意处理公矿企业排出有毒废水、废气问题的通知》、1960年《关于工业废水危害情况和加强处理的说明》等。但总体来看，我国环境保护事业并没有得到应有的重视，企业环境污染治理也没形成有效措施。

1972年6月5日，联合国在瑞典首都斯德哥尔摩召开第一次人类环境会议，中国政府派代表团参加。通过这次会议，我国了解到环境法治在西方发达国家的发展情况，认识到中国同样也存在着严重的环境问题。1973年8月，国务院召开第一次全国环境保护会议，审议通过了《关于保护和改善环境的若干规定（试行草案）》，这是我国政府首次对环境保护作出较为全面

和系统规定的法律文件。在该《规定》中，不仅提出了"全面规划、合理布局、综合利用、化害为利、依靠群众、大家动手、保护环境、造福人民"的环境保护工作方针，同时规定："一切新建、改建和扩建的企业，污染防治项目，必须和主体工程同时设计，同时施工，同时投产。"这是我国关于企业环境保护"三同时"制度的最早规定，开启了我国企业环境污染治理的新征程。

1978年3月，我国1978年《宪法》实施，其中第11条规定，"国家保护环境和自然资源，防治污染和其他公害"，这是国家第一次将环境保护上升到宪法地位。1979年9月，五届人大十一次常委会通过《中华人民共和国环境保护法（试行）》，这是中华人民共和国成立以来第一部环境保护基本法。该法除进一步明确"三同时"制度外，同时规定已经对环境造成污染和其他公害的单位，应当按照"谁污染，谁治理"的原则，制定规划，积极治理，或者报请主管部门批准转产、搬迁。[①] 至此，"谁污染，谁治理"的企业环境污染治理模式正式确立并被纳入法制化轨道，明确了政府对企业的排污及治污行为主要承担监督和管理职责。

1989年12月，我国《环境保护法》实施，在保留规定"三同时"制度的同时，其中第24条进一步要求产生环境污染和其他公害的单位要建立环境保护责任制度，采取有效措施，防治在生产建设或者其他活动中产生的各种污染物对环境的污染和危害。此外，该法第28条还规定，企业、事业单位排放的污染物超过国家或者地方规定的污染物排放标准的，需依照国家规定缴纳超标准排污费，并负责治理。[②] 至此，"谁污染，谁治理"的企业环境污

---

① 1979年《环境保护法（试行）》第6条规定，一切企业、事业单位的选址、设计、建设和生产，都必须充分注意防止对环境的污染和破坏。在进行新建、改建和扩建工程时，必须提出对环境影响的报告书，经环境保护部门和其他有关部门审查批准后才能进行设计；其中防止污染和其他公害的设施，必须与主体工程同时设计、同时施工、同时投产；各项有害物质的排放必须遵守国家规定的标准。已经对环境造成污染和其他公害的单位，应当按照"谁污染，谁治理"的原则，制定规划，积极治理，或者报请主管部门批准转产、搬迁。

② 1989年《环境保护法》第24条规定，产生环境污染和其他公害的单位，必须把环境保护工作纳入计划，建立环境保护责任制度；采取有效措施，防治在生产建设或者其他活动中产生的废气、废水、废渣、粉尘、恶臭气体、放射性物质以及噪声、振动、电磁波辐射等对环境的污染和危害。该法第28条规定，排放污染物超过国家或者地方规定的污染物排放标准的企业事业单位，依照国家规定缴纳超标准排污费，并负责治理。水污染防治法另有规定的，依照水污染防治法的规定执行。

治理模式发展为"污染者治理"的模式。

"谁污染，谁治理"与"污染者治理"都强调了污染者的治理责任，反映的是点源控制的思想，对于客观存在的不能治理或不愿治理等问题，都没有切实可行的有效替代形式来协调经济发展与环境保护的关系，所以国家和社会就极易成为污染治理责任的被转嫁者。不过，两者也存在明显区别："谁污染，谁治理"是将治理责任限制在污染者只对其已经产生的现有污染负责，这完全是一种消极的事后补救原则，在很大程度上并不能贯穿于环境管理的全过程；"污染者治理"原则扩大了责任范围，将其扩展为污染者不仅对已产生的现有污染的治理负责，而且要对可能产生的污染的治理负责，对污染的长期影响负责。①

2014年修订的《环境保护法》第42条和第43条保留了1989年《环境保护法》第24条和第28条的主要内容，但删除了"把环境保护工作纳入计划""负责治理"字样，由"污染者治理"发展为"损害担责"。②

相对于后续出现的除污染者外，市场主体、社会组织等多元主体参与治理的企业环境污染治理模式而言，"谁污染，谁治理""污染者治理"的环境污染治理模式可称之为传统企业环境污染治理模式。

（二）传统企业环境污染治理模式的弊端

从"谁污染，谁治理"到"污染者治理"的传统环境污染治理模式一直以来是我国企业环境污染治理的主要模式，在我国环境治理中曾起到了重要的作用，但不可否认，其弊端也日益明显。

首先，传统企业环境污染治理模式与企业的利益诉求存在冲突，企业缺乏治理污染的主动性和积极性。众所周知，企业生产的主要目的是获取利润，对排放的污染物进行治理是法律规定的必须要承担的社会责任，污

---

① 赵旭东："环境法的'污染者负担'原则研究"，载《环境导报》1999年第5期，第8~9页。
② 2014年《环境保护法》第42条规定，排放污染物的企业事业单位和其他生产经营者，应当采取措施，防治在生产建设或者其他活动中产生的废气、废水、废渣、医疗废物、粉尘、恶臭气体、放射性物质以及噪声、振动、光辐射、电磁辐射等对环境的污染和危害。排放污染物的企业事业单位，应当建立环境保护责任制度，明确单位负责人和相关人员的责任。

染治理增加了企业的经营成本,与其逐利的目的背道而驰。而传统污染治理模式以行政管制为核心,采用行政权力主导的"命令——服从"行为模式,过分强调环境行政主管部门权力的行使,忽视了污染者因环境治理导致生产成本与生产经济效益倒挂的现实,企业完全是被动地去治理污染物。污染者作为"理性经济人",关注的是自身经济利益的追求,往往难以从远景角度立足自身,建立长远的、系统化的污染治理和生态保护的有效自我约束机制,① 加之我国环境法律实施存在"违法成本低、守法成本高"的现实境况,部分生产者在企业利益与环境公共利益之间往往会选择前者而牺牲后者。

其次,传统企业环境污染治理模式效率低下,不符合经济效率原则。根据"污染者治理"的要求,企业在生产的同时,必须自行投资建设并运营维护治污设施,以控制企业污染物排放量。但每个排污企业的经济实力、污染治理技术水平等各不相同,要求排污企业都通过自建并运营污染治理设施来解决自身排放出的污染物问题,不仅会大量消耗企业的人力、物力和财力,增加企业治污成本,还会影响污染治理效果,甚至造成严重的资源浪费。实践中,有的企业根本无力兴建与其污染行为相匹配的治理设施,有的虽已兴建,也不能保证正常持续运行,沦为应付环境行政主管部门监督检查的道具。

再次,传统企业环境污染治理模式下监管主体存在单一性,监管效果不佳。这主要体现在两个方面:一方面,由于环境执法机构在污染防治中占有绝对主导地位,环保执法部门享有宽泛的未受到有效限制与监管的自由裁量权,这既可能诱发环境行政主管部门与污染者的关系紧张,也可能为现实中执法部门与规制对象利益结盟、被规制企业"俘获"规制机构提供了制度空间。另一方面,政府是企业环境治理的唯一监管主体,监管模式的运作逻辑一般为:在设定各类环境标准的基础上,通过发放排污许可证并伴随排污税

---

① 范战平:"论我国环境污染第三方治理机制构建的困境及对策",载《郑州大学学报(哲学社会科学版)》2015年第2期,第42页。

费征收制度，以实现环境行政监管目标，从而达到环境行政管制效果。① 这种模式需要环境行政主管部门对众多且分散的企业生产进行环境监管，对环境行政主管部门的人力、经费等条件均提出较高的要求。实践中，我国环境行政主管部门普遍存在人手、经费、设施配备不足等问题，导致在环境污染治理监管中力不从心，严重影响了监管成效。

最后，传统企业环境污染治理模式制约了我国环保产业的发展。近年来，随着全球经济一体化及环境保护与可持续发展的呼声日盛，环保产业在经济发达国家和地区得到了长足发展。为顺应这一发展趋势，积极推动我国经济和产业结构转型，推进我国生态文明建设，2013 年 8 月，国务院发布《关于加快发展节能环保产业的意见》，明确指出："加快发展节能环保产业，对拉动投资和消费，形成新的经济增长点，推动产业升级和发展方式转变，促进节能减排和民生改善，实现经济可持续发展和确保 2020 年全面建成小康社会，具有十分重要的意义。"② 环保产业的发展需要以市场需求为导向，充分发挥市场配置资源的基础性作用，用改革的办法激发各类市场主体的积极性。而"污染者治理"的传统企业环境污染治理模式禁锢了环保服务业的市场需求，让市场对资源的配置作用难以发挥，将阻碍环保这一新兴产业的发展，制约我国经济和产业结构转型升级，影响我国生态文明建设的进程。

二、我国企业环境污染第三方治理模式的形成与推进

随着社会经济的快速发展，环境污染问题日益严重，传统环境污染治理模式的弊端凸显，探索新的企业环境污染治理模式成为现实课题。1993 年 10 月，我国第二次工业污染防治工作会议召开，会议总结了工业污染防治工作的经验教训，提出了工业污染防治实行"三个转变"，即由末端治理向生

---

① 李一丁："环境污染第三方治理的理论基础、现实诱因与法律机制构建"，载《河南财经政法大学学报》2017 年第 2 期，第 151 页。
② 国务院办公厅："关于加快发展节能环保产业的意见"，详见 http：//www. china. com. cn/news/txt/2013 - 08/11/content_ 29686124. htm，2013 - 08 - 11.

产全过程控制转变；由浓度控制向浓度与总量控制相结合转变；由分散治理向分散与集中控制相结合转变。[1] 这表明我国环境保护战略逐步转变，政策手段由单一走向综合，让企业环境污染第三方治理成为可能。

2005年12月，国务院发布《关于落实科学发展观加强环境保护的决定》（国发〔2005〕39号），提出运用市场机制推进污染治理，"推行污染治理工程的设计、施工和运营一体化模式，鼓励排污单位委托专业化公司承担污染治理或设施运营"。2007年6月，国务院发布《关于印发节能减排综合性工作方案的通知》（国发〔2007〕15号），提出推进环保产业健康发展，要求制定出台《加快环保产业发展的意见》，积极推进环境服务产业发展，研究提出推进污染治理市场化的政策措施，鼓励排污单位委托专业化公司承担污染治理或设施运营，明确"组织开展烟气脱硫特许经营试点"。2007年7月，国家发展和改革委员会（以下简称国家发改委）与原国家环境保护总局联合印发了《关于开展火电厂烟气脱硫特许经营试点工作的通知》（发改办环资〔2007〕1570号），要求五大发电集团公司按照《火电厂烟气脱硫特许经营试点工作方案》的有关要求推荐试点项目，将电厂脱硫设施交给第三方专业治理公司，用脱硫电价款对达标的治理服务进行支付。这表明环境污染第三方治理的思路逐渐明晰，并率先在重点行业和领域进入试点阶段。

进入21世纪以来，为缓解城市化高速发展与基础设施供给短缺之间的矛盾，市政公用事业市场化改革被提上日程，特别是"十一五"以来，节能减排作为约束性指标，国家采取一系列措施，加大环境治理力度，带动了环境服务业的快速发展。[2] 根据《第四次全国环境保护相关产业综合分析报告》，2011年我国环境保护相关产业从业人员达到319.5万人，年营业收入

---

[1] 周宏春：“环境保护应成为我国又好又快发展的重头戏”，载 http://theory.people.com.cn/BIG5/49150/49152/8487588.html，2008 - 12 - 09。

[2] 骆建华：“环境污染第三方治理的发展及完善建议”，载《环境保护》2014年第20期，第16页。

30 752.5亿元，年营业利润 2 777.2 亿元，年出口合同额 333.8 亿美元。与 2004 年相比，2011 年我国环境保护相关产业的从业人数增加了 100.3%，年平均增长速度为 10.4%；营业收入增加了 572.6%，年平均增长速度为 31.3%；营业利润增加了 605.1%，年平均增长速度为 32.2%；出口合同额增加了 439.3%，年平均增长速度为 27.2%。同时，我国环境保护相关产业营业收入占同期 GDP 的比重由 2004 年的 2.8% 上升至 2011 年的 6.5%。[①]"十二五"期间，发展环保产业是我国经济绿色化发展的主要方向。在此过程中，一大批规模化的环保公司得到了培育和发展，行业技术和管理水平也不断提升，业务范围逐渐向工业污染治理领域扩展，实行企业环境污染第三方治理的条件逐渐成熟。

2012 年 11 月，党的十八大召开，提出全面落实经济建设、政治建设、文化建设、社会建设、生态文明建设"五位一体"的中国特色社会主义事业总体布局，生态文明建设上升为国家战略，对环境管理模式的改革与创新提出了更新更高的要求。2013 年 11 月，党的十八届三中全会审议通过《中共中央关于全面深化改革若干重大问题的决定》，明确提出："发展环保市场，推行节能量、碳排放权、排污权、水权交易制度，建立吸引社会资本投入生态环境保护的市场化机制，推行环境污染第三方治理。"由此，建立生态环境保护市场化机制，推行环境污染第三方治理，成为贯彻落实党的十八大关于全面深化改革战略部署的措施之一。

2014 年 10 月，国务院常务会议第三十一次会议提出推行环境污染第三方治理，推进政府向社会购买环境监测服务。2014 年 11 月，国务院印发《关于创新重点领域投融资机制鼓励社会投资的指导意见》（国发〔2014〕60 号），也将"大力推行环境污染第三方治理"列为十项配套重点政策措施之一。2014 年 12 月 27 日，国务院办公厅发布《关于推行环境污染第三方治理

---

① "第四次全国环境保护相关产业综合分析报告"，载《中国环保产业》2014 年第 8 期，第 4~17 页。转自段娟："中国环保产业发展的历史回顾与经验启示"，载《中国改革开放的历史经验：第十六届国史学术年会论文集》，当代中国出版社 2017 年版，第 266~267 页。

的意见》，明确环境污染第三方治理是"排污者通过缴纳或按合同约定支付费用，委托环境服务公司进行污染治理的新模式"，要求在坚持排污者付费、坚持市场化运作、坚持政府引导推动的基本原则下，推进环境公用设施投资运营市场化，创新企业第三方治理机制，健全第三方治理市场，强化政策引导和支持。这是中国第一个从国家层面提出第三方治理的文件，对于推动环境污染第三方治理具有重大意义。该《意见》颁布之后，北京市、上海市、安徽省、河北省、云南省、山西省、吉林省、福建省等多省、直辖市相继发布了规范性文件。至此，企业环境污染第三方治理模式正式形成，并在中央政府的推动下实施。

  2017年8月，国务院原环境保护部发布《关于推进环境污染第三方治理的实施意见》（下称《实施意见》），确立的基本原则有三：一是坚持排污者担负污染治理主体责任；二是坚持监管执法和信息公开相结合；三是坚持政策引导与先行先试。具体内容方面，该《实施意见》对环境污染第三方治理实施中存在的部分疑难问题进行回应。首先，关于排污者与治理第三方的责任划分，明确排污者担负污染治理主体责任，承担污染治理费用；第三方治理单位按照有关法律法规和标准以及排污单位的委托要求，承担合同约定的污染治理责任；排污者与第三方治理单位通过合同约定，建立相互督促、共同负责的市场运行机制。其次，关于第三方治理的监管，要求严格执行污染物排放标准，强化监管和环保执法，规范市场秩序，营造良好的第三方治理市场环境；同时，通过推进信息公开，积极引导社会主体参与监督。最后，关于第三方治理的未来发展，要在坚持市场化运作的基础上，有针对性地通过相关政策措施，对第三方治理进行引导和支持，并开展试点示范，总结推广经验。[①] 该《实施意见》的出台，意味着企业环境污染第三方治理模式基本成熟并推广实施。

---

  ① 环境保护部："环境保护部关于推进环境污染第三方治理的实施意见"，载http：//www.zhb. gov. cn/gkml/hbb/bh/201708/t20170816_ 419759. htm，2017 – 08 – 16.

第二节　企业环境污染第三方治理含义解读

一、"治理"的缘起与含义

"治理"是个外来词，有着久远的历史。古希腊著名哲学家柏拉图在《理想国》中有述："做了统治者他们就要报酬，因为在治理技术范围内，他拿出了自己的全部能力努力工作，都不是为自己，而是为所治理的对象。"[1] 亚里士多德在其编著的《政治学》一书中也有述及："最早的城邦由国王治理。"[2] 在我国古代遗留的古籍中，对"治理"一词也有记载，如《荀子·君道》有云："明分职，序事业，材技官能，莫不治理，则公道达而私门塞矣，公义明而私事息矣。"[3] 不过，这里的"治理"指的是统治者的管理和统治活动，与现代社会治理中的"治理"的含义相差甚远。20世纪90年代以前，"治理"与"统治"这两个概念几无差别，主要是指与民族国家相关的政治管理活动。

探究"治理"的含义需要在治理理论的语境下展开。公共治理概念受到全球关注并研究，发端于1989年世界银行发布的报告《南撒哈拉非洲：从危机走向可持续增长》，其中使用了"治理危机"一词，提出了与治理有关的观点。1992年世界银行发布年度报告《治理与发展》，系统阐述关于治理的看法；同年，联合国成立"全球治理委员会"并创办《全球治理》杂志，"治理"概念迅速成为政治学、公共管理学、行政学等众多学科探讨的热点。[4]

---

[1] ［古希腊］柏拉图：《理想国》，郭斌和等译，商务印书馆1986年版，第30页。
[2] ［古希腊］亚里士多德：《政治学》，颜一等译，中国人民大学出版社2003年版，第3页。
[3] 《荀子·君道》，中华书局2011年版，第199页。
[4] 何期舟、金潇："公共治理理论的发展及其中国定位"，载《学术月刊》2014年第8期，第125页。

何谓"治理"？20世纪90年代以来，西方学者对此作出了界定。治理理论创始人之一詹姆斯·N.罗西瑙认为，治理与政府统治并非同义词。"尽管两者都涉及目的性行为、目标导向的活动和规则体系的含义，但是政府统治意味着由正式权力和警察力量支持的活动，以保证其适时制定的政策能够得到执行。治理则是由共同的目标所支持的，这个目标未必出自合法的以及正式规定的职责，而且它也不一定需要依靠强制力量克服挑战而使别人服从"。与政府统治相比，治理的内涵更加丰富，"既包括政府机制，同时也包括非正式的、非政府的机制"。① 由此，罗西瑙推断没有政府的治理是可能的。英国著名学者格里·斯托克通过审读有关文献后认为，治理一词"有种种用法，也有种种意思。但有一基本相同之处：治理所指，是统治方式的一种新发展，其中的公私部门之间以及公私部门各自的内部的界线均趋于模糊。治理的本质在于，它所偏重的统治机制并不依靠政府的权威或制裁"②。我国学者俞可平认为，治理的基本含义是指官方的或民间的公共管理组织在一个既定的范围内运用公共权威维持秩序，满足公众的需要，包括必要的公共权威、管理规则、治理机制和治理方式。③

根据治理理论，"治理"与"统治"的区别主要有：其一，主体不同。治理的主体可以是公共机构、私人机构或公共机构和私人机构的合作；统治的主体是社会的公共机构。其二，权力运行向度不同。统治是运用政府的政治权威，自上而下地对社会公共事务实行单一向度的管理；治理则是通过合作、协商、伙伴关系、确立认同和共同的目标等上下互动地对公共事务实行管理。其三，管理的范围不同。政府统治所涉及的范围就是以领土为界的民族国家；治理的范围既可以是特定领土界限内的民族国家，也可以是超越国

---

① [美]詹姆斯·N.罗西瑙：《没有政府的治理》，张胜军等译，江西人民出版社2001年版，第4～5页。
② [英]格里·斯托克："作为理论的治理：五个论点"，华夏风译，载《国际社会科学》1999年第1期，第19页。
③ 俞可平："全球治理引论"，载《马克思主义与现实》2002年第1期，第22页。

家领土界限的国际领域。最后,权威的基础和性质不同。统治的权威主要源于政府的法规命令;治理的权威则主要源于公民的认同和共识。①

二、第三方治理

第三方治理就是引入第三方主体的治理,所探讨的是在治理过程中多个不同治理主体之间的关系问题,在本质上是一种治理理念与治理实践。根据治理理论,公共服务供给的职责不仅仅限于政府,非政府组织和私人组织同样可为公共服务供给承担责任。"如果把提供公共服务的政府作为供给方,把公民视为公共服务的接受方,其他任何政府授权或分权提供公共服务的组织和个人都可以成为'第三方'。"② 目前,国内外学者对"第三方"的理解存在分歧。美国公共政策学者萨拉蒙认为,市场和国家以外大范围的社会机构不论如何多样化,这些实体都具有五个共同的特征:组织性、私有性、非营利属性、自治性和自愿性。③ 这是从狭义上理解第三方。另一种观点是从广义上理解,认为第三方包括独立于政府部门和市场部门之外的所有志愿者团体、社会组织或民间组织。④ 还有学者认为,治理第三方可以界定为独立于政府、有能力且志愿参与公共服务的供给和监督政府运行的组织和个人,包括公民、私人组织(企业)和民间团体。⑤ 可见,此处的"第三方"范围更广。产生分歧的原因并非是观点的对立,而是对"治理"理解的角度和范围不同。

治理理论的兴起可以说是对"市场失灵"和"政府失灵"的反思和替

---

① 俞可平:"全球治理引论",载《马克思主义与现实》2002年第1期,第22页。
② 陈潭:"多中心公共服务供给体系何以可能——第三方治理的理论基础与实践困境",载《学术前沿》2013年第17期,第23页。
③ [美]莱斯特·M.萨拉蒙:《全球公民社会:非营利部门视野》,贾西津等译,社会科学文献出版社2002年版,第3~4页。
④ 王名、刘国翰、何建宇:《中国社团改革:从政府选择到社会选择》,社会科学文献出版社2001年版,第12页。
⑤ 陈潭:"多中心公共服务供给体系何以可能——第三方治理的理论基础与实践困境",载《学术前沿》2013年第17期,第24页。

代。"市场失灵"是指市场功能发挥的一种不理想状态，没能起到应起的作用，或市场没有达到人们预期目的的状态。①"市场失灵"为政府干预留下空间，但政府也不是万能的，政府干预也存在达不到预期目标，或达到了预期目标但效率低下，或达到了预期目标，效率也较高，但带来了不利的事先未曾预料到的副作用等诸多问题，即"政府失灵"。②此外，除"市场失灵"和"政府失灵"外，非营利性组织和非政府组织也会存在功能发挥不理想的状态，从而出现"志愿失灵"现象。第三方治理强调多元主体参与到公共事务的治理过程，以期更好地达成公共治理的目标和公共利益的最大化。

从不同侧面来说，第三方治理具有开放性、专业性、契约性、竞争性的特点和要求。开放性是指开放性的社会是第三方治理成为可能的基本要件；专业性则指只有具备专业性的第三方才能解决政府机构的随意性和政府能力的有限性问题；契约性要求第三方治理必须以契约的形式实施和推动，没有法律程序的第三方治理容易造成利益的损失和信任的崩溃；竞争性是为了提高公共服务质量和公共治理效率，需要在多元治理主体之间展开竞争，运用市场机制和竞争机制开展公共资源配置、公用事业管理和公共事务治理。③

本书探讨的"第三方治理"是为弥补排污者与政府治污能力的不足，允许除排污企业和政府以外的专业化环境服务机构，通过市场机制，对环境污染物进行治理，合同是第三方参与治污的主要方式。如果从第三方治理理论视角去理解，应该是最广义上的第三方治理。

三、环境污染第三方治理与企业环境污染第三方治理

（一）环境污染第三方治理

所谓环境治理，是指"在对自然资源和生态环境的利用中，生态环境的

---

① 许明月："市场、政府与经济法——对经济法几个流行观点的质疑与反思"，载《中国法学》2004年第6期，第109页。
② 陈秀山："政府失灵及其矫正"，载《经济学家》1998年第1期，第54页。
③ 陈潭："第三方治理：理论范式与实践逻辑"，载《政治学研究》2017年第1期，第94页。

利益相关者在宏观和微观层面上,由谁进行环境决策,如何进行环境决策,怎样行使权利并承担相应责任进而达到一定的生态环境绩效、经济绩效和社会绩效,并力求实现绩效最大化和可持续性的过程"。① 环境污染第三方治理是一种新型治污理念和方式的综合,体现了环境治理理论和实践的进步,是第三方治理理论在环境治理领域的发展和延伸。广义上的"第三方"当然包括除污染者之外的民间环保组织、环保志愿者和普通社会公众。但是,制度创新层面的环境污染第三方治理中的"第三方"应当有较为固定的制度内涵,限缩并注重于专业的环境污染治理第三方机构。②

在我国,环境污染第三方治理是一项涉及多元主体、多方利益、多种方式的环境治理创新模式,反映了我国当代环境治理的最新趋势与特点。依据污染物的来源,可将污染物分为三类:一类是生活污染物,排放主体是公众,但公众一般不单独作为责任主体委托专业环境服务机构进行污染处理,而由政府将辖区内污染集中处理,即政府是这类污染的治理责任主体;二是工业污染物,如工业废水、废气、固体废弃物及重金属排放物等,治理责任主体是排污企业;三是城镇场地污染和区域性环境污染物,这类环境公用设施或跨行政区域的污染处理有很强的外溢性,因此治理责任主体也归为政府。③ 按照环境污染第三方治理的模式设计,政府和排污主体以外的第三方参与治理的都属于第三方治理,因此,以上三种情形都可以适用。

(二)企业环境污染第三方治理

企业环境污染第三方治理指的是工业污染物的治理,其运作机理是通过引入市场机制,将排污企业的直接环境责任转化为间接经济责任,由具体承担污染治理任务的第三方集中投入资金,建立污染治理经营实体,实行社会

---

① 张炳淳:"构建现代生态环境善治机制",载《环境保护》2011年第19期,第44页。
② 刘超:"管制、互动与环境污染第三方治理",载《中国人口·资源与环境》2015年第2期,第102页。
③ 董战峰等:"我国环境污染第三方治理机制改革路线图",载《中国环境管理》2016年第4期,第53页。

化有偿服务和管理，实现污染治理的规模化、专业化、高效化。① 根据国办发〔2014〕69号《意见》中的描述，第三方治理的关键之处在于市场原则在治理中的运用，政府可以采用市场机制，把环境服务公司引进环境的治理。具体来说，第一方是政府，其需要向社会提供环保公共产品；第二方是污染企业，其生产行为产生了大量的环境污染；第三方是指专业化的环境服务机构。

企业环境污染第三方治理尽管是由第三方治理理论发展而来，但其与前述治理理论语境中的一般意义上的第三方治理有着明显的区别，具体体现在以下方面：

第一，治理第三方的范围不同。企业环境污染第三方治理中的第三方主要是专业环境服务机构，它们提供的是专业化的污染治理服务，因而要求具备一定的污染治理资质，具备专业的污染治理条件和能力。一般意义上的第三方治理主体的范围，狭义上理解，指基于志愿精神形成而独立于政府体制之外，以实现公共利益为目的并具有正式组织形式的民间自治组织，即"第三部门"；广义上理解，除"第三部门"外，还可以是其他组织和个人，"完整意义上的治理第三方不能仅仅局限于非营利组织，这需要结合政府治理的对象来解释"，因而不排除以营利为目的。② 很显然，环境污染治理的第三方的范围要远远小于前述广义的治理第三方的范围，仅指其中的以盈利为目的的专业化环境服务机构。

第二，第三方治理行为的性质不同。企业环境污染第三方治理主要表现为排污企业向第三方购买专业化的污染治理服务，是一种基于市场规则的交易行为。为提高污染治理效率，解决恶性市场竞争，规范市场行为，排污企业可以通过专业性竞标或竞争性谈判方式选择治理第三方。为促成双方合同

---

① 王琪、韩坤："环境污染第三方治理中政企关系的协调"，载《中州学刊》2015年第6期，第72~73页。

② 陈潭："多中心公共服务供给体系何以可能——第三方治理的理论基础与实践困境"，载《学术前沿》2013年第17期，第24页。

的缔结，政府可以提供相关服务，对污染治理行为有监管职责，但不参与交易关系。一般意义上的第三方治理中，除企业外，还包括大量的非营利机构或公众的非营利性志愿行为。政府为了实现自己的目标，也可以将提供公共服务的任务委托给非政府组织承担，即便存在交易，购买方也多是政府，政府需参与其中，并负责资金支持。

第三，第三方治理行为的运行基础及约束力不同。企业环境污染第三方治理以合同为依托，合同是记载着各方的权利义务和划分排污企业与治理第三方责任的重要依据，对参与主体的行为有明确和严格的约束。合同的内容除体现当事人的意思自治外，还必须符合国家法律法规对当事人环境义务的规定。一般意义上的第三方治理中，治理主体具有多元化，参与治理的形式除合同行为外，还包括大量的社会组织或公众的自主自愿非合同行为，而这部分行为受到的约束相对较弱。

第三节　企业环境污染第三方治理的主要形式

一、环境污染第三方治理的主要形式

环境污染第三方治理问题在我国孕育多年。2013年党的十八届三中全会明确提出"推行环境污染第三方治理"后，第三方治理市场被业内寄予厚望，国务院有关部委及地方政府每年都有与之相关的新政发布。目前，环境污染第三方治理主要适用于大型工业企业、具有规模效应和集中优势的工业园区以及市政污水和垃圾治理等领域，实践中出现了一些成功的案例。2017年12月15日，国家发改委办公厅印发了6个环境污染第三方治理的典型案例，供各地在推进中参考借鉴（见附件3）。

根据委托主体不同，可将环境污染第三方治理作以下分类（见表1-1）：

表1-1 环境污染第三方治理形式分类与比较

委托（合作）主体	治理模式	环保设施权属	合作依据	合同类型	适用领域
政府	特许经营①	政府、治理第三方或SPV机构等	政府许可	行政合同	市政污水、垃圾等治理；生态环境修复；工业园区治理等
	PPP模式		PPP协议	民事合同	
排污企业	委托运营	排污企业	第三方治理合同	民事合同	企业已建项目、新（改）项目
	建设运营	治理第三方			企业新（改）项目

由表1-1可见，由政府作为委托主体的环境污染第三方治理主要有特许经营和PPP（Public-Private Partnership，政府和社会资本合作）模式两种形式；由排污企业作为委托主体的环境污染第三方治理主要有委托运营和建设运营两种形式。

政府特许经营是指政府通过让渡公共基础设施和公用事业领域的经营权，特许社会资本经营并获取收益，双方合作的依据是行政合同，法律地位不平等。这种形式主要应用于基础设施和公共事业。PPP是资源配置的新模式，是政府、社会、市场各方共治、机制共建、利益共享、风险与责任共担的模式，双方合作的依据是PPP协议，法律地位应该平等。关于二者的关系，我国学界有不同认识。有论者认为两者有本质不同；[2] 有论者认为特许经营只是PPP的一种形式；[3] 还有论者称之为"政府特许经营PPP项目"[4]，实际上也认可特许经营只是PPP的一种形式。实践中，关于PPP协议是行政合同还

---

[1] 在我国，关于政府特许经营与PPP的关系模糊不清，笔者认为"两者存在本质区别"的观点更具合理性，故而分述之。

[2] 刘尚希等："基于治理、资源配置视角对政府特许经营和PPP的认识"，载《经济研究参考》2016年第15期，第16页。

[3] 王丛虎、徐琳："PPP与政府特许经营的关系及立法策略"，载《财政研究》2016年第6期，第82页。

[4] 肖萍、卢群："城市治理过程中公众参与问题研究"，载《南昌大学学报（人文社会科学版）》2016年第6期，第89页。

是民事合同看法不一，PPP案件的争议解决是应适用行政诉讼还是按民事合同纠纷处理，也存在很大争议。①从目前出台的规范性文件来看，国务院各部委对PPP概念的理解及其与政府特许经营的关系的认识也不一致。根据2015年国家发改委等五部门联合颁发的《基础设施和公用事业特许经营管理办法》第3条的规定，基础设施和公用事业特许经营是指"政府采用竞争方式依法授权中华人民共和国境内外的法人或者其他组织，通过协议明确权利义务和风险分担，约定其在一定期限和范围内投资建设运营基础设施和公用事业并获得收益，提供公共产品或者公共服务"。关于该"管理办法"相关问题，国家发改委在答记者问时，明确提出了特许经营只是PPP的一种形式。

尽管关于政府特许经营与PPP的关系尚未厘清，我国的相关立法也尚未出台，但实践中政府与社会资本合作进行环境污染治理已取得不错的效果。在国家发改委办公厅印发的典型案例中，"无锡市芦村污水处理厂污泥处理工艺改造案例"和"大连市毛茔子垃圾填埋场渗滤液处理案例"是污水处理和垃圾治理的成功案例，而"衡水工业新区环境污染第三方治理案例""苏州工业园区污泥处置及资源化利用案例"和"安徽宜源环保科技股份有限公司华茂国际纺织工业城污水处理案例"是关于工业园区污染第三方治理的典型案例（见附件3）。

企业环境污染第三方治理中，排污者为企业，治理责任主体也是该企业。在环境污染第三方治理的三种形式中，根据"政企合作"的委托治理形式的应用领域不同，需作具体分析：一方面，应用于市政污水及垃圾治理、生态环境修复等领域时，由于其污染并非直接来源于工业企业，治理责任主体是政府，所以不属于企业环境污染第三方治理的范畴。另一方面，应用于工业园区治理时，由于其污染除来源于企业的部分外，也会涉及市政生活污染，理论上政府委托第三方治理与企业委托第三方治理都可以。

如果采用政府委托，政府在园区污染治理全过程需扮演参与者、监管者、

---

① 于安："论政府特许经营协议"，载《行政法学研究》2017年第6期，第3~4页。

决策者等多重角色：参与者是指政府部门作为委托方与第三方开展环境污染协同合作；监管者是指政府部门监督环境污染治理和生态破坏修复活动的开展和实施；决策者是指环境污染者与第三方开展环境污染协同合作是否合法合理应由环境行政主管部门予以明确。①"新沂市经济开发区化工废水第三方治理PPP项目"② 是采用政府委托的典型实例。

该项目位于新沂市经济开发区内，设计总规模3.0万 m^3/d，由新沂市人民政府通过公开招投标与光大水务运营（新沂）有限公司签署污水处理厂改扩建及运维PPP项目特许经营、污水处理服务、资产转让等协议。项目于2016年7月开始进入特许经营，经营期25年。项目在2017年二期工程（1万吨/日）扩建同时，对一期工程进行全升级改造和整体优化，采用"初沉+调节+厌氧水解+AAO+二沉+高效沉淀+臭氧氧化+曝气生物滤池+反硝化滤池+纤维转盘过滤+消毒"工艺，执行《城镇污水处理厂污染物排放标准》（GB18918—2002）一级A标准，总投资1.6亿元。该案例处理工艺具有较强的先进性，"一企一评""一企一价""一企一管""错时排水"等管理措施也良好有效。

在该案例中，化工企业排污接管收费标准由新沂市政府主导、第三方评估、物价局核发，采取了"基准价+企业受控污染因子费用（企业受控污染因子费用：企业污水中受控污染物因子个数×特征因子单价）"方式，以确定各企业污水处理单价；新沂市住建局将需支付项目的污水处理服务费列入市财政预算，每月对光大水务运营（新沂）有限公司的污水处理量和质量进行考核并及时向市财政部门申请支付污水处理服务费，采用收支两条线，保证了污水处理服务费支付的及时性和公正性；污水处理服务费单价可按规定每两年申请调整一次，在经物价、住建、财政、审计等部门对处理成本进行核算后，可进行调价。

---

① 李一丁："环境污染第三方治理的理论基础、现实诱因与法律机制构建"，载《河南财经政法大学学报》2017年第2期，第154页。

② 详见环境保护部环境保护对外合作中心、中国环境科学研究院、中国循环经济协会于2017年征集的"工业园区环境污染第三方治理典型案例（第一批）"，见 http://news.huishoushang.com/221838827830640640.html，2018-09-04.

第一章
企业环境污染第三方治理概述

如果采用企业委托，则委托者为多家企业，政府主要是监管者，受托方往往要完成整个工业园区涉及管道、基建、设计、污水处理等所有工作。"上海化学工业区污水厂污水处理项目"① 是采用企业委托的典型实例。

上海化学工业区中法水务发展有限公司现拥有5条污水生化处理线和2条活性炭吸附处理线，其以契约化的污水处理服务模式和合理的收费机制为上海化学工业区内的70余家客户提供污水处理服务。园区企业可以根据协议排放一定流量和浓度的污水，而上海化学工业区中法水务发展有限公司则需确保客户污水得到有效处理并达标排放，并最终由政府环保单位进行监督。目前上海化学工业区中法水务发展有限公司已与园区内70多家企业和机构签署了10~15年的长期服务协议。该公司首先将园区内的污水分为生活污水、工业污水，使用各类先进在线监测系统和实验室分析对污水厂的进水、工艺段水样和污水厂出水进行24小时全过程实时监控；对每个客户的污水都进行专管专送，并为其中26家主要客户均配有一个特定的污水缓存池；在每个客户污水进水管道上都配备了自动采样仪，进行混样采集，并在实验室对所有客户进水混样进行全面分析；污水根据水质差异被分配至5条生化处理线和2条活性炭吸附处理线进行处理。污水处理费用主要由企业污水水量及水质决定，并兼顾污水厂的运营成本，以保障污水处理收费机制的合理性。

该案例展现了先进的服务模式、合理的收费机制、完善的管理制度、严格的操作规程，在园区分类收集、分质处理、水质全过程实时监控、专管专送、分线处理和应急处理方面独特先进，保障了出水长期稳定达标排放。2008年至2016年间出水COD和氨氮浓度分别为53~73mg/l和6mg/l以下，其数值远低于《上海市污水综合排放标准》（DB31/199—2009）中的二级排放标准（COD：100mg/l；氨氮：15mg/l），且其去除效率一直保持同行业领先水平，是"工业园区第三方污水治理的典范"。

囿于选题，本书只讨论由企业作为委托人开展的企业环境污染第三方治理。

---

① 详见环境保护部环境保护对外合作中心、中国环境科学研究院、中国循环经济协会于2017年征集的"工业园区环境污染第三方治理典型案例（第一批）"，http://news.huishoushang.com/221838827830640640.html，2018-09-04。

二、企业环境污染第三方治理的两种形式[①]

企业环境污染第三方治理的形式主要有两种："企企合作"的委托运营形式和"企企合作"委托治理的建设运营形式。

（一）委托运营形式

委托运营形式由排污企业提供污染治理设施，第三方提供污染治理服务，并从排污企业获取报酬。委托运营形式在我国的研究和实践中出现较早，有论者称之为"环境污染防治设施授权管理模式"，对于其他的环保设施投资者或排污企业而言，"授权管理就是投资者或排污者以合同的方式，将自己的治污设施或污染物，委托给专业的环保企业或自己的专业化运营队伍，由它们负责运行和处理，运营方面要保证设施正常运行和污染物的达标排放，排污者则应向其支付相应的费用，实行社会化的有偿服务。"[②] 1987 年，江苏省靖江市筹建了环境工程公司，从 1989 年开始实行污染防治设施委托运营机制，将排污与运行分离，使防治设施获得相对独立的运营自主权，借助排污单位与受委托单位间的相互制约关系，有效提高污染防治设施正常运转率和处理率，降低运行费用。[③] 可见，在 20 世纪末，尽管企业环境污染第三方治理模式还没有正式推出，但实践中已有尝试。不过，受计划经济体制和过去的环境管理体制的影响，当时的污染集中治理设施基本上是由政府投资兴建并负责运行的。

---

① 有人认为企业环境污染第三方治理有三种模式：第一种模式是排污企业自愿履行环保法律方面的责任和义务，通过合同方式委托环境服务机构进行治理，或者协助环境服务机构进行治理；第二种模式是污染者作为被告，可以与原告（原告可能是私益诉讼中的个人，也可能是公益诉讼中的社会组织）共同委托第三方进行治理；第三种模式是在诉讼过程中，由法院指定独立的第三方进行治理。甚至在行政执法过程中，当污染者拒绝履行治理义务时，也可以由行政执法机关委托或指定独立的第三方进行治理，由污染者来承担治理的费用。囿于选题，本书仅讨论以上分类中第一种模式下的两种形式。详见杜晓："专家：环境污染第三方治理需严防滋生利益链"，中国新闻网，http://www.chinanews.com/sh/2016/12-21/8100660.shtml，2016-12-21。

② 张世秋："环境污染防治设施授权管理与政策探讨"，载《中国人口·资源与环境》2000 年第 2 期，第 29 页。

③ 陈明建、周山："污染防治设施委托运营问题的思考"，载《江苏环境科技》1999 年第 1 期，第 35 页。

第一章
企业环境污染第三方治理概述

与政府投资建立污染治理设施并委托运营相比,企业环境污染第三方治理中的委托运营形式具有以下特点:第一,环保设施由排污企业投资建设,产权归排污企业所有;第二,委托方是排污企业,受托方是治理第三方,合作的主要方式是环境治理服务合同;第三,委托运营的内容就是治理第三方接受排污企业的委托,利用排污企业的环保设施,加上自己的技术和人员为排污企业提供治污服务,并收取服务费用。

企业委托运营形式采用的是嵌入型治理,环保设施与主体设施为一整体,可以适用于已建成项目,也可以适用于新建的排污量大的大中型项目。应传统环境治理模式的需要,我国环境立法明确规定了"三同时"制度,已建成项目中大部分都建有配套的污染治理设施。为避免造成已有环保设施的闲置浪费,这些企业可通过合同形式,委托第三方利用排污企业已有的环保设施,通过第三方的人员和技术,为排污企业提供专业的污染治理服务,排污企业支付相应的服务费用。国家发改委办公厅公布的"中煤旭阳焦化污水第三方治理案例"就是委托运营形式的代表案例(见附件3)。该案例中,第三方治理企业对焦化企业原有污水处理站的设备进行改造,并在原有的污水处理工艺基础上进行优化调节,项目投入小。收费机制上,第三方治理企业根据进水COD指标范围和出水指标要求,差异化收费,既能为排污企业节约费用,也有利于保障治理第三方的利益。

在新建项目中,排污企业的环保设施工程的设计、采购、施工、试运行等全过程或若干阶段可以委托给其他公司承包完成后,再委托治理第三方运营管理,也可以将环保设施工程建设和委托运营整体委托给治理第三方完成。由于治理第三方对自己设计、建设、完成的环保设施的性能、数据等相关信息很熟悉,后期运营起来就会得心应手,加之运营项目的时间都至少在15～20年,治污就有了连续性,与建设运营形式相比,也不需要大量的前期资本投入。所以,有污染治理专业公司认为这才是好的第三方治理模式。[①]

[①] 金鑫荣:"第三方治理与国家环保力度成正比",载《环境教育》2015年第5期,第19页。

（二）建设运营形式

建设运营形式下，排污企业授权第三方环境服务机构对环保设施进行融资建设、运营管理和维护，第三方环境服务机构享有治污设备所有权。此形式主要适用于新建、改建或扩建的污染治理项目。这种治理形式中，由治理第三方对环保设施进行建设并运营，排污企业支付运营费用。

与委托运营形式相比，建设运营形式具有以下特点：第一，环保设施由治理第三方投资建设，产权归治理第三方所有，因而治理第三方的前期投入会比较大；第二，委托方是排污企业，受托方是治理第三方，合作的主要方式是环境治理建设运营合同；第三，建设运营的内容包括环保设施建设和环保设施运营两个部分，运营期满后，环保设施可以移交给排污企业，也可以依约定拆除。

建设运营形式既可以采用嵌入型治理，也可以采用独立型治理。嵌入型治理中，治理第三方将环保设施建设在排污企业的厂界范围内，环保设施建设用地的土地使用权归排污企业所有，治理第三方可有偿或无偿使用；独立型治理中，环保设施建设在排污企业的厂界范围外，与排污企业建设的主体设施相互独立，排污企业应负责或协助环保设施建设用地的征用等手续（见图1-1）。

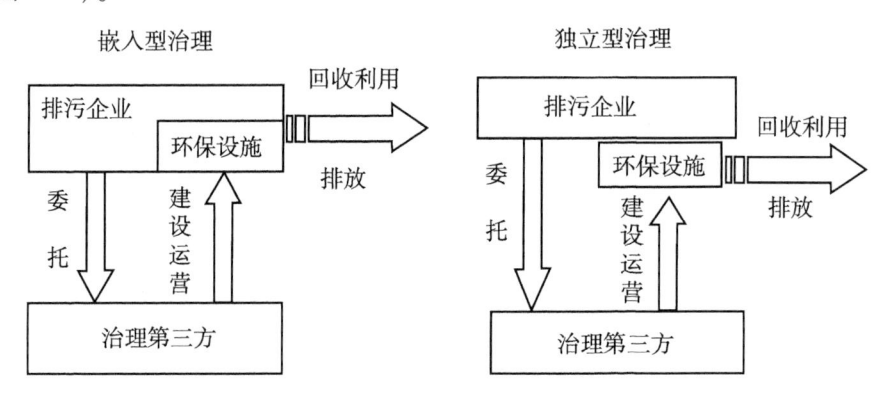

图1-1 建设运营形式示意图

无论是嵌入型治理还是独立型治理，治理第三方都要保证环保设施建设"三同时"，并通过安全性评价。理论上，建设运营也可适用于工业园区内没有配套治污设施的项目，由园区内各排污企业与治理第三方通过合同约定，由第三方对园区内企业污染进行专业化集中治理，各排污企业根据自己的排污量协商支付费用。不过，此时如果没有政府的介入，完全由各排污企业与治理第三方相互协商，实际操作难度会很大。

第四节 企业环境污染第三方治理在部分地区的发展现状

自2014年12月国办发〔2014〕69号《意见》出台以来，试点并推行企业环境污染第三方治理工作在各省、自治区、直辖市陆续展开，但受多种因素影响，各地推进进度及实际效果差别较大。安徽省是中部省份，经济发展总体处于中游水平，浙江省是东部省份，民营经济发达，市场经济氛围较浓厚，企业环境污染第三方治理在两省的实践状况对于我国中部地区和东部地区而言具有一定的代表性。

一、安徽省企业环境污染第三方治理的发展现状

在推进环境污染第三方治理方面，安徽省政府积极出台相关规范性文件，实践中也有成功案例。

首先，政策制定方面。为贯彻落实国办发〔2014〕69号《意见》精神，2015年5月11日，安徽省人民政府办公厅发布《关于推行环境污染第三方治理的实施意见》，确定的工作目标是："到2020年，推行第三方治理的相关政策制度基本建立，环境公用设施投资运营体制改革基本完成，环境污染第三方治理市场机制进一步完善。"重点在环境公用设施投资运营和企业环境污染治理两个领域推进和拓展第三方治理，并进行了

区别化设计。① 2017 年 6 月 20 日，安徽省人民政府印发《"十三五"节能减排实施方案的通知》，部署在区域环境治理、环境基础设施建设与运营管理、工业污染治理、环境监测等领域推进第三方治理。2017 年 9 月 19 日，安徽省人民政府办公厅发布《安徽省支持政府和社会资本合作（PPP）若干政策》，将环境污染第三方治理作为生产性服务业、节能环保产业的重要组成部分，并大力推行。具体实施中，明确牵头责任单位为省交通运输厅；配合单位为省发展改革委、省财政厅、省国土资源厅等，任务完成时限为 2017 年 12 月月底。② 从 16 个地市的落实情况来看，安庆市和淮北市相继紧随安徽省人民政府之后，分别发布了《关于推行环境污染第三方治理的实施意见》，其他市有的转发省政府发布的实施意见，有的结合本地实际在该市的"十三五"规划中有所提及，有的在"控制温室气体排放"或"创新重点领域投融资机制"相关文件中有所体现。另外，淮北市发改委和环保局还联合下发了《淮北市关于燃煤电厂推行环境污染第三方治理的通知》，在燃煤电厂推行环境污染第三方治理。

其次，实践方面。安徽省各市推行环境污染第三方治理的进度和实施领域有差别。合肥市的推行主要集中于两个方面：一是城市环境公用基础设施投资、建设和运营，通过和安徽国祯环保集团合作，积极探索 PPP 模式。③ 二是污水治理和生态环境修复，如由上海水生环境工程有限公司承担的"合

---

① 根据该文件要求，在环境公用设施投资运营方面，鼓励采取打捆方式，引入第三方进行整体式设计、模块化建设、一体化运营；在城镇污染场地治理、区域性环境整治、环境监测服务等，鼓励采用环境绩效合同服务、综合环境服务等模式引入第三方治理。在企业环境污染治理方面，区分三种情况：一是工业园区，重点是引入环境服务公司进行集中式、专业化治理；二是行业层面，是以火电、钢铁、水泥、石化、化工、有色金属冶炼等高污染行业为切入点，多种形式实践第三方治理；三是企业层面，是以国控、省控重点监管企业，以及造纸、电镀、印染、水洗、制革等重点污染企业为着力点，鼓励中小企业引入环境服务公司开展专业化污染治理。详见"安徽省人民政府办公厅关于推行环境污染第三方治理的实施意见"，http://xxgk.ah.gov.cn/UserData/DocHtml/731/2015/5/11/663664024426.html，2015 - 05 - 11。

② 详见"安徽省支持政府和社会资本合作（PPP）若干政策"，http://xxgk.ah.gov.cn/UserData/DocHtml/731/2017/9/19/509443446112.html，2017 - 09 - 19。

③ 孔建华等："合肥市环境污染第三方治理模式研究"，载《市场周刊》2016 年第 12 期，第 4 页。

肥大蜀山南湖水环境综合治理工程",在巢湖流域生态环境综合治理中,也积极引进社会资本,推动第三方治理,整个工程分成5期实施,截至2015年11月月底,仅一、二期工程累计完成投资近140亿元。① 安庆市在工业园区污水处理、城镇垃圾收运利用、区域性环境整治等领域积极试点环境污染第三方治理,取得阶段性成效,"安徽宜源环保科技股份有限公司华茂国际纺织工业城污水处理案例"还入选国家发改委发布的典型案例(第一批)。在企业环境污染第三方治理方面,安庆市也有实践:安徽微威胶件集团有限公司位于安庆桐城市境内,生产过程中会产生粉尘和异味,为此,该公司委托专业化异味气体治理公司作为治理第三方,对产生的粉尘和异味进行治理和实时监测,通过治理实现稳定达标排污。② 亳州市的企业环境污染第三方治理尚处于前期的调查摸底工作阶段。2017年10月16日,该市召开药品加工行业废水处理现状调查动员会,布置调查市直药品加工企业工业废水产生及处理现状,推动建立排污者付费、第三方治理与排污许可证制度有机结合的污染治理新机制。③ 与安庆市相比,亳州市的进展较慢。淮北市的推行分批进行,第一批试点工程以除尘脱硫脱硝、城镇生活污水处置、园区工业废水治理、有机废气治理、固体废弃物治理、危化品治理、重点领域污染企业治理、在线监测等为重点,力争到2020年基本完成。2016年5月,淮北市燃煤电厂环境污染第三方治理工作正式启动,制订治理的具体实施方案,并明确开展的时间节点和具体实施路线图。④ 其他有些市处于前期摸索试点阶段,有些市还处于酝酿之中。

从实施领域看,政府委托的市政污水治理、垃圾处理、环境综合整治与生态修复、园区治理等项目进展较好,也颇受各地政府的青睐,这与第三方治

---

① 文晶:"八百里巢湖美如画",载《经济日报》2016年3月22日,第13版。
② 佚名:"安庆推进环境污染第三方治理试点",载《安徽日报》2017年7月4日,第12版。
③ 安徽省环保厅:"亳州市将推进和规范环境污染第三方治理",http://www.aepb.gov.cn/pages/Aepb15_ShowNews.aspx? NewsID=8809,2017-10-23。
④ 黄顺、冯柯菁:"燃煤电厂环境污染第三方治理工作正式启动",http://www.hbnews.net/xwsq/hbyw/2016/05/820310.shtml,2016-05-16.

理可以减缓政府融资压力不无关系。而企业环境污染第三方治理推行较缓慢，除安庆市安徽微威胶件集团有限公司异味气体治理案例外，鲜见媒体报道。

二、浙江省企业环境污染第三方治理的发展

浙江省在推进环境污染第三方治理方面起步较早，也是国家发改委同意试点的省份之一，发展较快。在省级及各地政府发布的规范性文件中，涉及环境污染第三方治理内容的不胜枚举，实践治理水平和成效走在全国前列。早在2007年4月，浙江松阳工业园区就采用第三方治理模式，由杭州中奇环境有限公司投资建成第二家不锈钢生产废水集中处理中心，并委托其运营。采用这种治理方式集中治污，使不锈钢企业废水排放口由50个压缩为2个，更容易监管；同时，也大幅度降低了治污成本。在第三方治污模式的带动之下，该县已逐步形成以不锈钢管材加工为主的产业集群。2010年，松阳县不锈钢产业总产值已达39亿元，被正式命名为"浙江省不锈钢管材产业基地"。①

近年来，浙江省积极探索运用市场机制推进污染治理产业化，环保产业得到大力发展。2015年，浙江省环保服务业从业人数33 273人，营业收入346.09亿元；② 2016年，浙江省从业单位661家，从业人数38 585人，年收入达372.05亿元，同比增长7.5%，位居全国前列。③ 目前，浙江省已形成一批环境影响评价、环境工程设计与咨询、环境污染设施运营服务等污染治理企业，成为第三方治理市场的主力军。

2016年8月，浙江省为进一步推进环境污染第三方治理，助力全省治水治气治土三大行动，省环保厅在对省内部分市县进行调研的基础上，编制并发布了《浙江省环境污染第三方治理实例选编》，共收编了22则环境污染第三方治理实例，供相关单位参考借鉴。从适用领域看，除企业环境污染第三

---

① 骆建华、武红霞："专业事交给专业人去干"，http://www.qstheory.cn/st/hjbh/201206/t20120604_162106.htm，2012-06-04.

② 杨晓蔚等："浙江省环保产业发展状况评估及展望"，载《中国环保产业》2017年第3期，第12页。

③ 黄冠中等："浙江省环保产业的现状及发展思路"，载《中国环保产业》2017年第10期，第26页。

方治理外，还有政府委托或参与合作的市政污水治理、垃圾处理、生态治理、企业污染集中的工业园区集中治理以及农村环境治理等，涉及的行业和领域相当广泛（见表1-2）。

表1-2 《浙江省环境污染第三方治理实例选编》案例分类[①]

类别	案例序号及名称
企业环境污染第三方治理	3. 杭州友创环境工程技术有限公司嘉兴分公司王江泾太平污水处理站TOT项目； 4. 浙江天乙环保科技有限公司金华市宏华织物污水处理站TOT项目； 6. 嘉兴艾尔瑞环境科技有限公司嘉兴中威印染污水站项目； 8. 浙江海拓环境技术有限公司龙湾区蓝田电镀废水处理中心工程； 9. 浙江海河环境治理应急工程有限公司浙江南天投资电镀废水处理项目； 17. 浙江天地环保工程有限公司滨海热电厂烟气脱硫工程； 18. 浙江天蓝环保技术股份有限公司华电大同第一热电厂脱硫脱硝BOT项目； 19. 杭州恒煜环保科技有限公司天马轴承生产线烟尘污染治理项目。
市政环境污染第三方治理	2. 浙江富春紫光环保股份有限公司三门县城市污水处理厂TOT项目； 5. 杭州余杭环科污水处理有限公司余杭经济开发区污水处理项目； 10. 绍兴市嵊新首创污水处理有限公司嵊新污水处理厂工程； 11. 台州市路桥中科成污水净化有限公司路桥污水处理厂工程； 12. 浙江博华环境技术工程公司温岭市新河镇污水处理厂项目； 13. 浙江桃花源环保科技有限公司杭州罗家斗河道生态治理工程； 15. 舟山达人环保科技有限公司舟山南山社区生活污水处理项目； 20. 浙江环茂自控科技有限公司绍兴柯桥区定型机尾气监测项目； 21. 平阳绿色动力再生能源有限公司平阳县生活垃圾焚烧发电项目； 22. 浙江博世华环保科技有限公司龙泉市高塘生活垃圾填埋场渗滤液处理项目。
农村环境污染第三方治理	1. 浙江商达环保有限公司德清农村环境治理工程； 7. 台州市污染防治工程技术中心柏树里村废水处理工程； 14. 浙江科然环境科技有限公司金华琐园村生活污水处理项目； 16. 宁波正清环保工程有限公司宁海县农村生活污水处理工程。

---

① 具体案情见附件4。

比较可知，浙江省企业环境污染第三方治理与安徽省相比推行较快，但总体看仍处于起步阶段，具有典范意义的案例偏少，境内"低、小、散"问题企业在转型升级过程中仍然存在，环保投入不足，部分企业偷排偷放、超标排放时有发生。① 可见，企业环境污染第三方治理虽然得到了学界的大力推崇，也得到了政策的大力支持和推动，但实践中的落实却并不容易。据E20环境研究院统计，我国工业污染目前约占污染总量的70%，其中仅有5%左右引入第三方进行治理。② 原因无外乎两个方面：一方面，推行第三方治理需要具备客观条件，只有规模较大且自己不直接治污的排污企业才会具备自己直接与第三方缔结治污协议的条件，如烟气脱硫特许经营之所以能够得到推广应用，除政策的推动外，火电行业相对集中，生产规模大，这就具备第三方治理的先天优势。而工业园区，特别是同类产业集中的工业园区，由于排污集中，也具备第三方治理的条件。另一方面，我国目前相关法律法规不健全，存在排污与治污双方法律关系定性不清、污染治理责任不明、行业标准与规范准备不足、污染治理监管体系不健全等法律问题，严重制约了企业环境污染第三方治理的发展。

---

① 黄冠中等："浙江省环保产业的现状及发展思路"，载《中国环保产业》2017年第10期，第27页。

② 朱妍："政策频出 市场遇冷 第三方治污为啥推而不广"，http://huanbao.bjx.com.cn/news/20180117/874574.shtml，2018-03-02.

第二章

企业环境污染第三方治理的理论基础

第一节 污染者负担原则

一、污染者负担原则的缘起

产业革命以来,随着工业化和城市化的不断发展,环境污染呈不断蔓延态势,各种环境和生态问题频繁发生。西方工业发达国家首先意识到,单纯依赖自然界的循环和净化能力难以恢复人为活动造成的环境污染和生态退化,应当采取污染治理和控制的社会行动来帮助自然修复其所遭受的损害。方法主要有两种:一是国家设定强制性的环境标准,使污染者将其污染物的排放控制在一定的标准之下,如果污染者超标准排放污染物,法律将对其进行制裁;二是国家通过资金、技术等方面的公共投入,开展特定污染源和一定区域的污染控制和治理。但是,实践表明,国家使用公共资金用于污染治理和控制,不仅无助于阻止污染环境的行为,反而还会纵容污染者的污染行为及其污染成本的社会转嫁,长此以往,给国家公共资金造成了沉重的负担。[①]在20世纪70年代后,对于政府使用纳税人的税收用于污染者造成的污染治理和控制是否有悖于社会公平问题,在西方工业发达国家引起了广泛关注。

1972年,经济合作与发展组织(OECD,以下简称经合组织)理事会发

---

① 柯坚:"论污染者负担原则的嬗变",载《法学评论》2010年第6期,第82~83页。

布《关于环境政策国际层面指导原则的建议》，首次提出污染者负担原则。不过，该原则的提出并不是针对环境治理策略和实践中存在的不公平问题，而是为了解决贸易中的不公平问题，即一些国家和地区使用公共资金用于污染治理和控制，导致污染者生产的商品的价格不能反映其真实的成本和国家的变相补贴，有损公平竞争。经合组织理事会的建议指出，提出污染者负担原则的目的，在于指导分配预防和控制污染措施的费用，以鼓励稀缺环境资源的合理利用，避免国际贸易和投资的扭曲。污染者负担原则意味着，污染者应承担由公共机构决定实施的污染治理和控制措施的费用，以确保一种可接受的环境状态。经合组织同时指出，这些措施的费用应当反映在商品和服务造成污染的生产和消费成本里面。如果对污染控制和治理措施采取不当的政府补贴，就会造成国际贸易的扭曲。[1] 1974 年，经合组织理事会又发布了《关于实施污染者负担原则的建议》，将污染者负担原则确立为其成员国应当遵守的一项基本原则。

尽管经合组织提出污染者负担原则是从促进国际贸易中自由竞争的目的出发，但有利于防治环境污染，体现了污染责任负担的社会公平性，很快被部分国家和地区确定为一项环境保护原则。1990 年，国际海事组织通过《国际油污防备、反应和合作公约》，规定污染者负担原则是国际环境法的一般原则。1992 年，联合国环境与发展大会通过《里约热内卢环境与发展宣言》（以下简称《里约宣言》），其中原则 16 规定："考虑到污染者原则上应承担污染费用的观点，国家当局应该努力促使内部负担环境费用，并且适当地照顾到公众利益，而不歪曲国际贸易和投资。"[2] 在欧盟，污染者负担原则经历了一个发展过程：在 20 世纪 80 年代初之前，污染者付费原则主要在具有软法性质的建议、决议和计划中得到认可，目的是为了防止因缺乏统一的污染

---

[1] OECD, Recommendation on Guiding Principles concerning International Aspects of Environmental Policies, C（72）128（final），1972.

[2] "联合国里约环境与发展宣言"（The Rio Declaration on Environment and Development），北大法宝，http：//www.pkulaw.cn/fulltext_form.aspx/pay/fulltext_form.aspx？Db＝alftwotitle&Gid＝100669711。

治理政策而导致成员国竞争的扭曲；其后，欧盟逐步通过欧盟宪法性条约及其修订、指令和规章等次级欧盟立法将该政策原则法定化，使之成为欧盟环境法中具有基础性地位的法律原则，并成为欧盟环境政策与法律实践的支柱之一。①

二、污染者负担原则的含义

污染者负担原则（PPP）也叫污染者付费原则，其基本含义是指"污染和破坏环境所造成的损害，由污染者承担"。实行污染者负担原则之目的是希望将随着环境资源的利用而产生的外部浪费，由利用环境者从其内部予以弥补，避免把污染者的责任转嫁给他人，以实现社会公平。② 通常认为，环境法上污染者负担原则以"外部不经济性"理论或环境成本内部化理论为其经济学上的理论基础。从法学的视角，"污染者负担"是环境权利享有者行使权利的必然结果。"使污染者负担起其应当承担的责任，使自由的权利所有者成为自律的义务履行者和责任承担者。这是解决环境问题的有效途径。"③

污染者负担原则中，污染者的确定及其责任范围是两个必须明晰的问题。

（一）污染者的确定

污染者负担原则作为环境立法中一项重要基本原则，和民法中"欠债者还钱"，刑法中"杀人者偿命"等朴素的法律概念一样，主要追究肇事者的责任，即谁污染的环境，谁就应当承担赔偿的责任。这符合法的公平精神。④ 但事实上，准确界定污染者并非易事，这为准确把握污染者负担原则增加了难度。究其原因存在于三个方面：其一，环境污染的产生原因多样，污染结果往往须经长时间反复多次的污染，多种因素复合累积之后才会发生，污染

---

① 柯坚："论污染者负担原则的嬗变"，载《法学评论》2010年第6期，第85页。
② 汪劲："中日环境法运用PPP原则的比较研究"，载《法学评论》1989年第5期，第78页。
③ 牛彦坤："'污染者负担原则'的法理分析"，载《2012年全国环境资源法学研讨会论文集》，第248页。
④ 陈泉生："论环境法的基本原则"，载《中国法学》1998年第4期，第119页。

者的污染行为与污染结果之间的因果关系难以确定；其二，大量的面源污染的存在为确定具体污染者增加了难度；其三，在当代风险社会背景下，全球气候变化、转基因生物体环境风险等新型环境风险问题的出现，使得"污染者"成为一个非常模糊的概念。

值得注意的是，一些国家尽管采纳了污染者负担原则，但是，并没有采用"污染者"的提法，德国环境立法、瑞士环境立法及1990年《韩国环境政策基本法》采用的均是"原因者原则"的提法。一般认为，"原因者"的范围比"污染者"的范围要大。随着环境保护实践从污染防治领域扩大到自然保护和物质消费领域，污染者负担原则的主体范围在逐步扩大，甚至出现了由生产者承担环境费用扩大到由所有受益者分担环境费用的现象。在一些国家环境法中，出现了"污染者"立法扩大化的趋向，实际负担环境费用的主体既可能是生产者，也可能是消费者，还可能是其他的利益主体。如日本在1993年《日本环境基本法》中提出了"受益者负担原则"，即只要从环境或资源的开发、利用过程中获得实际利益者，都应当就环境与自然资源价值的减少付出应有的补偿费用，而不局限于开发者和污染者。[①]

（二）污染者应当承担的责任范围

"污染者负担"原则自经合组织提出后，其适用范围逐步扩大。提出之初，主要适用于在生产经营活动中排放废水、废气、废渣等污染物并造成环境污染的工业和服务企业，后来，为解决日趋严重的农业面源污染的治理责任问题，又扩大适用到农业污染之中。不仅如此，"污染者负担"原则的适用情形也逐步增多。1989年经合组织发布《污染事故适用污染者负担原则的建议》，提出污染者负担原则的适用不能局限于常规、点源的污染。这意味着可以要求潜在的污染者承担预防、控制和补救污染事故的环境成本，也代表了通过"污染者负担"原则实现环境污染责任社会化的未来发展思路。

污染者的污染行为造成的损害可分为两个方面：生态环境损害和其他自

---

① 柯坚："论污染者负担原则的嬗变"，载《法学评论》2010年第6期，第87页。

然人、法人及其他组织的人身和财产损害。相应地，污染者承担的责任也可分为两个方面：一是污染者向国家缴纳一定税（费），作为对利用公共环境资源所致损害的补偿，以及作为国家治理和控制环境污染的费用；二是污染者对因环境污染遭受损害的受害人承担赔偿的民事法律责任，即对环境私益的赔偿。经合组织最初提出污染者负担原则时，责任范围主要包括污染的预防和控制。2002年经合组织发布《污染者负担原则与国际贸易关系的报告》，指出污染者的责任不仅包括污染防止和控制费用，还应当包括环境税收、清除和恢复成本以及损害赔偿费用等。在环境法领域，污染者责任范围的上述变化已得到国际社会的普遍认可。1993年欧盟《环境损害补救绿皮书》和2000年《环境责任白皮书》认为，民事赔偿责任的司法实践可以推动污染者负担原则的适用。国内立法上，日本环境法规定污染者负担原则适用于污染防治、环境复原和被害者救济等三个方面。[1] 韩国环境法也规定，污染者的责任除了环境公益补充责任外，还包括环境侵害民事损害赔偿责任。

三、污染者负担原则对我国企业环境污染第三方治理的理论支撑

污染者负担原则在我国环境保护立法中虽然没有直接的表达，不过，其中所体现的污染者需要承担污染治理责任的精神与我国环境保护立法中关于企业污染治理责任的规定是一致的。1979年《环境保护法（试行）》第6条规定了"谁污染，谁治理"的原则，并通过"三同时"制度予以贯彻落实。这项原则长期被解读为污染者对已造成的现有污染负有治理污染的直接责任，被认为是参照"污染者负担原则"的精神作出的规定。[2] 随着我国1989年《环境保护法》的出台，"谁污染，谁治理"的企业环境污染治理模式发展为"污染者治理"的模式。两者相比，"污染者治理"原则扩大了责任范围，将其扩展为污染者不仅对已产生的现有污染的治理负责，而且要对可能产生的污染的治理负责，对污染的长期影响负责。根据2014年修订的《环境保护

---

[1] 汪劲：《日本环境法概论》，武汉大学出版社1994年版，第236页。
[2] 陈泉生："论环境法的基本原则"，载《中国法学》1998年第4期，第120页。

法》的相关规定，企业环境污染由"污染者治理"发展为"损害担责"，并作为环境保护法的一项基本原则。"其中的'担责'是指要承担责任，承担恢复环境、修复生态或支付上述费用的责任；而'损害'描述的是对环境造成任何不利影响的行为，其中包括利用环境造成环境超出自身自然恢复能力退化的行为"。因此，"损害担责"原则可以解释为"因利用环境造成环境超出其自身自然恢复能力之退化的行为人应承担恢复环境、修复生态或支付上述费用的法定义务或法律责任的原则"。①

总体而言，无论是"谁污染，谁治理""污染者治理"还是"损害担责"，都强调排污企业需要承担污染治理责任，其不同之处在于："谁污染，谁治理"是将治理责任限制在污染者只对其已经产生的现有污染负责，这完全是一种消极的事后补救原则，在很大程度上并不能贯穿于环境管理的全过程；"污染者治理"原则扩大了责任范围，将其扩展为污染者不仅对已产生的现有污染的治理负责，而且要对可能产生的污染的治理负责；而"损害担责"不仅强调污染者需要承担污染治理责任，还意含对于客观存在的不能治理或不愿治理等问题，可以通过切实可行的有效替代形式来完成污染治理，由污染方承担治理费用。如果说"谁污染，谁治理"是参照"污染者负担原则"的精神作出的规定，那么"污染者治理"与"污染者负担"的精神则更为接近。从责任范围上来看，"污染者负担"原则明确了污染者不仅有治理污染的责任，而且还具有防治区域环境污染的责任和参与区域污染控制并承担相应费用的责任。这体现了污染者个体责任的扩大和保护公益权的法律要求，更加符合环境保护的公益性质和环境资源的公共属性。②而"损害担责"原则中的"担责"与"污染者负担"中的"负担"的意思基本一致，包括了治理、预防和其他替代形式的责任，该原则在环境保护立法中的确立表明

---

① 竺效："论中国环境法基本原则的立法发展与再发展"，载《华东政法大学学报》2014年第3期，第15~16页。
② 何文初："环境法的'污染者负担'原则研究"，载《长沙理工大学学报（社会科学版）》2002年第1期，第40页。

我国对这一国际环境法确立的环境法基本原则的理解日趋深入，反映出该原则在我国国内转化过程中呈现出的适用主体范围扩大、适用领域增多的特点。①

企业环境污染第三方治理是将污染者的直接治理责任转变成一种间接治理责任，实际的污染治理工作由专业的治理第三方去完成，排污者承担污染环境造成的损失及治理污染的费用，是排污企业"损害担责"的有效形式之一。推行企业环境污染第三方治理是"损害担责"原则的具体化，与"污染者负担"原则的精神一致。因此，"污染者负担原则"为我国推行环境污染第三方治理提供了有力的理论支撑，推行企业环境污染第三方治理是该原则在我国企业环境污染治理实践中的具体运用。

第二节 公共治理理论

一、公共治理理论的缘起

自20世纪70年代末开始，西方发达国家的政府管理出现了从"统治"到"治理"的广泛变革，强调市场、企业、非政府组织和各类公民组织在治理过程中的作用，公共治理一词逐渐得到世界的广泛认可。② 20世纪90年代，公共治理理论受到全球关注，政治学、法学、行政学、社会学、国际政治等多个学科从不同的角度加入研究。

公共治理理论在西方的兴起有其特殊的背景。主要有以下方面：

其一，20世纪70年代以来，各国政府普遍面临管理危机。第二次世界大战后，西方国家由于福利国家的过度发展，政府职能扩张，机构臃肿，但

---

① 李一丁："环境污染第三方治理的理论基础、现实诱因与法律机制构建"，载《河南财经政法大学学报》2017年第2期，第150页。

② 任声策等："公共治理理论述评"，载《华东经济管理》2009年第11期，第134页。

服务低劣，效率低下，加之社会分裂和文化分裂同时出现，陷入了财政危机、信任危机和管理危机三重危机。而在一些发展中国家，随着全球化、区域一体化的逐步深入，传统主权观念受到冲击，推进与之相适应的社会政治结构改革成为现实需要。此外，各种非政府国际组织以及各国内部的非政府组织、非营利组织和公民社团蓬勃发展，它们在各种经济社会领域和公共事务管理中发挥着无以替代的作用，对传统的政府行政管理提出了严峻挑战。各国政府普遍面临的管理危机成为公共治理理论产生的社会根源。

其二，全球公共问题凸显。冷战结束后，国际政治经济格局发生了巨大而深刻的变化，诸如环境恶化、人口问题、南北发展差距问题、全球金融体制危机等全球性问题不断出现，任何一个国家既不可能置身其外，也不可能独自解决。为此，需要在全球范围内利用包括政府在内的各种力量，通过多种途径促进全球公共事务的解决，实现全球治理。这成为公共治理理论兴起的重要国际社会根源。

其三，经济学对政治、政府问题展开了拓展性研究。学者认为，公共治理理论的发展，主要是因为公共管理中采用的层级制的集权式政府管理和市场化的管理两种方式都存在缺陷，在社会资源的配置中，既存在市场失灵，又存在政府失灵。[①] 20世纪70年代以来，经济学理论以经济学研究方法对传统政治学主题进行了深入的研究，分析了政府失灵的制度性根源。这突破了传统政府理论研究框框，开拓了公共行政理论研究的新途径。不同学科研究的互相渗透与融合为公共治理理论的产生提供了理论背景。[②]

二、公共治理理论的含义

公共治理理论自出现以来，经历了不同的发展阶段。在每一阶段，学者对其概念的界定和内容的解读不尽相同。在公共治理理论的兴起阶段，詹姆

---

① 任声策等："公共治理理论述评"，载《华东经济管理》2009年第11期，第135页。
② 滕世华：《公共治理视角下的中国政府改革》，中共中央党校2003年博士学位论文，第55～58页。

斯·N. 罗西瑙在《没有政府的治理》一书中，把治理定义为一系列活动领域里未受到授权却能有效发挥作用的管理机制。这一表述在当时具有代表性，并引起众多学者的解读。此后，政治学、公共行政学、管理学以及经济学等众多学科纷纷加入对公共治理理论的研究，并争相对其进行定义，相继形成了不同的"治理"学派。综观国内外各类学派的争鸣，可以将治理理论的侧重点总结为四个方面：一是侧重于政治学范畴的治理理论；二是侧重于行政学领域的治理理论；三是以公共管理为主的治理理论；四是支撑于技术操作层面的政治治理理论。① 这些理论各有所长，各有特征，也各有不足。进入 21 世纪以来，从国家治理视角，公共治理理论在以下几个方面形成基本共识："主张分权导向，摒弃国家和政府组织的唯一权威地位，社会公共管理应由多主体共同承担；重新认识市场在资源配置中的地位和作用，重构政府与市场关系；服务而非统治，传统公共行政模式发生变革，公共政策、公共服务是协调的产物。"②

公共治理理论有以下基本特征：第一，治理主体具有多元化；第二，治理权力具有多中心化；第三，治理主体间责任界限具有模糊性；第四，治理主体间权力具有互相依赖性和互动性；第五，最终需要建立自主自治的网络体系。③ 在公共管理领域内，治理的主体除政府外，还可以是公共机构、私人机构以及公共机构和私人机构的合作。政府不再是唯一的权力中心，不能依靠其政治权威来对公共事务进行单一化管理，其他主体参与其中，必然形成多个权力中心。当国家把原先由政府独立承担的责任转移给其他治理主体时，没有将相应的权力等量移交，必然导致各治理主体之间的责任界限具有模糊性。同时，各治理主体在参与公共事务时，依靠自身的能力和资源往往

---

① 何翔舟、金潇："公共治理理论的发展及其中国定位"，载《学术月刊》2014 年第 8 期，第 128 页。
② 何翔舟、金潇："公共治理理论的发展及其中国定位"，载《学术月刊》2014 年第 8 期，第 128 页。
③ 陈海秋：《转型期中国城市环境治理模式研究》，南京农业大学 2011 年博士学位论文，第 39 页。

不能解决所出现的问题，这使得不同主体之间产生了权力依赖关系，治理过程便成为一个互动的过程，也为政府与其他治理主体之间建立各种各样的协作关系创造了条件。多元化的治理主体依靠各自的优势和资源，既相互独立又相互依存，彼此制衡，相互监督，最终必然形成一种自主自治的网络，共同治理公共事务。因此，公共治理是一个上下互动的管理过程，"主要通过多元、合作、协商、伙伴关系、确立认同和共同的目标等方式实施对公共事务的管理，其实质在于建立在市场原则、公共利益和认同之上的合作"[①]。

公共治理理论的兴起和发展对传统公共行政理论形成冲击。公共治理理论通过引进经济学"理性经济人"假设，对政府失灵问题进行了深入分析，强调公共物品和公共服务不应该全部由政府来包办，政府方式与市场机制并不相互排斥，为市场机制在公共领域的运用找到了立足之地。

三、公共治理理论对我国企业环境污染第三方治理的理论支撑

关于公共治理理论能否适用于中国，学术界有学者提出强烈质疑，认为中国社会缺乏包括完善的市场经济体制、成熟的多元管理主体以及民主法治等在内的实现公共治理的几大必备条件；另有不少学者主张可以结合中国实际予以适用，认为公共治理理念、方法的引入，一定程度上能够解决上述问题，其意义更多地来源于过程中的促进作用。对此笔者表示赞同。公共治理理论的引入可以为我国政府改革拓宽思路，对于正确认识并解决中国当前与未来必须面对的新问题具有启发和借鉴价值。正如论者所言，"与其纠结于探讨公共治理理论是否适用而踟蹰不前，不如利用和借鉴公共治理理论，建设公共治理体系，以推动民主与法治社会的形成"[②]。实证研究表明，在一定程度上引进市场方式，对于提高公共事务管理水平，完善公共服务，增加公

---

① 陈振明、薛澜：“中国公共管理理论研究的重点领域和主题”，载《中国社会科学》2007年第3期，第141~142页。

② 何期舟、金潇：“公共治理理论的发展及其中国定位”，载《学术月刊》2014年第8期，第130~131页。

共物品数量，充分满足人民群众不断增长的物质文化方面的多样化需求，具有非常积极的意义。①

环境属于公共物品，环境治理属于公共事务管理的范畴。公共治理理论对以命令与控制方式为主要特色的传统科层式官僚管理体系形成冲击，对环境治理领域也产生了深远影响，促使环境治理新模式的形成。

在我国环境治理公共领域，不少学者也主张借鉴公共治理理论的内涵，创新和发展我国环境治理模式。有学者提出"环境公共治理模式"，并将其定义为："以生态与环境的可持续发展为目标，以多中心自主治理为核心，形成政策制定和执行主体多元化的框架，围绕政府、市场、社会与公民等主体建立协同互动、持续整合的合作治理网络，最终塑造环境责任共同分担的综合机制。"② 有学者从合作治理的视角，提出构建"政府——社会——市场"的合作治理模式，以追求主体共存、生态共享、利益共荣为价值目标。③ 还有学者从环境善治的视角，提出"强调在人与自然、人与社会的关系中以公共利益为最高诉求；强调多元参与、协商对话和共识"的环境治理创新形式。④ 这些观点都深受公共治理理论的影响，尽管视角不同，表达的内容具有部分共同特征：第一，治理目标定位为保护环境公共利益、实现生态环境可持续发展，注重环境治理的社会属性。第二，治理主体构成多元化。污染治理和环境供给不应该由政府全部承担，可在一定程度上引进市场机制，让企业参与环境治理。此外，非政府组织、公民等其他社会主体也是治理主体，共同承担环境治理的责任。第三，治理路径多元化。多元主体参与环境治理，需要相互协调与持续整合，需要运用契约等方式明确各主体的治理责任。第四，治理工具具有多样化。除由政府利用公权力予以实施外，诸如财政补贴、

---

① 滕世华：《公共治理视角下的中国政府改革》，中共中央党校2003年博士学位论文，第55~58页。

② 范阳东等："环境公共治理模式的演变机理及其对中国的启示"，载《理论界》2017年第6期，第118页。

③ 沈费伟、刘祖云："合作治理：实现生态环境善治的路径选择"，载《中州学刊》2016年第8期，第78页。

④ 李丹：《论环境管理创新的法律进路》，武汉大学2012年博士学位论文，第37页。

税收优惠等激励性工具也必不可少。此外，为保证治理效果，还需要采取措施，培育和提高治理主体的治理能力和水平。

我国环境治理问题具有复杂性，环境污染日益严重，政府在治理过程中不堪重负。企业环境污染第三方治理即是从现实出发，以公共治理理论为基础，对我国环境治理体系所进行的改革实践。首先，由国家承担起环境综合治理顶层设计的任务和职责，完善制度建设，为环境治理依法进行创造条件；其次，激发市场活力，充分发挥市场在环保资源配置上的作用，让越来越多的环保企业参与环境治理并接受政府监督，这是目前环境综合治理的核心；最后，积极培育环境非政府组织，提升公民的环保意识，调动社会各种资源参与环境治理，作为政府治理和市场治理的补充，发挥各自优势。可见，公共治理理论对我国企业环境污染第三方治理的推行形成又一理论支撑。

第三节 循环经济理论

一、循环经济理论的缘起

循环经济一词是对物质闭环流动型经济的简称，就是把清洁生产和废弃物的综合利用融为一体的经济，它要求运用生态学规律来指导人类社会的经济活动。[1] 循环经济理论是20世纪环境革命的产物，关于循环经济思想的起源，学者的认识不一。有学者认为最早萌芽于马克思的物质循环思想，美国学者鲍丁"宇宙飞船理论"的提出标志着循环经济思想的正式产生；[2] 有学者则认为萌芽于鲍丁的"宇宙飞船经济理论"。[3]

---

[1] 蔡守秋、蔡文灿："循环经济立法研究——模式选择与范围限制"，载《中国人口·资源与环境》2004年第6期，第38页。

[2] 张忠华、刘飞："循环经济理论的思想渊源与科学内涵"，载《发展研究》2016年第11期，第16~17页。

[3] 陆学、陈兴鹏："循环经济理论研究综述"，载《中国人口·资源与环境》2014年第5期，第204页。

在西方，循环经济理论大致经历了以下发展阶段：20 世纪 60 年代，鲍丁"宇宙飞船理论"的提出标志着循环经济思想的正式产生；20 世纪七八十年代，循环经济理论处于初步探索阶段，人类关注的是经济活动造成的环境与生态后果，对于是否从生产与消费的源头着手，建立全闭路循环过程缺乏系统性思考和有效对策；20 世纪 90 年代，盛行的可持续发展战略促使人们更加重视从源头上治理污染，并建立新的经济发展模式，循环经济理论开始形成。1992 年联合国环境与发展大会以后，以德国为代表的欧洲诸国首次提出循环经济战略，并得到其他发达国家的积极响应。90 年代中后期，循环经济理论开始指导各国实践并取得了较大进展，在德国、日本、美国等国家涌现出一批成功案例。[1]

二、循环经济理论的含义

"循环经济是以物质、能量梯次和闭路循环使用为特征，在环境保护上表现为污染的'低排放'甚至'零排放'，并把清洁生产、资源综合利用、生态设计和可持续消费等融为一体，运用生态学规律来指导人类社会的经济活动。"[2] 与传统经济相比，循环经济的不同之处在于：传统经济是一种物质单向流动的经济，由"资源——产品——污染排放"所构成；而循环经济倡导的是一种建立在物质不断循环利用基础上的经济发展模式，遵循"资源——产品——再生资源"的反馈式流程，所有的物质和能源要能在这个不断进行的经济循环中得到合理和持久的利用，以把经济活动对自然环境的影响降低到尽可能小的程度。[3]

循环经济的操作要遵循"3R"原则，即减量化（reducing）、再利用

---

[1] 张忠华、刘飞："循环经济理论的思想渊源与科学内涵"，载《发展研究》2016 年第 11 期，第 16~17 页。

[2] 李赶顺："发展循环经济实现经济与环境的'双赢'"，载《河北大学学报（哲社版）》2002 年第 3 期，第 37 页。

[3] 李赶顺："发展循环经济实现经济与环境的'双赢'"，载《河北大学学报（哲社版）》2002 年第 3 期，第 36 页。

（reusing）和再循环（recycling）。减量化原则属于输入端方法，旨在减少生产和消费过程的物质量，有两层含义：一是生产过程实现清洁生产，很少排放；二是指产品可以反复使用或反复再生，在资源循环过程中变成废物的量很少，而且废物也不危害环境。① 再利用原则属于过程性方法，旨在提高产品和服务的利用效率，减少污染。再循环原则属于输出端方法，要求物品完成使用功能后重新变成再生资源。② "减量化、再利用、再循环"原则在循环经济中的重要性并不是并列的，其优先顺序是减量化——再利用——再循环。③

循环经济本质上是一种生态经济，为工业化以来的传统经济转向可持续发展的经济提供了战略性的理论范式。在发达国家，许多国家以立法的方式加以推进，如德国、日本、美国、加拿大等。循环经济离不开污染物的治理与再利用。在循环经济的"3R"原则中，再循环原则是需要将废弃物资源化，使废弃物转化为再生原材料，重新生产出原产品或次级产品，与污染物治理紧密相连。在发达国家的实践模式中，德国的循环经济发展模式较好地诠释了这一点。德国循环经济发展始于20世纪70年代，是最早进行循环经济立法的国家。德国循环经济的发展缘于生产、生活垃圾的大量增加，从垃圾处理开始逐渐向生产和消费领域扩展，因此也被称为"垃圾经济"，成为新的经济增长点和扩大就业的新动力。④ 日本是世界上最早探索循环型经济发展模式的国家之一，是世界上循环经济立法最为完备的国家，也是世界上资源循环利用率最高的国家。2000年，日本颁布和实施了《循环型社会形成推动基本法》等6部法律，形成日本循环经济法体系，对国家、地方政府、

---

① 李汝雄、王建基："循环经济是实现可持续发展的必由之路"，载《环境保护》2000年第11期，第30页。
② 韩宝平等："循环经济理论的国内外实践"，载《中国矿业大学学报》2003年第1期，第59页。
③ 韩宝平等："循环经济理论的国内外实践"，载《中国矿业大学学报》2003年第1期，第59页。
④ 鹿彦：《循环经济发展：模式及实现路径研究——以山东省为例》，山东师范大学2011年博士学位论文，第12页。

企业、公众的责任和义务都有明确的规定。对于企业在推进循环型社会事业中的责任及义务，《日本循环型社会形成推进基本法》规定：企业一方面要采取必要的措施控制原材料等转为废弃物，要合理利用资源及延长产品使用寿命，以便减少废弃物的产生；另一方面，要合理地循环利用废弃物资源，对不能进行循环利用的资源，企业则应进行合理处理。①

三、循环经济理论对我国企业环境污染第三方治理的理论支撑

循环经济在我国的早期发展始于20世纪80年代，从那时起我国开始关注工矿企业废弃物的回收利用，以期达到节约资源、治理污染的目的。1993年10月，我国第二次工业污染防治工作会议召开，以循环经济理论为指导的清洁生产得到进一步发展。2002年，我国《清洁生产促进法》（2012年已修订）出台，这是我国第一次以基本法律的形式规范清洁生产，发展循环经济。同时，在实践中还设立了"循环经济示范省"和"循环经济示范市"。2017年党的十九大报告提出要推进绿色发展，"构建市场导向的绿色技术创新体系……推进资源全面节约和循环利用"。

循环经济理论在我国的发展要求企业生产实现减量化、再利用和再循环，这对创新企业环境污染治理模式提出了新要求。为提高污染物资源化的效率和水平，实行企业环境污染第三方治理是一条理想的路径。专业第三方参与企业污染治理可以更好地实现资源的再利用和再循环，推进资源节约和循环利用，实现生态环境与经济的双重优化和协调发展。在国家发改委办公厅发布的"中煤旭阳焦化污水第三方治理案例"（见附件3）中，第三方治理企业通过对焦化企业原有污水处理设备和工艺进行改造优化，处理后的废水能全部回用，不仅降低了环保设施运营费用，还实现了污染物资源化，符合循环经济理论的运行轨迹。

---

① 李岩：《日本循环经济研究》，辽宁大学2010年博士学位论文，第117~119页。

第四节　可持续发展理论

一、可持续发展理论的缘起

可持续发展是一个内涵极为丰富的概念，其核心是正确处理人与人、人与自然之间的关系。可持续发展理论的产生既有表面的直接诱因，亦有深层次的必然性，环境问题的全球化是可持续发展理论形成的直接现实因素。[1]

朴素的可持续发展的思想由来已久，但作为当代的科学术语，其确切定义最早见于《世界自然保护大纲》。在该大纲中，可持续发展被理解为"为使发展得以持续，必须考虑社会和生态因素以及经济因素；考虑生物及非生物资源基础"。[2] 1987年，联合国世界与环境发展委员会发表了题名为《我们共同的未来》的报告，认为可持续发展就是"满足当代人的需求，又不损害后代人满足其需求能力的发展"，对人类共同关心的环境与发展问题进行了全面论述，这一概念被世人普遍接受，并引起各界重视。[3] 1992年联合国《里约宣言》中第1原则、第3至第5原则都提到了可持续发展，一百多个国家和地区的领导人还签署了《21世纪议程》等文件，标志着可持续发展从理论探讨走向实际行动。在1995年联合国可持续发展委员会第四届大会上提出的专家部门会议报告书中，列出了指向可持续发展的19项国际法原则及概念。主要包括相互依存及协调统一、发展的权利，对安全的环境享有的权利，均衡、自然资源主权与领域管理责任，环境损害的防止、预防原则，全球合

---

[1] 赵建军："可持续发展理论形成的背景透视"，载《自然辩证法研究》1999年第1期，第31页。

[2] 刘传祥等："可持续发展的基本理论分析"，载《中国人口·资源与环境》1996年第2期，第3页。

[3] 刘传祥等："可持续发展的基本理论分析"，载《中国人口·资源与环境》1996年第2期，第3页。

作的义务,人类的共同财产,跨境合作,公众参与,信息获取等方面。① 如今,可持续发展思想已经成为全人类的共同发展理念。

二、可持续发展理论的含义

由于不同的研究者对可持续发展的理解不尽一致、强调的侧重点有所不同,因此,可持续发展在学界的定义具有差异性。国际法上的可持续发展原则与国内法上的可持续发展原则、发达国家的可持续发展原则与发展中国家的可持续发展原则各有不同。《我们共同的未来》中关于可持续发展的定义是目前影响最大、流传最广的定义,包含了可持续发展的公平性原则、持续性原则、共同性原则,强调了两个基本观点:一是人类要发展,尤其是穷人要发展;二是发展有限度,不能危及后代人的生存和发展。② 其中,公平性原则包括代内公平、代际公平和公平分配有限资源;持续性原则即指人类的经济和社会发展不能超越资源和环境的承载能力;共同性原则意指由于地球的整体性和相互依存性,某个国家不可能独立实现其本国的可持续发展,可持续发展是全球发展的总目标。③

可持续发展是一个涉及多学科、多领域的系统工程,具有复杂性和综合性。可持续发展的理论核心围绕着两条基础主线:"其一,努力把握人与自然之间关系的平衡,寻求人与自然的和谐发展及其关系的合理性;其二,努力实现人与人之间关系的协调。"而人与人之间关系的协调除了通过舆论引导、伦理规范、道德感召等人类意识的觉醒外,更要通过法制约束、社会规范、文化导向等人类活动的有效组织才能实现。④ 从某种意义上说,经济持续发展是社会可持续性发展的基础,资源的永续利用是经济可持续发展的基

---

① [日]大塚直:"日本环境法的理念、原则以及环境权",张震、李成玲译,载《求是学刊》2017年第2期,第3页。
② 罗慧等:"可持续发展理论综述",载《西北农林科技大学学报(社会科学版)》2004年第1期,第36页。
③ 张志强等:"可持续发展研究:进展与趋向",载《地球科学进展》1999年第6期,第590页。
④ 牛文元:"中国可持续发展的理论与实践",载《中国科学院院刊》2012年第3期,第280页。

础，生态环境的保护与改善是资源可持续利用的基础。① 可见，可持续发展的核心是生态环境可持续发展。为此，部分国家的国内环境立法中对可持续发展均有体现。德国2008年环境法典草案规定：不能再生的环境财产，要慎重节约地利用；再生可能的环境财产，要保证其利用的永久持续性。《日本环境基本法》第4条、《日本循环型社会形成推进基本法》第3条以及第四次环境基本计划都把可持续发展原则视作经济、社会、环境这三大领域的支柱，《日本生物多样性基本法》第1条及第3条第2~5款均是从生物多样性的角度规定"可持续利用"，重视环境方面的可持续发展原则。②

三、可持续发展理论对我国企业环境污染第三方治理的理论支撑

可持续发展理论的出现也引起了我国学界的重视，我国有学者认为可持续发展观的灵魂在于人与环境相融、和谐的意识，是我国环境法的伦理基础，"应在于依据一定的法则确立一定的伦理规范去调节人类的社会经济活动，以实现人与自然的和谐发展"。③ 关于可持续发展的含义，学者表述有差异。有学者提出，可持续发展是"不断提高人群生活质量和环境承载力的、满足当代人需求又不损害子孙后代满足其需求能力的、满足一个地区或一个国家人群需求又不损害别的地区和国家满足其需求能力的发展"。④ 另有学者认为，可持续发展是一种整体的发展，是经济、社会和自然之间相互作用，相互制约和相互依赖的协调发展。为此，可持续发展战略是生态持续性、经济持续性和社会持续性三个方面有机统一的战略。所谓生态持续性，是指在开放生物资源和生态系统时，要遵循最佳的持续产量原则，维持生态系统和生

---

① 罗慧等："可持续发展理论综述"，载《西北农林科技大学学报（社会科学版）》2004年第1期，第38页。

② [日] 大塚直："日本环境法的理念、原则以及环境权"，张震、李成玲译，载《求是学刊》2017年第2期，第4页。

③ 蔡守秋等："环境法的伦理基础：可持续发展观——兼论'人与自然和谐共处'的思想"，载《武汉大学学报（社会科学版）》2001年第4期，第392页。

④ 叶文虎、栾胜基："论可持续发展的衡量与指标体系"，载《世界环境》1996年第1期，第8页。

物圈发挥正常功能必不可少的生态过程。所谓经济持续性，就是要在兼顾生态环境的承受能力的条件下，保持和加快全球经济的持续增长和发展。所谓社会持续性，是指在一国内保证公民长期有效地参与发展决策的政治体系和社会管理体系，在国际上建立长期的和平、安全与共同合作的国际社会关系。① 两种表述的侧重点不同，比较之下，笔者认为后一表述更全面，条理也更清晰。

实践中，可持续发展理论对我国环境治理产生了重要影响。1995年，江泽民同志在《正确处理社会主义现代化建设中的若干重大关系》一文中指出，"在现代化建设中，必须把实现可持续发展作为一个重大战略。要把控制人口、节约资源、保护环境放到重要位置，使人口增长与社会生产力的发展相适应，使经济建设与资源、环境相协调，实现良性循环"②。1992年，中国政府在联合国《21世纪议程》等文件上作出了履行的庄严承诺。1994年3月，《中国21世纪议程》经国务院第十六次常务会议审议通过，主要内容包括可持续发展总体战略与政策、社会可持续发展、经济可持续发展和资源的合理利用与环境保护四个部分。2012年，胡锦涛同志在党的十八大报告中强调，"良好生态环境是人和社会持续发展的根本基础"，加大自然生态系统和环境保护力度。2018年5月18日至19日，全国生态环境保护大会在北京召开，习近平总书记指出，"生态文明建设是关系中华民族永续发展的根本大计"，并进一步阐述了新时代生态文明建设的理论基础、指导原则和行动指南等丰富内容。构建新时代生态文明体系具体包括五个方面："加快建立健全以生态价值观念为准则的生态文化体系，以产业生态化和生态产业化为主体的生态经济体系，以改善生态环境质量为核心的目标责任体系，以治理体系和治理能力现代化为保障的生态文明制度体系，以生态系统良性循环和

---

① 余正荣：《生态智慧论》，中国社会科学出版社1996年版，第163~164页。
② 江泽民："正确处理社会主义现代化建设中的若干重大关系——在党的十四届五中全会闭幕时的讲话"，http://www.people.com.cn/GB/channel1/10/20000529/80747.html，2000-05-29。

环境风险有效防控为重点的生态安全体系。"① 其中，生态经济体系为生态文明建设奠定基础，产业生态化和生态产业化是生态文明建设的两条重要途径。在构建生态经济体系的过程中，要推动产业生态化改造升级，促进存量产业绿色发展，推动传统产业清洁生产，大力发展节能环保产业等。

  这一系列重大事件表明，可持续发展理论已融入我国党和政府治国理政的重要方略之中，保护和改善生态环境是实现可持续发展战略的根本保障。面对我国严峻的环境污染与生态退化形势，在坚持政府主导的同时，充分发挥专业环保机构的优势，通过环境污染第三方治理来提高企业环境污染治理的专门化和专业化，是保护和改善生态环境，实现我国经济社会可持续发展的必然选择。

---

① 温宗国、刘航："加快构建生态文明体系，推动美丽中国再上新台阶"，光明网－理论频道，http://theory.gmw.cn/2018－05/29/content_29028488.htm，2018－05－29.

第三章
企业环境污染第三方治理的域外经验及启示

环境污染是全球性问题，发达国家对污染防治与生态保护关注较早，积累了不少污染治理的实践经验。从环境治理的历史进程来看，先后出现了"命令—控制"型治理、市场型治理及自愿型治理。总体来看，20世纪七八十年代，发达国家的环境政策主要采纳强制性法律法规和命令；20世纪80年代末，主要采纳基于市场的环境经济政策，如排污权交易、环境税等；20世纪90年代开始，自愿性环境措施逐渐成为环境政策中不可缺少的一部分。

专业环境服务机构对企业环境污染的治理是通过第三方治理合同的形式进行的，应属于自愿型环境治理，是自愿性环境协议的一种。"大多数情况下，自愿协议等同于合同。自愿性环境协议工具是指通过自愿协议的方式建立政府与企业间、企业与企业间、企业与其他组织间的相互制约关系，旨在促进企业或行业改进其环境管理行为，改善环境质量或提高资源的利用效率的方法或手段"[1]。不过，企业环境污染第三方治理合同是生产企业与环境服务机构之间签订的合同，而非生产企业与政府签订合同，也不是对利益相关方的单方承诺，与西方国家的自愿性协议有不同之处。[2]

日本、美国和德国都是制造业发达国家，在经济发展过程中，都经历过环境严重污染的历史阶段，经过治理后都取得了举世瞩目的成果。他们的实

---

[1] 肖建华：《生态环境政策工具的治道变革》，知识产权出版社2010年版，第29页。
[2] 乔阳：《论环境污染第三方治理的制度构建》，重庆大学2017年硕士学位论文，第11页。

践经验对我国企业环境污染第三方治理的推进有一定的借鉴价值。需要说明的是，由于各国法律及政策中没有直接表达为环境污染"第三方治理"，下文介绍日本、美国、德国三个国家的"第三方治理"，是指结合我国对"第三方"的理解与界定，与我国环境污染第三方治理中各方主体之间关系基本一致的环境污染治理模式。

第一节　日　本

一、日本"第三方治理"的形成背景

当今，日本是世界上在环境治理方面处于领先水平的国家之一，但其环境治理和环境保护过程却是相当曲折和艰难。在"二战"之前，日本政府优先发展经济，虽然环境污染事件时有发生，但污染问题没有引起政府足够的重视。如早在1890年前后，日本足尾铜矿山的污水和废气污染了附近的水源和农田，破坏鱼类种群和损害庄稼，有些议员曾把它提到了国会，可日本政府并没有对此予以高度关注。[①]"二战"结束后，为恢复国力，日本采取了优先发展生产的发展战略，1961～1970年，日本实行"国民收入倍增计划"，更是在第七年便实现了国民收入增长一倍。然而，高速经济增长却伴随着严重的工业污染，水俣病、疼痛病等环境公害事件的出现，使民众意识到健康受到了严重威胁，企业和民众的关系恶化，民众抗议运动不断爆发。迫于社会压力，日本政府从20世纪50年代后期开始制定和完善限制公害的相关法律，除采取给予被害者适当的经济补偿、在众议院和参议院里设置产业公害特别委员会等举措外，还创设公害防止企业，明确公害防止企业团（现环境企

---

① 王艳秀："工业化进程下的日本环境污染治理对策及启示"，载《安徽广播电视大学学报》2015年第3期，第10页。

业团）是防止公害等方面的融资、实施公害防止事业的特殊法人。[1] 1967 年 8 月 3 日，日本公布《日本公害对策基本法》并于当天生效，将大气污染、水质污染、噪声、振动、恶臭、地面下沉、土壤污染规定为七种公害，针对严重的国内公害设立了基本环境标准，明确了国家、地方公共团体、企业和公民防治公害的职责、措施和对策。这是日本国内颁布的第一部环境基本法。不过，《日本公害对策基本法》颁布生效以后，公害现象并未因此而立即改善。相反地，从此以后，公害现象甚至大有增加的趋势。1970 年，日本在第 64 届临时国会上（被称为"公害国会"）通过了部分修改的《日本公害对策基本法》以及其他 13 件有关公害法案。[2] 20 世纪 70 年代，受第一次石油危机的影响，日本的经济结构经过调整发生很大改变，政府对待环境治理态度转向消极，环境保护运动陷入低潮。80 年代末，日本被快速卷入全球经济，国外的竞争压力促使日本签订了很多国际环境条约，对国际环保标准变得十分敏感，日本环境治理进入了新阶段。[3] 1992 年联合国提出了《里约宣言》，被称为"保护地球环境的国际基本法"，1993 年 11 月，日本通过《日本基本环境法》，其中关于地球（自然）环境保护，即是此宣言的国内法化。[4] 该法着重强调以保全环境为目的，明确国家、地方公共团体、企业和公民的责任。同时，《日本环境基本法》将视野由国内转向国际，提到了保护全球环境问题。《日本环境基本法》是日本环境理念和环境治理改革的重要步骤，对全国环境政策和环境治理提供了新的视角和框架。[5]

从《日本公害对策基本法》到《日本环境基本法》，均明确规定了国家、

---

[1] 张瑞珍、[日] 奥田进一，"日本环境法的制定与实施对循环型经济社会形成的影响"，载《内蒙古财经学院学报》2007 年第 3 期，第 74 页。

[2] 康树华："日本的《公害对策基本法》"，载《法学研究》1982 年第 2 期，第 61 页。

[3] 官笠俐："多中心视角下的日本环境治理模式探析"，载《经济社会体制比较》2017 年第 5 期，第 118～119 页。

[4] [日] 竹下贤："环境法的体系理念与法治主义的实质化"，李桦佩译，载《太平洋学报》2009 年第 7 期，第 2 页。

[5] 官笠俐："多中心视角下的日本环境治理模式探析"，载《经济社会体制比较》2017 年第 5 期，第 119 页。

地方公共团体、企业和公民在治理环境污染和公害中的责任，要求政府、企业、社会团体和国民广泛参与全社会性防治污染、节能减排、循环利用等环境保护行动。可见，日本的环境治理是多主体参与、全民共治的治理模式，取得了令人瞩目的成效。

二、日本环境污染"第三方治理"的实践经验

（一）有完善的法律体系

日本的环境保护以完善的法律体系为法律保障。从"二战"以后至今，日本的环境立法大致经历了四个发展时期：第一时期为1956—1967年，主要是为了应对高速经济成长所带来的工业污染造成的严重公害问题进行立法；第二时期为1968—1980年，主要是为了致力于公害防治，强化健全公害治理及自然保护，制定和完善了一系列限制公害的相关法律；第三时期为1981—1991年，主要是为了应对全球环境问题及本国经济社会发展带来的严重环境问题，通过制定或修订法律，促进日本经济向循环经济转变；第四时期为1992年至今，日本循环经济社会建设的法律体系逐渐形成，进入促进社会可持续的发展时期。[1] 这些法律除规定各级政府、企业、社会团体和国民的责任和义务外，还允许企业和地方政府将污染处理业务委托给获得许可的企业实施，客观上为"第三方治理"企业的加入和环保产业市场的形成与发展提供了保障。

（二）严格的环境执法与灵活的环境政策相结合

"法律的生命在于它的实施。"[2] 环境法律的实施离不开环境执法机构的推动。日本的环保管理机构设立始于1970年，"公害国会"后，日本成立了由首相直接领导的公害防治总部，结束了中央环保机构缺位的局面。1971年，日本正式成立环境厅，主要负责环境政策及计划的制订，统一监管全国

---

[1] 张瑞珍、[日] 奥田进一，"日本环境法的制定与实施对循环型经济社会形成的影响"，载《内蒙古财经学院学报》2007年第3期，第73～76页。

[2] Roscoe Pound: Jurisprudence [M]. St Paul: West Publishing Company, 1959: 353.

的环境保护工作，其他相关省、厅负责本部门具体的环保工作。2001年，日本政府将环境厅升格为环境省，形成了目前以环境省为核心的中央环境管理体制。除环境省外，日本中央的经济产业省、厚生劳动省、国土交通省、外务省等部门也管理部分环保事务。根据日本宪法的规定，日本实行地方自治制度，采都道府县与市町村的二重自治组织形式，各都道府县与市町村都设有地方环境主管机构。环境保护属于地方自治范畴，保护环境是地方公共团体（地方政府）的主要事务之一，因而实行的是由地方政府主导的自主性环境管理体制。

在日本，每一套法律之下都有一些配套的政令、规则和告示作为法律实施中的具体操作规则。日本地方公共团体拥有条例制定权，甚至存在超越国家法律规定范围的内容和比国家法律更为严格的标准。在执法中，日本地方政府基于国家法律及地方法规构建了严厉的环境规制体系，并调动人力、财力等资源确保严格实施，使环境执法得到切实保障。这对排污企业形成强大的外部压力，使其违法成本远高于投入治理污染的成本。与此同时，日本的地方政府往往结合本地区的实际情况，推出灵活的环境对策，比如针对国家立法不足，率先制定创新的地方环境法规；在审批开发项目时，通过行政指导的方式要求开发建设者遵守本地区的环境保全承诺；与企业签订公害防止协定，促进企业努力实施比法律规制更加严格的治理要求；规定企业设置防止公害机构为法定义务，等等。① 严格的环境执法与灵活的环境政策相结合，在给排污者造成压力的同时，又为其指明了解决污染治理问题的专业化路径。

（三）对污染治理主体实行市场准入资格审查和许可制度

在日本，根据相关法律规定，不同的污染物治理从业主体均需经过资格审查和认证，具体要求也有所不同。首先，一般废弃物处理企业（或个人）和产业废弃物处理企业需分别由市町村和都道府县审核其资质和设施情况，

---

① 曲阳："中日环境执法对策的研究与探讨"，载《华东政法大学学报》2010年第2期，第155页。

并取得市（町村）长和知事的许可，一般期限为 5 年。其次，再生利用企业要接受环境省的审核，取得环境大臣的许可，按照环境省制定的标准开展业务并每年报告业务情况。最后，特殊行业实行特别标准。这主要是针对一些特定资源再利用的企业，如容器包装、特定家电、建筑材料、食品循环资源、报废汽车、小型家电、农林渔业有机物质等。除从业资格外，还对废弃物的分类收集、运输、处理过程和再资源化标准作出明确规定。此外，赋予地方长官对企业的全部处理过程实施监督检查的权力，对违反规定者处以相应的惩罚。[①]

根据日本环保行业的许可制度要求，环保企业在各类废弃物的运输、保管、处理和再利用过程中有明确分工。总的来说，无论是一般废弃物还是企业生产排放的废弃物，都可以通过专业公司处置。具体来说，一般废弃物既可由市町村以公共服务的方式处理，也可由市町村以公共服务主体身份，按照政令规定的委托标准委托给专业处理企业；产业废弃物由排放企业承担处理责任，可自行处理为主，也可委托给专业处理企业处理，排污企业委托处理的，必须按照委托标准进行委托，了解废弃物的运输和处理情况并确认结果；特定家电由零售商回收，集中送回生产企业或委托企业处理，费用由消费者承担等。不同主体之间明确的分工和清晰的责任划分既保证了废弃物处理的专业性，又可以避免重复建设和无序竞争。

此外，日本的环保行业协会相当发达，协会组织很多，各协会除了为会员企业提供信息、数据、研究报告、开展交流活动以及协调工作、环保宣传教育等外，其中一些协会还负责本行业的废弃物处理业务的招标和部分处理事业基金的管理工作，如日本容器包装再生利用协会，容器包装由市町村分类收集，由该协会招标处理企业进行再生处理。[②]

（四）多措施并举为环保企业发展提供扶持

首先，利用政策手段对环保企业进行培育和扶持。日本政府对从事环保

[①] 任维彤、王一："日本环境污染第三方治理的经验与启示"，载《环境保护》2014 年第 20 期，第 34 页。

[②] 任维彤、王一："日本环境污染第三方治理的经验与启示"，载《环境保护》2014 年第 20 期，第 35 页。

事业的企业建立了"优良产废处理业者认定制度",获得认定的优良企业不仅行业许可有效期限可以延长,还会因此获得良好的市场评价,从而增强自己的市场竞争力。同时,政府利用"循环型社会形成推进交付金制度"资助废弃物处理及再利用设施的建设和完善。

其次,利用税收和补助金等经济手段对环保企业进行鼓励和扶持。其中,税收优惠政策主要有:一是对致力于节能减排的企业实行减轻税收的鼓励政策;二是创立"绿色税制",减轻购置新能源汽车、环保型汽车和节能住宅的税率。补助金主要是从日本的财政经费中出资,用于资助环境保护、废弃物处理和再利用、化学物质对策等环保领域的研究开发和设施建设等,2013年的预算为1.9万亿日元,2014年的预算为1.7万亿日元。此外,政府的一些相关机构还为各种环境保护事业提供金融服务。

再次,普及环保教育和民间环保活动,为环保企业发展营造氛围。日本的环保教育活动非常普及,实施主体多样,方式多样,实施对象包括各个年龄阶段的人群,内容包括普及环境知识及公害教育、宣传环保政策、提高环保意识等,在全社会形成良好的环境意识氛围,极大地方便了环保企业的事业开展。2013年,日本颁布并实施《日本增进环保热情及推进环境教育法》(《日本环境教育法》),鼓励社会、公众、企业同政府一道致力于环境教育、环境保护活动的开展和促进,强调了国家各部门、各主体间的相互理解和相互协作,为环境教育的开展提供了来自专门法律的支持,日本也因此成为亚洲第一个制定并颁布环境教育法的国家。①

最后,开展国际合作,拓展专业环保企业的发展空间。除国内环境治理与保护外,日本政府积极参与环保领域国际交流与合作,大力推介日本在制度建设、政策实施和组织管理等方面的成功经验,鼓励和支持本国环保企业利用技术优势和先进的装置设备开拓海外市场,扩大发展空间。②

---

① 王元榴等:"日本环境教育法的现状及修正",载《环境教育》2009年第9期,第17页。
② 任维彤、王一:"日本环境污染第三方治理的经验与启示",载《环境保护》2014年第20期,第36~37页。

第二节 美　　国

一、美国"第三方治理"的形成背景

美国是世界在环境治理方面处于领先水平的另一国家。与很多国家一样，美国在发展过程中，也经历了破坏环境、污染环境、保护环境、治理环境的过程。美国环境污染"第三方治理"的发展与其本国环保产业的发展息息相关。美国环境政策的推进与实施具有阶段性，其环保产业的发展也体现出阶段性特征。根据美国环保局的统计和研究报告，其环保产业主要涉及九大门类：环境工程、咨询与设计、有害废物管理、污染物的即时处理、固体废弃物管理、水污染治理和设备、大气污染治理、石棉制品削减、化学分析与实验等服务及其他。[①]在这九大门类中，大部分的服务都可以应用于企业环境污染"第三方治理"。

在 20 世纪 70 年代之前，美国联邦通过了一些关于环境保护的法律，但数量较少。1970 年 1 月 1 日，美国总统尼克松签署 1969 年《美国国家环境政策法》，标志着美国环境治理进入一个全新的时代。其后，美国国会相继制定了一系列新的环保法案，通过了 27 部环境保护法律和数百个环境管理条例。尼克松总统于 1970 年 2 月首次向国会提交关于环境问题的总统年度咨文，开创了美国总统每年就环境问题向国会提交咨文的先例。根据《美国国家环境政策法》，美国成立环境质量委员会，为总统和国会就环境问题提供相关咨询；成立国家环境保护局作为专门的环境治理机构，集中统一行使环保职能。这段时期被称为美国环境治理的"黄金十年"，许多环保组织和机构得以建立和发展，生态环境理念得以创新，公众生态环保意识得以增强。[②]

[①] 吕燕："美国环保产业的发展与启示"，载《环境保护》1996 年第 9 期，第 38 页。
[②] 程天金等："美国环境治理演进及特征对我国'十三五'及后期环境治理的启示"，载《环境保护》2016 年第 23 期，第 64～65 页。

20世纪80年代，美国发生严重的经济危机，陷入"滞涨"困境。为了抑制通货膨胀和平衡预算，美国政府通过经济和行政手段削弱环境保护工作，新的联邦环境法规停止制定，对现有尤其是企业认为难以负担的法规放宽实施条件。不过，美国这一时期环境政策变革的意外后果是加强了美国环保组织的力量。20世纪90年代，美国对环境治理进行折中调整，一方面，重组与环境问题有关的行政机构，加强对环境政策的协调和领导，确保其环保政策得到有力的执行；另一方面，运用市场化工具进行环境治理，节约了大量成本。此外，推崇"环境正义"，并将环境问题纳入美国外交政策。[1]

与环境法律及政策的发展进程相适应，美国的环保产业兴起于20世纪70年代，并迅速发展，年均增长率达20%以上；进入90年代后，尽管发展速度有所下降，但发展规模不断扩大。在此过程中，大量的以提供污染治理设施和服务为主要业务的环保企业积极参与到企业环境污染治理中。据介绍，20世纪90年代，美国每年约有16亿吨的城市垃圾，其中60%为工业垃圾，固体废弃物管理是美国环保产业中最成熟且占份额最大的领域。1991年，企业界对废水治理的投入产值为13亿美元，其中，工业和设备投资为5亿美元，工业废水处理与设备维护为5亿美元，其余为市政污水处理投入。1992年，投入大气污染控制设备及相关的静态点源污染治理服务的产值为5亿美元。[2]

二、美国环境污染"第三方治理"的实践经验

（一）有完善的法律体系

美国的环境法律体系相当完备。在众多的美国环境法中，最重要的是《美国国家环境政策法》，它是美国环境保护的"环境宪法"，被有的学者称为美国环境保护领域的"大宪章"[3]。该法规定，环境保护主要是联邦政府的

---

[1] 程天金等："美国环境治理演进及特征对我国'十三五'及后期环境治理的启示"，载《环境保护》2016年第23期，第66页。

[2] 吕燕："美国环保产业的发展与启示"，载《环境保护》1996年第9期，第38~39页。

[3] Daniel R. Mandelker. NEPA law and litigation: the national environmental policy act1: 01 (2d ed. 1984). New York: ClarkBoardman Callaghan, 1992: 81.

责任，但是它同时提到联邦政府应当与州和地方政府以及相关的公共和私人团体合作，以共同承担环境保护的重任。该法指出，"人人都应当享有健康的环境，但人人都应当为保护和提升环境作出自己的贡献"①。在《美国国家环境政策法》的基础上，美国环境法分为两大分类：一类是污染控制法，如《联邦水污染控制法》《清洁空气法》《噪声控制法》《资源保护和回收法》《综合环境反应、赔偿和责任法》等；另一类是资源保护法，如《国家公园管理法规系列》《国家野生动物庇护体系管理法》《濒危物种法》《联邦土地政策和管理法》《合作林业援助法》《荒野法》等。《国家环境政策法》的规定及后续形成的完备的法律体系为美国环境污染"第三方治理"奠定了基础。

（二）环境执法严格有效

美国的环境执法既有健全的监管体系，又有有效的执行机制，两者的结合对污染责任主体造成了很大的压力，对污染治理的专业化与高效化起到了助推作用。

美国的环境监管机构设置与其联邦行政体制相对应。纵向上，形成了由中央到地方的环保体系结构，自上而下依次为：美国联邦环境保护局、联邦环境分局、州环境保护局、州环境派出机构、县或市环保机构。其中，联邦环境保护局的任务是保护人类健康和环境，是美国环境执法体系中最核心的机构。总统办公厅之下还设立了总统环境质量委员会，作为总统的环境咨询机构和行政机关间的协调机构。州环境保护局是环境法的主要执行者，绝大部分的环境法执行工作都是由其启动和完成。州与地方环境执法机构的设置视州的大小而定：较小的州由州政府环境执法机构直接管辖地方，较大的州则是在地方建立环境执法机构，州政府同时设立派出机构对地方执法机构进行监管。不过，美国环境管理体系并不是一个垂直的体系，美国国家环境保护局下设十个区域分局，作为州环保机构与国家环保局之间联系和协调的纽

---

① 沈文辉："三位一体——美国环境管理体系的构建及启示"，载《北京理工大学学报（社会科学版）》2010 年第 4 期，第 78~79 页。

带，州环保机构与国家环保局之间不存在隶属关系。横向上，除国家环境保护局外，国会、州议会和各级司法部门都有环保的义务和责任。政府的各个部门都设有环保机构，都负有保护环境的法定职责。此外，大量的民间环保组织在监督环境执法中也起着不可替代的作用。

美国政府在环境法执行机制方面将预防与惩罚相结合，取得了良好的执行效果。其中，预防机制主要由三个方面构成：一是向被监管对象及社会公众进行守法宣传，并提供相关服务；二是通过各种措施对守法者进行奖励，以进一步激励他们守法的意愿；三是对被监管对象的守法情况进行监测和监督。惩罚机制包括非正式机制和正式机制两种：非正式的执法机制一般通过电话通知、检查、发出警告信和违法通知等方式进行，主要针对违法程度较轻、造成的危害较小的行为，不具有惩罚性；正式的执法机制包括行政行动、民事行动和刑事行动，这些行动都具有强制性。此外，美国还存在公民执行，即任何公民个人或公众团体对政府机关执行环境法的情况和公司企业的守法情况进行监督，主要通过公民诉讼来实现。①

（三）政府积极鼓励和推动环保企业的发展

美国政府对环保事业的鼓励与推动主要体现在三个方面：一是加大环保投入，除政府投资外，鼓励企业自筹资金。自 1990 年以来，美政府对环境技术的投资猛增，1970 年该部分投资只有 5.5 亿美元，到 1994 年已增至 40 亿美元。同时通过减少政策、规定、检验、许可证等环节的不确定因素，促进私人企业对环境技术的研究与开发投资。二是及时调整环境技术战略，促进环保技术发展。1994 年，美国政府公布了旨在促进环保技术发展与出口的新环境技术战略，为环境技术的开发、商品化和应用创造更有利条件。该战略将提高能源和原材料的使用效率作为环境技术研究与开发的重点，使企业在确定和创新环境技术时更具灵活性，保持美国环保工业在全球市场中的竞争力。为监督该战略的执行，政府牵头成立了专门机构。三是探索环境管理新

---

① 沈文辉：“三位一体——美国环境管理体系的构建及启示”，载《北京理工大学学报（社会科学版）2010 年第 4 期，第 79~81 页。

方法，为环保企业发展提供便利。如精简环境许可证发放和审批过程，鼓励综合的污染控制及新的治理技术，并对创新技术进行测试、示范和性能验证，加速环境技术商品化等。① 通过上述措施，环保企业得到了良好发展，为"第三方治理"准备了条件。

（四）多渠道开展环保宣传与教育

为保障环境教育在美国的顺利推广，美国早在1970年就制定并颁布了《美国环境教育法》，1990年修订后沿用至今。该法案对美国环境教育的目标、组织机构、经费来源、鼓励措施等进行了详细规定。美国环境教育的主要渠道是学校环境教育，包括小学、中学、大学各个阶段，教育模式和途径多种多样。教育课程指导大纲由美国环境教育协会统一提供，具体环境教育的内容则由各学校自行决定。在美国，环境教育已经成为学生素质教育的重要组成部分。为保证各州及地方政府在各级学校开展环境教育时有充足的经费，1990年《美国环境教育法》授权联邦政府设立环境教育专项资金。② 除学校教育外，美国各环保组织和机构开展的环境保护宣传与教育活动也相当频繁，为不断提高公众的环境意识起到了重要作用。良好的环境宣传与教育让环保意识深入人心，为环境治理与保护提供了社会基础。

第三节　德　　国

一、德国"第三方治理"的形成背景

德国是世界在环境治理方面处于领先水平的欧洲国家的代表。"二战"后，德国面临着战后重建与发展经济的艰巨任务，当时的联邦德国和民主德国都以重建家园和发展经济作为首要目标，政府对环境的认识并不全面和充

---

① 谷文艳：《美国环保产业发展及其推动因素》，载《国际资料信息》2000年第5期，第9页。
② 杨昕：《发达国家环境教育的经验及对我国的启示》，载《环境保护》2017年第7期，第69页。

分，公众环保意识相对淡薄，环境污染日益严重，公害事件经常出现。20世纪50年代起，联邦德国相继出台了一些针对特定环境保护对象的规章制度和法律条款，如1957年《德国水管理法》、1959年《德国原子能法》、1968年《德国植物保护法》，还有针对特殊物质的专门性法律文件，如《德国关于洗涤剂中净化剂的法律》《德国联邦肥料法》，但实际效果并不理想。到20世纪70年代初，在莱茵河畔法兰克福等大城市，空气污染、噪声污染和水污染极为严重，联邦德国的环境问题已经成为全社会关注的焦点之一。1971年10月14日，联邦德国政府颁布了环境纲领，环境政策作为独立的政策开始出现，自此保护与改善环境开始变得与经济发展同样重要，环境法也发展为独立的法律部门。1972年，联邦德国通过《德国垃圾处理法》，这是德国第一部环境保护法。自1982年以来，联邦政府已把环境保护工作作为其政治生活中优先考虑的事务。1990年两德统一，环境保护被写入修订后的《德国基本法》，其20条A款写明："国家应该本着对后代负责的精神来保护自然的生存基础条件"。此条款对德国整个政治领域产生重大影响。

德国环境法有三大原则：预防性原则、污染者负担原则及广泛合作原则。预防性原则强调防患于未然，应该尽量避免对环境的污染和破坏，如果破坏行为难以避免，必须将对环境的损害降到最低。[①] 污染者负担原则强调污染者必须承担污染治理的责任，不仅要作出相应的经济赔偿，还要负担起后续治污过程产生的各种费用。广泛合作原则强调结合多方的力量完成环保的重任，无论是什么样的组织或机构、官方的或民间的、营利性的或非营利性的都应该参与到环保中。[②] 其中，广泛合作原则具有鲜明特点，体现在环境保护的各个方面，如联邦政府与州政府在环境立法方面展开合作；政府与大众媒体和环保非政府组织在普及环保知识、监督等方面展开合作。在环境治理结构的构建方面，德国政府强调加强国家、企业与公民社会的合作，通过政

---

① Trüe Christiane：Germany—the Drafting of an Environmental Law Code (UGB). European Energy & Environmental Law Review, Vol. 18, Issue 2, 2009.
② 王玏："二战后德国环境法制建设及发展趋势研究"，载《学术探索》2017年第11期，第93页。

府主导、企业参与的合作方式，在双方自愿的基础上，充分发挥各种科技手段、经济力量和民间智慧解决具体的生态环保问题。①

根据广泛合作原则，德国构建了多元高效的环境污染治理体系，企业环境污染"第三方治理"就是这一体系中不可或缺的组成部分。1991年德国制定《德国防止和再生利用包装废物条例》，其中就授权制造商和经销商可以委托第三方替代履行回收利用义务，允许成立生产者责任组织以统一收集利用替代个别履行。2002年修订的《德国循环经济与废物清除法》② 第13章至第16章规定了废物转让和出售的原则、公共和私营废物处置者的法定责任、委托第三方进行处置的一般规定等，第四部分还对私营废物处置者接受委托的有关事项做了具体规定。③

二、德国环境污染"第三方治理"的实践经验

（一）将生态价值观贯彻于政府公共决策

因遭受战争与工业的双重污染和破坏，德国的生态破坏程度和环境污染程度曾可谓举世罕见。从20世纪70年代起，德国自下而上的环境运动风起云涌，影响深远，但公众的环境诉求并没得到政府的积极面对。不过，尽管环境议题于20世纪70年代末在政府的公共决策中没有占据优先地位，"但它们只在10年之后就在公共政策议程上获得了较高地位；同时，环境运动本身在国家和国际环境政策的领域成为一个得到充分认同的角色"④。在1983年联邦德国举行的大选中，绿党进入联邦议会，后上升为德国第三大政党势力，成为执政党之一，有机会将自己的生态主义理念转变成一种国家政策，成为德国政

---

① 邹晓燕："德国生态环境治理的经验与启示"，载《当代世界与社会主义》2014年第4期，第94页。
② 有人译为《德国循环经济与废物处置法》《德国循环经济与废物管理法》，在1986年颁布的《德国废物管理法》的基础上全面修改而成，于1994年9月27日通过，后经多次修订。
③ 万秋山："德国循环经济法简析"，载《环境保护》2005年第8期，第78页。
④ ［英］克里斯托弗·卢茨：《西方环境运动：地方、国家和全球向度》，徐凯译，山东大学出版社2005年版，第37页。

府决策和施政的核心价值观。[①] 在生态价值观的引导下，德国政府最终选择了"社会市场经济生态化"的发展道路，将公众的生态环境诉求纳入经济与社会治理的组成部分，这为多元高效的环境治理体系的构建奠定了政治基础。

（二）有完善的环境法律体系

德国的环境法律体系是在欧盟环境法律的基础之上建立起来的。目前，德国联邦和各州的环境法律、法规有8000部，还实施欧盟的约400项相关法规。[②] 其主要特点是以基本法为首、以单项法为补充，基本法的法律效力和地位要高于单项法，如《德国污染控制法》和《德国自然保护法》。立法权分配上，各州掌握主要环境立法权，联邦只拥有基本法规定的立法权，但是，目前联邦在诸如大气、水、噪声、废弃物处置等一些重要方面已拥有优先管辖权。[③] 德国的环境立法可以分为两个阶段：20世纪70年代到80年代为第一阶段，在这一时期，环境法成为一个独立的法律部门，主要是针对特定领域的单行法，环境立法主导权由各州转移到联邦政府。20世纪80年代至今为第二阶段，也被视为德国环境立法的新阶段。之前的德国环境立法多少是对特定环境领域所作的独立的立法规定，从这时起，环境立法涉及的是环境法的整体，对于环境法律中可以共同适用的部分进行立法，以体现环境法律之间的内在联系性，如1990年《德国环境影响评价法》、1991年《德国环境责任法》和1994年《德国环境信息法》等；同时，德国也开始酝酿对环境法的整合工作，以弥补数量不断增多的环境法之间不协调、重叠和冲突的情况。[④] 完备详细的环境保护法体系为构建多元高效的环境治理体系提供了制度保障。

（三）多种手段促进环保产业发展

首先，严格环境执法。德国的环境规制体制划分为联邦、州和地方（市

[①] 邢来顺："生态主义与德国绿色政治"，载《浙江学刊》2006年第1期，第71~72页。

[②] 邹晓燕："德国生态环境治理的经验与启示"，载《当代世界与社会主义》2014年第4期，第92页。

[③] 刘鑫颖、韩超："中国环境规制体制的反思——基于国际比较视角的分析"，载《国有经济评论》2014年第6卷第2辑，第129页。

[④] 徐鹏博："中德环境立法差异及对我国的启示"，载《河北法学》2013年第7期，第167页。

和乡）三个层次，在联邦层面成立了环保部，在各州成立州环保局，地方也设立相关的环境保护机构。环境任务首先主要由地方来承担，由州和联邦环保机构给予辅助。对生产污染处理设备的企业和污染治理服务公司，德国规定了严格的审批手续，要求污染处理设备必须和处理的污染种类相符，如有违反，政府可采取取消许可等处罚措施。为加强环保执法力度，德国还设立了环保警察，有对所有污染环境、破坏生态的行为和事件进行现场执法的职责。

其次，鼓励环保科技发展和创新。德国政府采取了多种补偿与资助措施，支持环保技术研究和开发，激励生产技术和环保技术创新，其科学技术标准被纳入联邦德国和欧盟的环境立法体系，赋予德国的环境治理过程更高的科学性、实践性和可操作性。

最后，多举措并用促进污染治理的专业化。根据污染者付费原则，政府通过生态税费改革、环境使用许可证制度、排污权交易、推行环保责任制、税收支出和政府购买等举措，把排污者治理污染的责任转化为一种经济支付形式，促进污染治理的专业化。

（四）发展良好的环境教育

德国的环境教育非常发达，已形成较为完善的环境教育体制。德国的环境教育政策有一个演进的过程：20世纪50年代起，环境教育问题引起重视，重点是放在对大自然的保护和农村的保护上；70年代，德国明确了大力发展环境教育课程的目标，环境教育开始从"自然保护教育"转向"环境保护教育"；90年代，德国的环境教育从"保护环境教育"阶段提升至"可持续发展教育"阶段。学校是德国政府推进环境教育的主阵地，夜校、教堂和商会则是对成人开展环境教育的重要场所。此外，德国的非政府组织常常与德国的学校、社区建立长期的联系，在民众间开展非盈利的环境教育活动，在推进环境教育方面功不可没。[①] 在不同的历史阶段，随着德国环保理念的不断

---

① 李砚颖、王歆燕："德国环境教育的演进及启示"，载《环境教育》2013年第8期，第58页。

进步，环境教育方法和手段也不断更新。通过充分的环境教育，不仅提高了社会公众的环保意识，还将推进环境意识和环境道德内化为公民的环境道德素养，为德国的环境保护奠定了坚实的群众基础，成为环境污染"第三方治理"模式发展的坚强后盾。

第四节 域外实践给我国的启示

一、发展"第三方治理"是实现污染治理专业化和高效化的理想路径

日本、美国、德国在环境治理的进程中，都经历了由命令——控制型治理到多元主体参与治理的发展历程，为提高效率并降低成本，污染治理专业化与业务分工精细化是各国在这一过程中的共同选择，因而环保成为重要的产业并得到长足的发展，污染治理的成效也非常显著。

我国在经济和社会发展过程中，虽然一直强调"不走西方发达国家'先污染后治理'的老路"，但伴随着工业化的快速发展和经济总量的不断提高，环境污染日趋严重、生态环境持续恶化也是一个不争的事实。为此，党的十八大把生态文明建设纳入中国特色社会主义事业"五位一体"总体布局中，将生态价值观上升为国家治理的核心价值观。党的十八届三中全会提出"推行环境污染第三方治理"，2014年12月27日，国办发〔2014〕69号《意见》从国家层面对第三方治理作出制度安排。推行环境污染第三方治理是希望通过利用市场要素，实现环境污染治理的专业化、社会化，充分发挥市场对资源配置的决定性作用，降低治理成本，符合当前我国创新国家治理的新趋势，是环境监管制度改革中十分重要的理念。[①]尽管企业环境污染第三方治理在各地的推行尚处于探索阶段，还存在许许多多的困难和问题，但从长

---

① 刘俊敏、李梦娇："环境污染第三方治理的法律困境及其破解"，载《河北法学》2016年第4期，第40页。

远来看,"第三方治理"不仅有助于缓解政府与污染者之间的紧张关系,并能借助第三方在资金、技术、人力等方面优势,协助政府和污染者履行环境保护义务,提高行政职能实施效果,便利环保行政主管部门履行职责和降低执法成本,还能够提升政府在生态环境保护领域的形象和公信力。[①] 可见,"第三方治理"符合环境污染治理的发展趋势,是实现我国污染治理专业化和高效化的理想路径。

二、完善的环境法律体系是"第三方治理"的法制基础

综观日本、美国、德国三国的实践经验,在环境污染第三方治理方面,基本上都是沿着立法先行、环境治理跟进、环境资金保障的脉络行进。为规范污染治理活动,指导各方主体能够有序地进行污染治理,需要厘清政府、排污企业、治污企业在污染治理过程中的法律关系,明确各方的权利、义务及责任。总之,推行企业排污与治污分工合作,实现污染治理专业化与高效化需要一定的法制基础。

我国环境保护立法起步于20世纪70年代。1978年,环境保护首次纳入我国宪法,1979年,中华人民共和国成立以来第一部环境基本法出台。截至目前,我国在环境法律体系建设方面取得了较大的成就。按国内学界的普遍做法,该体系可划分为三大类:其一,《环境保护法》是我国环境保护基本法。其二,环境保护单行法。具体又可分为五小类:一是污染防治类,包括《大气污染防治法》《水污染防治法》《海洋环境保护法》《固体废物污染环境防治法》《环境噪音污染防治法》《放射性污染防治法》《环境影响评价法》以及与污染防治相关的行政法规和部门规章;二是自然资源保护与生态环境保护类,包括《土地管理法》《水法》《草原法》等十余部立法及相关行政法规与部门规章;三是资源循环利用类,包括《清洁生产促进法》《循环经济促进法》《节约能源法》《可再生能源法》等立法及相关行政法规与部

---

① 李一丁:"环境污染第三方治理的理论基础、现实诱因与法律机制构建",载《河南财经政法大学学报》2017年第2期,第152页。

门规章;四是环境监察类,除《行政处罚法》外,主要由一系列行政法规和部门规章组成;五是农村与城市环境保护类,包括《城乡规划法》《农业法》及相关行政法规和部门规章等。其三,宪法及刑法、民法、行政法等其他部门法中有关环境保护的规定。

总体来看,我国环境保护法律体系完整,所涉领域全面,但与第三方治理的法制需求而言仍有欠缺:首先,立法体系不够周延,环境损害责任法缺失。环境责任法是保障环境法实施的具有强制力的最后"屏障",使责任的承担具有威慑力,可以让污染企业权衡自己的生产成本与风险,促使排污者从"源头"与"过程"对污染实行全面控制。我国传统的环境民事侵权责任方式和环境行政责任方式主要是针对特定的主体人身、财产所造成的损害,对新型的环境损害难以进行有效救济[①],一定程度上会影响排污企业防治污染的主动性和积极性。其次,具体内容方面,在企业环境污染第三方治理中,如何确定企业具体环境责任的承担规定不明确。根据我国《环境保护法》第64条的规定,因污染环境和破坏生态造成损害的应当依法承担侵权责任,没有指明具体的责任主体;第65条规定:"环境影响评价机构、环境监测机构以及从事环境监测设备和防治污染设施维护、运营的机构,在有关环境服务活动中弄虚作假,对造成的环境污染和生态破坏负有责任的,除依照有关法律法规规定予以处罚外,还应当与造成环境污染和生态破坏的其他责任者承担连带责任。"据此,对于防治污染设施维护、运营机构能否理解为德国环境法中的"设备责任",尚需权威解释。第三方治理合同是企业环境污染第三方治理模式的运行基础,这类合同具有不同于普通民事合同的特质,如果合同履行存在瑕疵,在法律规定不明确的情况下,则双方在责任承担上极易出现相互推诿的现象。可见,我国现有的环境法律体系尚存在落后之处,在规范企业环境污染第三方治理方面的规定尚有待完善。

---

① 2017年8月29日,中央全面深化改革领导小组第三十八次会议审议通过《生态环境损害赔偿制度改革方案》,探索建立我国生态环境损害的修复和赔偿制度。

三、严格高效的环境执法是"第三方治理"的强制动力

法律的生命力在于执行,再完善的法律制度体系如果得不到有效执行都会成为一纸空文。由前述可知,日本、美国和德国在"第三方治理"的发展过程中,都有与本国政治体制相适应的环境管理机构,严格高效的环境执法是重要的推动力。

我国环境法律体系虽然基本完备,但法律法规的执行力度一直偏弱,有法不依、执法不严、违法不究等问题一直存在。究其原因,与我国环境管理体制有重要关系。总的来说,我国实行的是统管与分管相结合的管理体制,根据《环境保护法》第10条[①]的规定,在横向上,设置独立的环境管理专门机关作为统管部门,统一管辖本辖区内的环境保护工作,这一统管部门在中央是指原环境保护部(现生态环境部),在地方则是指各级人民政府的环境行政主管部门。分管部门是指如林业部门、交通部门等其他相关部门,它们分别在各自业务范围内对环境保护工作实施监督管理。统管部门与分管部门不存在行政上的隶属关系,法律地位平等。在纵向上,由中央和地方分级管理环境保护工作。中央对全国各地的环境保护工作进行宏观调控,地方政府及地方政府环境行政主管部门负责本地方的环境保护工作。这种体制存在以下问题:一是执法职能分散。据统计,除环境保护部门对环境实行统一监督管理外,还有20多个部门具有环境保护监督管理责任。二是法律地位模糊。地方环境行政主管部门缺乏独立的环境监管与行政执法权,环境保护法虽然将"环境监察机构"写入,但仍明确其为委托执法,而非授权执法。这种模糊的法律规定在环境执法实践中造成困扰,部分排污企业对环境监察机构执法权的法定性提出了质疑,2016年,安徽和辽宁两省的环境监察机构就被当

---

① 《环境保护法》第10条规定,国务院环境保护主管部门,对全国环境保护工作实施统一监督管理;县级以上地方人民政府环境保护主管部门,对本行政区域环境保护工作实施统一监督管理。县级以上人民政府有关部门和军队环境保护部门,依照有关法律的规定对资源保护和污染防治等环境保护工作实施监督管理。

地企业以没有法定执法权为由起诉至法院。① 三是地方环境行政主管部门的执法容易受到地方政府的不当影响。在行政隶属关系上，地方环境行政主管部门既要接受本级政府的领导，又要接受上级环保行政主管部门的监督。受地方保护主义的影响，环保监管的公正性难以保证，致使一些企业的环境违法行为查而不绝。此外，环境监察机构在实际行使职能过程中存在"越权"现象，授权与职责不对等。

目前，上述问题已引起我国中央高层的重视。针对环境管理体制存在的问题，中央"十三五"规划建议，改革我国环保执法管理体制，实行省以下环保机构监测监察执法垂直管理制度。2016年7月22日，中央全面深化改革领导小组审议通过《关于省以下环保机构监测监察执法垂直管理制度改革试点工作的指导意见》，开展省以下环保机构监测监察执法垂直管理制度改革试点，建立健全条块结合、各司其职、权责明确、保障有力、权威高效的地方环保管理体制，确保环境监测监察执法的独立性、权威性、有效性；注意协调处理好环保部门统一监督管理和属地主体责任、相关部门分工负责的关系，规范和加强地方环保机构和队伍建设，建立健全高效协调的运行机制。目前，河北、上海等12个省市提出了改革试点申请。2018年3月17日，第十三届全国人民代表大会第一次会议审议批准了国务院机构改革方案，组建生态环境部作为国务院组成部门，统一行使生态和城乡各类污染排放的行政监管职能，不再保留环境保护部（详见第六章）。

针对当前环境监管实践中存在的问题，2014年11月，国务院办公厅印发《关于加强环境监管执法的通知》，要求各市、县级人民政府加强环境监管力度，严格规范和约束执法行为。通过改革环境管理执法体制，规范环境具体执法行为，这将为企业环境污染第三方治理的推行与发展带来推动力。

---

① 曹立平："中国环境执法体制机制现状、问题及政策建议"，载《中国机构改革与管理》2017年第1期，第31~32页。

四、普及环保教育与提高公众环保意识是推进"第三方治理"的社会基础

环境污染第三方治理模式的崛起本身就是源于民间环保意识的增强,公众不再满足于单向地接受政府所提供的环境服务,开始自发的、主动的要求参与到环境治理的工作中去,而以往"政府失灵"现象在环境污染治理领域的出现也更凸显出社会力量参与环保事业的紧迫性。[①] 日本、美国和德国十分重视环境教育,努力提高社会公众的环保意识,这不仅为"第三方治理"营造了浓厚的社会氛围,公众参与还成为环境保护过程中不可或缺的一股力量。

与上述发达国家相比,我国环境教育起步较晚,效果也不是很理想。到目前为止,我国关于环境教育的立法规定主要体现在《环境保护法》第9条,要求各级人民政府应当加强环境保护宣传和普及工作,鼓励基层群众性自治组织、社会组织、环境保护志愿者开展环境保护法律法规和环境保护知识的宣传,教育行政部门、学校应当将环境保护知识纳入学校教育内容,新闻媒体应当开展环境保护法律法规和环境保护知识的宣传,对环境违法行为进行舆论监督。部分省份也颁布了相关规定,如2011年宁夏回族自治区颁布《宁夏回族自治区环境教育条例》,2012年天津市颁布《天津市环境教育条例》。

从已有的规定及实践来看,主要存在以下问题:其一,《环境保护法》第9条的规定虽然涉及的主体较多,但只是倡导性规定,且过于原则,实践可操作性不强。其二,环境教育体系发展不够完善。我国尚未建立起一套完整的从学校到社会、从专业到科普的环境教育体系。学校环境教育中,在应试教育模式下,中小学阶段很容易被忽略,大学阶段环境教育内容缺失。社会环境教育中,缺乏专业指导,普遍流于形式。因此,环境教育对公众环境

[①] 邓婕:"我国环境污染第三方治理法律规制问题探析",四川省社会科学院2016年硕士学位论文,第34页。

意识的提升作用非常有限。其三，对环境教育人力财力的投入不足，环境教育质量难以保证。环境教育的成效与其投入成正比。人力方面，目前我国环境教育师资力量严重短缺，对教师的环保培训难以落到实处。财力方面，从财政部发布的全国一般公共支出决算数据中可以发现，环境保护总支出总体处于上升中，但环境保护宣传支出的上升速度慢于环境保护总支出的上升速度。最后，非政府社会主体对环境教育活动参与不足。我国立法虽然规定了国家机关、事业单位、企业及工会、共青团、妇联等人民团体也应参与环境宣传与教育，但无论是组织管理、保障监督，还是学校和社会环境教育，基本上都是由县级以上人民政府及相关部门领导并推动，没有充分发挥非营利性社会组织、科研机构、志愿者团体的作用，无法保证环境教育的专业性。

为此，我国应该学习发达国家的环境教育经验，普及环保教育，提高公众环境意识，为推进"第三方治理"奠定社会基础。其一，加强环境立法，使环境教育实践有法可依。其二，不断完善环境教育体系，实现环境教育活动全覆盖和可持续。其三，保证人力和财力的投入力度，确保环境教育活动真正落到实处。其四，发挥其他社会主体的积极性，提升环境教育的质量。此外，普及和发展环境教育还需要加快绿色发展宏观环境的创造，使环境教育的成效得以彰显，实行环境教育、环境意识和环保行为之间顺利转换。[①]

五、环保产业的发展是"第三方治理"的重要支撑

企业环境污染第三方治理离不开环保产业的发展。发达国家在"第三方治理"发展过程中，都通过相应的配套措施来鼓励和支持环保产业的发展。由于各国的具体国情不同，在配套措施的侧重上有所差异。

我国环保产业发展与发达国家相比起步较晚。2011年4月，国务院环保部发布了《关于环保系统进一步推动环保产业发展的指导意见》（环发〔2011〕36号），明确指出：发展环保产业应坚持"企业主体、政府引导，

[①] 杨昕："发达国家环境教育的经验及对我国的启示"，载《环境保护》2017年第7期，第71~72页。

职责明确、制度联动，科技支撑、创新引领，强化监管、规范市场"的基本原则，将环境服务总包、专业化运营服务、咨询服务、工程技术服务等环境服务业作为着重发展的领域，大力推进环境保护设施的专业化、社会化运营服务，大力发展环境咨询服务业，鼓励发展提供系统解决方案的综合环境服务业。

近年来，我国环保产业发展速度提升，规模不断增大，但从发展结构上看，环境服务业的规模和实力总体较弱，环境信息、环境咨询、环境贸易融资服务等尚处于初步发展阶段，服务体系尚不健全。[①] 为此，需要从多个方面促进我国环保服务业的发展，为推进企业环境污染第三方治理创造条件。

第一，完善环境立法，加强环境执法，促进环保服务业市场需求的释放。发达国家的经验表明，环保法律法规越是健全、环保标准越是严格、环境执法越是有效的国家，其环保服务业越是发达。我国政府应借鉴发达国家的实践经验，进一步完善环保法律法规和各项环境标准，严格环境执法，通过释放环保需求促进环保服务业的发展。

第二，制定和完善鼓励环保服务业发展的经济政策，为环保服务业的发展创造条件。首先，环境服务业具有投资量较大、投资周期较长的特点，需要开辟多元化社会融资渠道，从财政、金融、税费等方面提供支撑支持。其次，环境技术创新是环保企业赖以生存和发展的基础。在市场经济体制下，企业是环境技术开发与创新的主体，政府除了积极促使企业加大技术开发的投资力度外，还应加大环保产业重点领域关键技术的开发，提高企业技术开发和创新能力，加快先进、成熟技术的推广应用。

第三，建立环境服务企业信用评价制度，促进环境服务业市场良性发展。2014年，我国环境保护部、发展改革委、人民银行、银监会联合制定了《企业环境信用评价办法（试行）》，将企业环境信用评价规定为"环保部门根据企业环境行为信息，按照规定的指标、方法和程序，对企业环境行为进行信

---

① 赵喜亮："中美环保产业对比分析研究"，载《中国环保产业》2012年第4期，第26页。

用评价，确定信用等级，并向社会公开，供公众监督和有关部门、机构及组织应用的环境管理手段"。① 根据规定，环境企业信用评价内容涉及污染防治、生态保护、环境管理和社会监督四个方面，评价结果有环保诚信企业、环保良好企业、环保警示企业和环保不良企业四个等级，依据相应等级予以守信激励和失信惩戒。该《办法》的出台对环境服务市场起到一定的净化作用，但还有进一步完善的空间。

第四，发挥行业协会、高等院校、科研院所等组织和机构的作用。首先，建立环境服务行业协会。环境服务公司的高效运作有赖于一定的行业自律体系，行业协会可以通过制定环境服务的行业标准要求，以促进环境服务市场的规范化与标准化。通过建立环境服务行业协会，一方面，可以为企业提供自我约束机制；另一方面，可在协会内部定期或不定期开展治污经验交流活动，分享技术信息和其他信息等。此外，行业协会还可以在行业内开展环境教育和宣传活动，发挥行业协会的监督作用，促进和保障该行业的规范化运行。其次，加强与高等院校、科研院所等机构的联系，建立环保服务技术创新体系，发挥专业机构在推动环保服务业的科研与技术创新方面的优势。

---

① 详见环境保护部、发展改革委、人民银行、银监会制定的《企业环境信用评价办法（试行）》（2014）第 2 条。

第四章
排污企业与治理第三方之间的合同关系

第一节 企业环境污染第三方治理合同的性质

企业环境污染第三方治理中，治理第三方接受排污企业的委托，提供污染治理服务，排污企业需要支付一定的费用，二者之间形成的是合同关系。排污企业与治理第三方之间签订的污染治理合同既是明确双方权利义务关系的依据，也是该污染治理模式的运行基础。根据企业环境污染第三方治理的形式不同，排污企业与第三方签订的污染治理合同可分为委托运营形式下第三方治理合同和建设运营形式下第三方治理合同两种。

近年来，学界关于与环境有关的合同问题研究较多，由于我国立法没有对与环境相关的合同规定统一的名称，学者的表述较为混乱。通过内容梳理发现，学界关于企业环境污染第三方治理合同性质的探讨大多是在环境合同或环境服务合同的框架内进行。因此，在明确该类合同的性质之前，有必要对相关概念做一梳理。

一、企业环境污染第三方治理合同与环境合同

（一）环境合同的内涵

"环境合同"也称"环境协议"或"自愿协议"。在国际上，环境合同在各国的表现类型多样且范围广泛，既有企业单方向社会承诺的自愿方式，

第四章
排污企业与治理第三方之间的合同关系

也有与地方政府或居民达成协议的方式。① 1996 年，欧洲委员会在一份有关环境协议的文件中认为："环境协议是工业界和公共机构为了实现环境目标的协议。这种协议可以通过确定义务的方式对协议当事人产生约束力。它们也可以采用由工业界单方承诺并由公共机构承认的方式。"② 1997 年，欧洲环境局在一份有关环境协议的研究报告中认为，环境协议（也称为自愿协议和谈判协议或者合约等）没有标准的定义，通过与公共机构谈判而形成，一般经过国家明确承认的，由公司和部门履行的承诺都可以包含在内。③ 可见，国际上对环境合同内涵界定非常灵活，以自愿为基础的单方承诺和双（多）方协议行为都可以囊括其中。实践中，自 20 世纪 90 年代开始，环境协议在欧盟诸国普遍受到支持与鼓励，在签订环境协议的数量方面，荷兰居首位，德国次之，其他会员国尚处于起步阶段。从环境协议在欧盟诸国推行的过程中可以发现，环境协议推行的初期多被认为不具法的拘束力，但荷兰、丹麦及德国则趋向认为具有法定效力。为此，协议是否具有法的拘束力，其性质究竟属民事契约、行政契约还是君子协定，目前尚有探讨的空间。④

我国学者在对环境合同进行研究时，有称"环境协议""环境契约""环境保护协定"等，没有形成统一的概念。吕忠梅教授认为，环境合同是采用了合同这一外在形式确定包括国家在内的各方当事人之间在环境资源使用中的权利义务关系的一种方式，可进一步分为环境分配合同和环境消费合同；⑤蔡守秋教授提出了"环境保护协定"的概念，是指"企业（这里的企业包括企业事业单位或组织）与所在地居民或当地政府为保护环境、防止污染的发生，基于双方合意，协商确定污染防治措施、纠纷处理方式和其他对策的书面协议"。依据当事人或缔结协定的主体不同，有广义和狭义之分：广义的

---

① 马波："论环境合同的'软法'属性及其证成"，载《中国环境管理干部学院学报》2009 年第 3 期，第 6 页。
② Communication from the Commission to the Council and the European Parliament on Environmental Agreements. COM (96) 561 final. p. 6.
③ European Environmental Agency, Environmental Agreements, Vol. 1, Copenhagen 1997, p. 11.
④ 龚伟玲："欧盟推动环境协议的制度分析及借鉴"，载《环境保护》2004 年第 5 期，第 62 页。
⑤ 吕忠梅、刘长兴："试论环境合同制度"，载《现代法学》2003 年第 3 期，第 107 页。

环境保护协议包括企业与地方居民签订的协定、由企业与地方政府签订的协定、由地方政府协助企业与地方居民签订的协定三种；狭义的指由企业与地方政府签订的协定。① 比较发现，两种观点的侧重点不同，前者侧重于环境资源使用权的转移方面，契合了循环经济立法中的"输入经济系统的资源减量"；后者则侧重于保护环境、防止污染的发生以及各方协商确定污染防治措施、纠纷处理方式和其他对策等方面，反映的则是"经济系统输出端的废物减量"。② 两者结合在一起，反映出环境合同可以适用于从资源分配到生产消费后产生的污染治理的全过程。

实践中，20世纪70年代末出现的环境目标责任制被认为是我国最早引入的环境合同措施。作为具体落实地方各级政府和有关污染的单位对环境质量负责的行政管理制度，环境目标责任制需要通过环保目标责任书来明确具体内容。我国现行《清洁生产促进法》第28条由2003年《清洁生产促进法》第29条发展而来，规定实施强制性清洁生产审核以外的企业"可以自愿与清洁生产综合协调部门和环境保护部门签订进一步节约资源、削减污染物排放量的协议"，这是环境合同的另一种具体运用。

（二）环境合同的性质

从公私法划分的视角，我国有部分学者对环境合同的研究更多地侧重于环境行政合同的性质，如有学者认为，环境行政合同是"行政机关与行政相对人在行政法律关系的基础上，为了实现彼此间在防治环境污染和生态破坏方面的相对应的目的，相互意思表示达成一致的协议"；③ 有学者进一步指出这类合同具有行政行为的性质，在性质上是一种新型的环境行政管理手段。④ 另有部分学者认为环境合同不仅指环境行政合同，如有学者认为，"有些环

---

① 蔡守秋、郭欣红："环境保护协定制度介评"，载《重庆大学学报（社会科学版）》2005年第1期，第105页。
② 马育红："试论环境合同的概念——以循环经济理念为视角"，载《社科纵横》2008年第8期，第63页。
③ 陈泉生："论环境行政合同"，载《福建论坛》1997年第6期，第51页。
④ 钱水苗、巩固："论环境行政合同"，载《法学评论》2004年第5期，第95页。

境合同是典型的行政合同,但是部分环境合同具有行政合同和民事合同的双重属性";① 另有学者认为,环境合同实质上可以分为环境行政合同与环境民事合同两种类型。② 依前述吕忠梅教授的观点,环境消费合同即便是在私人与私人间缔结,其本质在于平衡公共权力与私人权利的关系,具有不同于一般民事合同的特性,没有认可其民事合同性质。依前述蔡守秋教授的观点,从广义上可以包括"私环境保护协定",实质上就是环境民事合同。

综观上述观点发现,环境合同在上述学者们的研究视野中是作为一种新的以自愿为基础的环境管理方式而存在的,关于环境民事合同与环境行政合同的争论也是在这个前提下进行的,无论对环境合同的民事合同属性是否认可,都没有超脱这一范围。可见,对环境合同的性质的判断还是偏向于行政合同,在环境合同的体系中,平等主体之间缔结的以购买污染治理服务为内容的企业环境污染第三方治理合同并不在其内。

(三) 企业环境污染第三方治理合同在环境合同语境下的出现

随着环境合同问题研究的深入,部分学者对其外延的理解逐渐扩大。有学者提出,环境合同是一个"类"概念,它不是一个具体的合同,可根据具体的政府环境管理、环境保护、资源开发等情形来确定合同的名称,如将环境行政主管部门与企业签订的限期治理污染的合同称为污染限期治理合同;将企业与企业签订的固体废物处置合同称为固体废物服务合同等。并不是所有环境合同都是典型的行政合同,部分环境合同具有行政合同和民事合同的双重属性,故只从行政合同的角度来研究环境合同是不够的。③ 另有学者认为"环境行政合同""环境民事合同"概念有局限性,"环境合同"可以成为一个独立的概念,用来指代环境法中的合同,包括环境保护合同和环境资源开发利用合同两类,环境保护合同具体包括环境保护协定和商业环保合同,

---

① 李挚萍:"环境法的新发展——管制与民主之互动",人民法院出版社2006年版,第157页。
② 马波:"论环境合同的'软法'属性及其证成",载《中国环境管理干部学院学报》2009年第3期,第7页。
③ 叶知年、陈秀瑜:"我国环境合同社会化发展探讨",载《西南农业大学学报(社会科学版)》2010年第4期,第74页。

如污染物的委托处置合同、排污权交易合同、固体废弃物交换处置合同等。①从这些研究中可以发现，一些实质为向政府或企业提供环境服务的环境服务合同也被学者纳入环境合同的范畴，如上述学者提到的"固体废物服务合同""污染物的委托处置合同"等，表明我国已有学者对环境合同的外延的理解突破了创新环境管理方式的框架，纳入了平等主体之间通过合同方式提供环境服务的情形。以此类推，企业环境污染第三方治理合同可以包括在内。

此外，还有学者提出，环境资源开发利用类合同和污染防治类合同都是环境民事合同，前者可进一步分为环境资源分配类合同和环境资源消费类合同；后者是以预防和治理环境污染为主要目的而订立的合同，目前在实践中比较典型的有污染治理合同和固体废物服务合同。该学者认为"环境民事合同应用了合同的外观形式，将环境资源开发利用、污染防治及污染损害赔偿等事项通过合同加以约定，以确立当事人的权利义务关系。②"从外延上看，该学者界定的"环境民事合同"中也包含了企业环境污染第三方治理合同。不过，笔者认为，从学者所列举的合同类型来看，既包括行政机关通过合同方式对行政相对人开展生产经营活动时的环境管理行为，也包括平等主体之间的环境资源消费和污染防治服务行为，统称为环境民事合同忽略了环境行政合同的特质。因而，以"环境民事合同"来概述并不合适。

综观上述观点发现，尽管学界关于环境合同的内涵与外延均尚未达成一致，但总体上对环境合同内涵的理解越来越丰富，外延上不再局限于行政合同，而是扩大至平等主体之间缔结的合同关系。企业环境污染第三方治理合同双方主体地位平等，在这一背景下，应归属于环境合同中的"民事合同"部分。

---

① 马育红："试论环境合同的概念——以循环经济理念为视角"，载《社科纵横》2008年第8期，第63页。

② 张炳淳："论环境民事合同"，载《西北大学学报（哲学社会科学版）》2008年第5期，第146~148页。

二、企业环境污染第三方治理合同与环境服务合同

(一) 环境服务合同的内涵

环境服务合同是在环境服务业发展和环境污染治理市场化的背景下出现的合同类型,对其内涵的分析可以从民法和环境法两个角度展开。

民法上,所谓服务合同,一般是指全部或者部分以劳务为债务内容的合同,又称为提供劳务的合同。根据服务提供过程中服务与物之间的关系,服务又可以细分为与物的交易相伴随的服务、服务提供过程中物作为手段、设施或材料被使用的服务以及纯粹的服务。[1] 在民法学者看来,民事合同可以区分为三个基本类型:一为转移财产(所有权或使用权)的合同,如买卖合同等;二为劳务提供类的合同,如委托合同、承揽合同等;三为不能归属于以上两类合同的其他合同,如保证合同等。[2] 就劳务提供类合同而言,它涉及人们经济、社会、文化、医疗、卫生等生活的方方面面,因而各种类型的服务合同也将不断出现。服务合同是劳务提供类合同的集合。[3]

从法律规制来看,法学界已经注意到,由于类型过于繁杂,各类新出现的服务合同具有特殊性,关于合同的性质认定存在困难。传统民法中关于各类服务合同的规定与现实中存在的大量服务类型相比,只是冰山一角,因而需要进行相应的制度设计。如医疗服务合同、旅游服务合同等的研究及成果

---

[1] 周江洪:"服务合同在我国民法典中的定位及其制度构建",载《法学》2008年第1期,第76页。

[2] 学者总结:转移财产(所有权或使用权)的合同包括买卖合同、供用电水气热力合同、赠与合同、借用合同、租赁合同、融资租赁合同、存款合同、借款合同、技术转让合同等;劳务提供类的合同包括雇用合同、承揽合同、建设工程合同、工程建设运营合同、运输合同、出版合同、通信服务合同、住宿合同、餐饮服务合同、旅游合同、保管合同、仓储合同、委托合同、行纪合同、居间合同、结算合同、物业管理合同、演出合同、技术合同中的委托开发合同和技术服务合同等;不能归属于以上两类合同的其他合同如保证合同、和解合同、技术开发中的合作开发合同等。参见王利明:《中国民法典学者建议稿及立法理由——债法总则编·合同编》,法律出版社2005年版,第317~318页。

[3] 曾祥生:"服务合同:概念、特征与适用范围",载《湖南社会科学》2012年第6期,第74~75页。

的取得就是很好的例证。按此逻辑，环境服务合同的出现就是随着环保服务业的发展而出现的一种服务合同的新类型，是复杂的服务合同中的一种，是服务合同随着社会发展出现的新分化。因此，有学者指出，"与其说是合同环境服务的产生和发展催生了环境服务合同，不如说是合同法自身早就为环境经济领域的这一变革准备了制度基础"①。

环境法上，学者对环境服务合同的认识和研究侧重于环境治理的视角，认为是环境治理手段的发展和创新，更具有专业性。如有学者认为，"环境服务合同是借助民事合同的形式进行环境治理以实现环境效益、市场效益双赢的一种新型的环境管理方式，换句话说，环境服务合同是以私法的手段实现公法的目标"②。另有学者认为，从环境行政合同研究中应分化出环境服务合同，根据环境服务合同相对方是政府或企业，环境服务合同可划分为环境服务政府合同与环境服务民事合同两大类型，与环境合同在我国有着本质的不同。③ 环境服务合同的这种专业性还体现在环境服务合同的发展与我国环保政策的关系上。

首先，环境服务业的发展是环境服务合同产生的前提。环境服务业是环境产业的重要组成部分，是指为环境保护和污染防治提供总体解决方案的系统服务产业。我国环境服务业起步于 20 世纪 90 年代，《2000 年全国环境保护相关产业状况公报》中最早提出环境服务，2001 年《国家环境保护"十五"计划》提出，"逐步开放环境服务市场，进一步开放环保产品市场，鼓励有竞争力的环保产品生产企业和环境服务企业开拓国际市场"，自此，环境服务业进入人们的视野，作为服务提供方的专业环境服务企业在我国得到重视和发展，为环境服务合同的发展准备了条件。

其次，合同环境服务政策的提出促进了环境服务合同的发展。合同环境服务是我国提出的一个新概念。2011 年 4 月，环发〔2011〕36 号《意见》

---

① 鄢斌、李岩："环境服务合同的性质及其法律适用"，载《才智》2014 年第 3 期，第 200 页。
② 鄢斌、李岩："环境服务合同的性质及其法律适用"，载《才智》2014 年第 3 期，第 200 页。
③ 张宇庆："环境服务合同的概念演进与类型分化"，载《河北法学》2013 年第 10 期，第 79 页。

首次在国家规范性文件中确认了这一概念，并将其确定为一种新型环境综合服务形式。其创新之处在于它是以合同服务所取得的环境效果为标的，合同服务提供方只有通过服务取得了既定的环境效果，达到了约定的环境目标，才可以获得相应回报。[1] 可见，环境服务合同是合同环境服务政策实施的途径，合同环境服务政策的实施又促进了环境服务合同在我国的发展。

（二）环境服务合同的性质

环境服务合同以专业的环境服务市场主体的产生为背景，不同于以往的"环境合同""环境行政合同"等概念，本质上应属于民事合同。环境服务合同与环境行政合同既有联系，又有区别。二者的联系表现为环境服务合同与环境行政合同可以并存，环境行政合同可以促进环境服务合同的缔结和履行。例如，某企业根据我国《清洁生产促进法》第28条的规定，与当地环境保护部门签订了节能减排协议（A协议），为了履行该协议，某企业又需要与环境服务公司签订节能减排服务协议（B协议），环境服务公司提供节能减排服务并获取相应的报酬。两份协议中，A协议是环境行政合同，B协议是环境服务合同，A合同的存在促成了B合同的缔结，两者同时存在。

二者的区别主要有：首先，环境行政合同是环境行政管理机关为了达到环境行政管理目的，为了预防或者治理污染与行政管理相对人签订的关于采取污染防治措施、达到环境保护及生态修复目标的合同，具有公权色彩；环境服务合同是为了创新环境服务模式、实现预防或治理污染专业化，在环境服务公司与污染防治责任人之间签订的合同，合同双方是平等的商业经济合作，不具备任何公权色彩。其次，环境行政合同主体一方固定为环境行政机关，另一方则是进行排污生产、可能对环境与生态有不利影响的具体的、单个的环境行政管理相对人；环境服务合同主体一方是环境服务商，另一方可能是排污企业、资源开发利用者、生态环境侵害者等有承担环境责任的企业，也有可能是承担基本环境公共服务与生态环境保护国家责任的政府。[2] 最后，

---

[1] 申进忠："合同环境服务：实践借鉴与法律应对"，载《公民与法》2012年第7期，第7页。
[2] 张宇庆："环境服务合同的概念演进与类型分化"，载《河北法学》2013年第10期，第81~86页。

环境行政合同是一种柔性行政方式，环境行政机关作为合同一方当事人，在合同对方同意的基础上，为对方增加行政义务，既有协商，又有行政管理；环境服务合同是民事服务合同的一种，无论政府是否是合同当事人，双方地位平等，签订的是平等、有偿、双务的服务合同。

（三）企业环境污染第三方治理合同在环境服务合同中的位置

环境服务合同中，根据委托主体不同，可分为政府委托的环境服务合同[①]和企业委托的环境服务合同两类。政府委托的环境服务合同中，主要包括根据我国《固体废物污染环境防治法》《放射性污染防治法》《水污染防治法》等立法中规定的行政代履行而产生的环境服务合同；因使用排污费、资源生态补偿费等政府性基金而产生的环境服务合同；依政府采购和特许经营产生的环境服务合同等。关于环境服务民事合同，有学者结合我国《合同法》中规定的有名合同，认为包括但不限于融资租赁合同、技术合同、承揽合同、委托合同；[②] 有学者认为，环境服务合同属于新出现的合同类型，与我国《合同法》中规定的融资租赁合同、技术服务合同、承揽合同均有不同。[③] 笔者以为，环境服务合同属于服务合同的类型应无异议，但由于我国《合同法》没有对服务合同作出类型化规定，只对部分成熟的服务合同规定在有名合同中，如委托合同、承揽合同、保管合同等。而环境服务合同是合同法对环境保护领域发展的回应，具有特殊性和复杂性，对每一种环境服务合同需要结合其本质进行类型化分析。

企业环境污染第三方治理合同是排污企业作为委托人，与污染治理第三方签订的、由治理第三方对排污企业排放的污染物进行治理，排污企业支付费用的民事合同。在环境服务合同体系中，该类合同应属于企业委托的服务合同类。

[①] 学者称之为"环境服务行政合同"，后修正为"环境服务政府合同"。从合同的性质来看，"环境服务政府合同"更合适一些。

[②] 张宇庆："环境服务合同的概念演进与类型分化"，载《河北法学》2013年第10期，第85页。

[③] 鄢斌、李岩："环境服务合同的性质及其法律适用"，载《才智》2014年第3期，第201页。

第二节　企业环境污染第三方治理合同的类型

一、企业环境污染第三方治理合同的法律关系构成

（一）合同主体

企业环境污染第三方治理合同的主体是指在环境污染第三方治理模式下，享受权利并承担相应义务的合同双方当事人，即排污企业和主要由环境治理服务公司承担的治理第三方。

排污企业是企业环境污染第三方治理合同中的委托主体。根据我国环境法"损害担责"原则，排污企业对因自身生产产生的污染需要承担治理污染、恢复环境、修复生态或支付上述费用的责任。具体承担上，排污企业可以自己实施污染治理行为，也可以通过签订合同，将自己应承担的污染治理责任委托给专业的环境服务机构履行，根据治理效果支付相应的费用。

治理第三方是企业环境污染第三方治理合同中的受托方。实践中，治理第三方一般由专业的环境服务公司担任，其利用专业技术治理环境污染并根据污染治理效果收取相应的费用。根据我国对事业单位功能和职责的定位和划分，可以从事生产经营活动、不承担公益服务职责的事业单位将逐步转为企业或撤销。其中，将逐步转为企业的、具有污染治理能力的事业单位也可以作为治理第三方。

2012年，我国环保部制定《环境污染治理设施运营资质许可管理办法》，规定从事环境污染治理设施运营的单位应申请获得相应的运营资质。2014年，环保部印发了《关于改革环境污染治理设施运行许可工作的通知》，停止了行政许可事项"环境保护（污染治理）设施运营单位甲级资质认定"的实施，并要求各省、自治区、直辖市环保部门停止实施环境污染治理设施运营乙级和临时级许可。

取消了国家行政审批，并不意味着政府对环境污染治理市场完全放任不管，对专业环保服务公司的设立也没有任何条件要求，而是为了贯彻落实转变政府职能和促进生产性服务业发展的战略部署，按照市场在资源配置中起决定性作用和更好发挥政府作用的总体要求，积极营造有利于治污服务市场平稳运行、健康发展的外部环境，做好改革环境污染治理设施运行许可工作。同时，要清理针对治污服务市场的各种不当行政干预行为，取消实际存在的对治污服务市场主体所有制、地域、规模、运行方式等方面的歧视性或限制性规定，引导和鼓励治污服务供需双方市场主体自主交易，建立或完善公平竞争、优胜劣汰的良性市场机制。[①] 治理第三方作为环境治理服务的专业提供方，仍应具备一定的条件，如合格的污染物处理设备设施、一定数量的污染处理工程技术人员、污染物处理的组织运营机构等。此外，从事特殊污染物处理的还应具备相应的资质，如我国《固体废物污染环境防治法》第57条规定，从事收集、贮存、处置、利用危险废物经营活动的单位必须向相关环境保护行政主管部门申请领取经营许可证。

（二）合同内容

企业环境污染第三方治理合同的内容，是指排污企业和治理第三方所享有的权利和承担的义务。该合同是双务、有偿、诺成性合同，权利义务具有对等性，排污企业与治理第三方可以通过自由协商的方式约定双方的权利和义务。概括来说，对排污企业而言，主要权利是通过接受治理第三方所提供的资金、设备、技术、人才等一系列环境污染治理资源和污染治理服务，实现污染物治理达到国家和地方规定的环保标准；主要义务是支付相应的环境治理服务费用。对治理第三方而言，主要权利是要求排污企业支付相应的环境治理服务费用；主要义务是按合同约定提供环境污染治理资源和污染治理服务。由于环境污染治理具有专业性和复杂性，为实现双方的主要合同权利，相应地，合同实际需要约定的内容也具有专业性和复杂性。无论是委托运营

---

① 详见环境保护部办公厅："关于做好停止实施环境污染治理设施运行许可后续工作的通知"，http: //www.zhb.gov.cn/gkml/hbb/bgth/201406/t20140612_276873.htm，2014 - 06 - 12.

还是建设运营，以下三项内容在合同中必须写明：其一，排污企业污染物排放的基本情况，如种类、数量、时间等；其二，第三方治污的基本情况，如治污工程的设计、安装、运行的时间安排，治污的技术方案和措施等；其三，污染治理拟达到的标准、效果检测机构及检测方法。

因采建设运营形式或委托运营形式不同，合同具体内容设计上存在明显区别。为指导和推动环境污染第三方治理相关工作，2016年12月30日，国家发改委办公厅、财政部办公厅、环境保护部办公厅、住房城乡建设部办公厅根据国办发〔2014〕69号文件，组织编制了《环境污染第三方治理合同（示范文本）》（建设运营模式和委托运营模式），印发各地，供有关单位和企业在推进环境污染第三方治理相关工作中参考（见附件1、2）。合同的具体内容将在本章第三节和第四节中详述。

（三）合同客体

合同客体是指合同当事人权利和义务所共同指向的对象。根据民法理论，债的客体是"给付"，合同属于债的发生原因之一，其客体也应是"给付"。在企业环境污染第三方治理合同中，"给付"的形态表现为治理第三方为排污企业提供包括融资、咨询、建造、采购、技术、运营、管理、监控等在内的一系列污染治理服务行为。从给付的对象来看，治理第三方提供的服务具有科技含量和无形价值，服务的标准和质量对环境基础设施与环境科技发展有依赖性；排污企业对污染治理服务费用的给付以环境服务绩效为计酬标准，可通过合同报酬支付或者利润分配合同来体现。

二、企业环境污染第三方治理合同的类型考量

具体类型化上，企业环境污染第三方治理合同是属于无名合同还是有名合同学界有不同看法。有学者提出，由环境服务商以治污、生态修复、工艺改造等技术服务于有需要的企业并收取相应的报酬的合同应属于技术服务合同；而环境服务商作为承揽人，按照定作人的要求完成工作，交付工作成果，

定作人给付报酬的合同应属于承揽合同。① 但依另部分学者的理解，污染治理服务合同既不是承揽合同，也不是技术服务合同，应属于民事合同中的无名合同。②

笔者以为，无论治理第三方是否拥有治污设备的产权，企业环境污染第三方治理合同的主给付义务都应是第三方提供的专业化污染治理服务，具有服务合同的典型性法律特征，具体类型化上，可区分不同情况予以定性。③

（一）委托合同

所谓委托，是指委托人信任受托人，委以事务，托其处理，并使其有一定的独立的裁量权的现象。④ 委托合同是指一方委托他方处理事务，他方接受委托允诺处理事务的合同。在日本和我国台湾地区立法例及其学说中，委托合同被称为委任合同。我国《合同法》第 396 条规定："委托合同是委托人和受托人约定，由受托人处理委托人事务的合同。"合同的双方当事人分别称为委托人和受托人。委托合同是一种典型的以受托人特定的社会技能提供劳务以完成一定任务的合同，属于一种劳务合同，其目的在于处理委托事务，以委托人与受托人之间的相互信任为前提。此处的"事务"具有开放性和包容性，无论它是事实行为还是法律行为，为财产上的行为抑或非财产上的行为，委托人自己的事务还是第三人的事务，只要该事项不违反法律、行政法规的禁止性规定，不违背公序良俗，委托人都可以委托他人处理。⑤ 但不作为或不法事项不能作为此处的"事务"。处理事务必须给付一定的劳务，不过该劳务只是处理事务的手段而非目的，委托合同重在事务处理的过程，

---

① 张宇庆："环境服务合同的概念演进与类型分化"，载《河北法学》2013 年第 10 期，第 85 页。

② 代杰："污染治理服务合同研究"，载《武汉科技大学学报（社会科学版）》2013 年第 2 期，第 196 页；鄢斌、李岩："环境服务合同的性质及其法律适用"，载《才智》2014 年第 3 期，第 201 页。

③ 笔者曾在文章中将此类合同类型化为承揽合同，并不全面。参见孔东菊："论企业环境污染第三方治理合同的法律规制"，载《武汉科技大学学报（社会科学版）》2016 年第 3 期。

④ 刘春堂：《民法债编各论》，三民书局 2007 年版，第 136 页。

⑤ 崔建远：《合同法》，北京大学出版社 2012 年版，第 585~586 页。

且必须尊重受托人的知识、技能、经验上的意见，不以一定结果的产生为必要。[①]

企业环境污染第三方治理合同中，排污企业基于信任，通过合同的形式将自己生产过程中产生的污染物委托给第三方进行治理，污染治理就是待处理的事务。如果合同中约定，合同的履行注重的是污染治理过程，排污企业尊重受托人的知识、技能、经验上的意见，报酬的支付不以第三方达到污染治理预期效果为条件，即只要受托人完成委托事务，委托人就应当向其支付报酬，即便没有达到预期的治理效果也不产生责任，那么这种合同就应定性为委托合同。

（二）承揽合同

所谓承揽，是利用他人劳务的服务合同的一种，我国《合同法》第251条规定："承揽合同是承揽人按照定作人的要求完成工作，交付工作成果，定作人给付报酬的合同。承揽包括加工、定作、修理、复制、测试、检验等工作。"该类合同中，承揽人应当按照与定作人约定的标准和要求完成一定的工作，并交付工作成果，但工作成果为无形的除外；定作人的主要目的是取得承揽人完成的该项工作成果，而非承揽人提供劳务的过程本身。[②]这也是承揽合同与委托合同的区别之一。至于工作及其成果的种类，法律并无限制，只要不违反法律、行政法规的强制性规定，不违背公序良俗，其成果为有形的、无形的，有财产价格的、无财产价格的，均无不可，但不作为不得作为承揽合同的标的。[③]

企业环境污染第三方治理合同中，如果合同目的不是治污工程本身，也不是第三方治理污染物的工作过程，而是取得治理第三方完成的污染治理成果；第三方需按照排污企业的要求完成一定的污染治理工作，提供的是专业的污染治理服务，只有达到了约定的治理效果才能要求排污企业支

[①] 崔建远：《合同法》，北京大学出版社2012年版，第586页。
[②] 崔建远：《合同法》，北京大学出版社2012年版，第486页。
[③] 林诚二：《民法债编各论（中）》，中国人民大学出版社2007年版，第38页。

付相应的报酬。那么，从双方权利义务关系来看，具有承揽合同的典型性特征，应定性为承揽合同。如企业在申请某项建设工程的建设许可或开发利用某资源时申请需要许可证，而这些许可往往又附加有采取环境或生态保护措施等内容的义务。此时，企业可能通过环境工程承揽合同购买环境技术与工程服务。①

(三) 技术服务合同

技术服务合同是技术合同的一种，根据我国《合同法》第356条第2款的规定，是指"当事人一方以技术知识为另一方解决特定技术问题所订立的合同，不包括建设工程合同和承揽合同"。合同双方当事人为委托人和受托人。何为"特定技术问题"？2004年《最高人民法院关于审理技术合同纠纷案件适用法律若干问题的解释》第33条作出了特别解释，即包括"需要运用专业技术知识、经验和信息解决的有关改进产品结构、改良工艺流程、提高产品质量、降低产品成本、节约资源能耗、保护资源环境、实现安全操作、提高经济效益和社会效益等专业技术问题"。技术服务合同中，受托人提供技术服务是合同的主要内容，服务的内容是受托人在其熟悉的专业范围内运用既有知识、技术、经验和掌握的信息解决特定的技术问题，向委托人提供的是一种现成的合同履行结果，该工作成果是唯一的，对委托人来说不存在选择的余地。② 就委托人而言，应当按照约定提供工作条件，完成配合事项，接受工作成果并支付报酬。

企业环境污染第三方治理合同中，排污企业作为委托人，可以与作为受托人的治理第三方约定，由第三方在污染治理这一专业范围内，运用既有知识、技术、经验和掌握的信息为排污企业提供污染治理、生态修复、工艺改造等技术服务，排污企业按照约定提供相应的工作条件，完成污染治理、生态修复、工艺改造等方面的配合事项，接受治理成果并支付报酬，与技术服务合同的典型性特征相吻合，可以认定为技术服务合同。

---

① 张宇庆："环境服务合同的概念演进与类型分化"，载《河北法学》2013年第10期，第85页。
② 周大为："技术合同法导论"，中国人民大学出版社1988年版，第357~361页。

此外，有学者认为，企业环境污染第三方治理合同也可能是融资租赁合同。[1] 笔者不同意这种观点。根据我国《合同法》第237条的规定，"融资租赁合同是出租人根据承租人对出卖人、租赁物的选择，向出卖人购买租赁物，提供给承租人使用，承租人支付租金的合同"。融资租赁合同是买卖合同和租赁合同项下权利义务有所交错的新型合同，以融资为目的，以融物为手段，涉及出卖人、出租方和承租方三方关系。从商业运作模式上看，融资租赁合同与建设运营形式下企业环境污染第三方治理合同有相似之处，如由治理第三方出资购置污染治理设备设施、运营期间设备设施的所有权归治理第三方所有、在合同履行完毕设备设施所有权可转归排污企业所有等。但这两类合同存在本质上的区别：其一，融资租赁合同中出租人无须向承租人提供技术服务；建设运营形式下，第三方需要向排污企业提供环境治理技术服务。其二，融资租赁合同中租赁物的所有权为出租人所有，在合同期内由承租人占有和使用，并承担租赁物造成第三人的人身伤害或者财产损害的责任；建设运营形式下，在合同履行期间，污染治理设备设施由治理第三方占有和使用，排污企业不直接占有和使用。最后，融资租赁合同中，出租人为从事融资租赁业务的租赁公司，对于租赁物及其出卖人的选择取决于承租人的需求；建设运营形式下，治理第三方作为"中间人"，是专业的环境服务机构，对于污染治理的各种设备设施的选择往往由治理第三方根据污染治理需要自行决定。可见，企业环境污染第三方治理合同不应定性为融资租赁合同。

第三节　委托运营形式下第三方治理合同的主要内容

委托运营形式下，污染治理设备设施属排污企业所有，委托给治理第三方运营。合同主要包括以下内容：

---

[1] 陈云俊、高桂林："环境污染第三方治理民事合同研究"，载《广西社会科学》2016年第3期，第85页。

一、合同双方当事人的名称和住所

当事人是合同权利的享有者和合同义务的承受者，是所有合同的主要条款。企业环境污染第三方治理合同的双方当事人是排污企业和环境服务机构，必须写清双方的名称和住所。

二、合同的标的

标的是合同权利义务所指向的对象，是所有合同的主要条款。合同不规定标的，就会失去目的和意义。理论上，一般认为合同关系的标的为给付行为，而《合同法》及相关司法解释中所说的标的则是指标的物。本节对合同标的的理解与《合同法》及相关司法解释的理解一致。

企业环境污染第三方治理合同中，合同的标的就是指污染企业委托运营的项目，具体需要写明委托项目名称、工程的地点及委托运营的范围。工程的地点即本合同的履行地点。委托运营的范围即污染治理企业承包运行的范围，主要有环保设施运行、检修和运行维护等相关工作。环保设施运行、维护和检修工作应按照国家有关运行规程、检修规程、管理标准、技术标准及排污企业有关要求进行，一般包括：环保设施日常运行维护；相关工作人员的培训和管理；环保设施备用期间的运行、维护、检修；与主管环保行政部门的接口工作；其他与环保设施运营维护相关的工作等。

三、合同报酬及支付

合同报酬即委托方从第三方获得服务所应支付的对价。企业环境污染第三方治理合同中，是指排污企业向治理第三方支付的污染治理服务的对价。双方当事人在合同中应写明每年报酬的数额或报酬的计算方法、支付方式、支付期限、付款方式等。运营期限较长的，可以约定定期对报酬的数额或报酬的计算方法进行调整或变更。此外，在合同履行过程中发生的额外费用应由哪一方支付，在该合同条款中也应写明。

四、合同的履行期限

履行期限直接关系到合同义务的完成时间,涉及当事人的期限利益,关系到履行期尚未届至的抗辩和履行期尚未届满的抗辩,也是确定违约与否的因素之一,十分重要。企业环境污染第三方治理合同一般是持续性合同,应当写明委托运营的起止时间,期满后可能续签的,还应写明双方协商续签的时间。

五、双方当事人的主要义务

（一）受托方的主要义务

治理第三方作为受托方,其主要义务包括：

第一,根据项目需求组织适当的运营机构,按时完成项目运营的组织准备工作。为保证污染治理项目的有效实施,受托方需要根据污染治理项目的需要组织实施,并根据委托方要求提供相关运行管理文件和相关工作方案,以备委托方讨论、备案及环保行政部门检查等。具体包括：其一,应参照污染治理项目管理模式成立专门的运营机构,并设置相应的职能部门,负责污染治理各环节的工作实施。其二,应根据委托方的定员标准,根据岗位需求选派管理人员、运行人员、检修人员等专业技术人员,确定管理人员和专业技术人员总量,明确在环保设施的运行及日常维护检修工作中的人员分配、职责分工和岗位安排。其三,根据排污企业排污特点和污染治理需要,按委托方制定的运行方式,制订运行方案和检修维护方案,编制材料、工器具、仪器、设备需求计划及进场时间计划等。

第二,依委托人的指示处理污染治理事务。在合同期内,根据项目特点和需要,确定运行人员的值班方式和工作安排,提供污染治理服务。具体包括：其一,治理方工作人员应服从委托方的管理与考核,遵守合同各项条款,自觉遵守委托方的各项规章制度、管理办法和考核准则,服从委托方统一调度。其二,根据合同规定及委托方有关标准制定的标准,按双方约定的运行方式，为委托方生产过程中产生的污染物进行治理服务，保证委托方设备系统安全、经济运行各项指标达标。其三，治理方应加强对己方工作人员的管理，促使其人员细心、勤勉、优质高效地完成环保设施专业的运行、检修维护工作，未经委托方考核和同意不得随意调换工作人员。

第三，安全运营的义务。治理第三方的安全运营义务包括多个方面：其一，严格遵守安全操作规程，保障承包范围内的人员及设备安全，对委托方提供的工器具具有适当使用和妥善保管的义务。其二，采取一切合理的预防措施，保障工程周边人身和财产的安全义务。其三，采取一切合理措施，保障工程现场及周围环境安全义务。

第四，提供相关设备、材料的义务。因污染治理设备设施检修需要，双方约定由受托方提供器具仪器、备品备件和材料及服务的，受托方应及时提供，并提供质量保障。

第五，节能减排与清洁生产义务。项目运营过程中，治理第三方应最大限度地降低环保设施装置运行物耗、水耗、电耗，并保持承包范围内文明卫生、清洁生产，规范管理。

第六，通知和报告的义务。治理第三方在项目运营及设备检修维护过程中发现问题或发生事故的，应及时通知委托方，如实报告情况。

第七，接受委托方监督和检查的义务。合同履行过程中，治理第三方要接受委托方对污染治理项目运行过程及运行效果的监督检查，根据合同约定做好项目运行各类数据记录及阶段性工作总结，供委托方检阅存档。

（二）委托方的主要义务

排污企业作为委托方，其主要义务包括：

第一，根据合同约定的方式按时足额支付受托方的费用和报酬。包括两个方面：其一，委托人应支付受托人在提供污染治理服务过程中产生的应由委托人承担的费用，如部分设备、材料、服务的购置费用，这些费用属于运营费用的范畴，可以与报酬合在一起支付，也可单独支付。其二，按照合同约定的数额、时间和方式按时足额支付合同报酬。如果委托方违反该义务，应该说明正当理由,否则应承担由此造成的不利后果。

第二,对受托人就污染治理项目的组织和实施方案及时审查并提出意见。检查事项具体包括:其一,受托方的运营机构设置与合同约定是否一致;其二,运行方式与检修方案是否可行;其三,检修进度计划、检修工作技术方案、工作程序、质量计划是否可行;其四,受托方人员技术素质以及各专业人员安排能否胜任所管辖范围内设备的维护工作等。

第三,对受托方的组织和运营工作进行检查并提出意见。检查事项具体包括:其一,按有关规定及合同约定对受托方的组织机构履行职责是否充分有效进行检查;其二,对受托方的资质和质量保证体系及实施情况进行检查;其三,对受托方检修维护工程项目的质量、进度、安全措施、文明生产进行监督检查和完工验收;其四,对受托方工作票许可人进行认证和批准,并有权对受托方表现不良的工作人员提出调整或辞退意见;其五,查阅乙方的质量自检报告,并提出意见等。

第四,对受托方的运行效果进行督查。此项督查需依据国家或地方规定的污染物排放标准要求或合同约定的标准进行,如果合同对运行效果作出了约定,则约定的标准不得低于国家或地方规定的污染物排放标准。

第五,因污染治理设备设施检修需要,双方约定由排污企业提供器具仪器、备品备件和材料及服务的,委托方应及时提供,并提供质量保障。

六、违约责任

违约责任是合同当事人不履行合同义务或不适当履行合同义务依法产生的责任,是促使当事人履行债务,保护守约方利益的法律措施,对当事人的利益关系重大,合同对此应予明确。

就委托方而言,违约责任主要体现在两个方面:一是因没有按时足额将合同约定的服务费用支付给受托方所产生的违约责任;二是因没有及时提供设备设施检修器具仪器、备品备件和材料及服务,或虽有提供但不符合质量要求所产生的违约责任。

受托方的违约责任主要集中于没有按照合同约定完成污染治理服务所应承担的后果。首先，受托方未经委托方同意撤出部分或全部的运行人员，影响到甲方安全生产，所造成的一切经济损失由乙方承担。其次，受托方工作达不到委托方管理标准和工作标准时，必须限期整改，否则，委托方有权单方解除合同，受托方应赔偿由此给委托方造成的损失。最后，因受托方原因导致委托方需对政府承担行政处罚责任或对其他主体产生侵权损害赔偿责任，委托方有权要求受托方承担。

七、发生不可抗力情形的处理

根据我国《合同法》的规定，不可抗力是普遍适用的免责条件。何为不可抗力？《民法通则》第153条将其解释为"不能预见，不能避免并不能克服的客观情况"《民法总则》第180条第2款及《合同法》第117条第2款承继了这一思想。环境污染第三方治理合同具有专业性和高风险性的特点，合同履行过程中如果发生不可抗力事件，需要区分情形，审慎对待。

首先，应当在合同中明确不可抗力的情形，即应限于双方在签署本合同时不能预见、对其发生及后果不能避免并且超过合理控制范围的、不能克服的自然事件和社会事件。此类事件包括暴风雪、水灾、火灾、瘟疫、战争、骚乱、叛乱以及超设计标准的地震、台风等。

其次，根据不可抗力的影响程度相应减轻或免除当事人的义务。若不可抗力事件的发生完全或部分妨碍一方履行本合同项下的任何义务，则该方可暂停履行其义务，但暂停履行的范围和时间不得超过消除不可抗力事件影响的合理需要，受不可抗力事件影响的一方应继续履行本合同下未受不可抗力事件影响的其他义务。一旦不可抗力事件结束，受不可抗力影响方应尽快恢复履行本合同。若任何一方因不可抗力事件而不能履行本合同，则该方应尽快书面通知另一方。该通知中应说明不可抗力事件的发生日期和预计持续的时间、事件性质、对该方履行本合同的影响及该方为减少不可抗力事件影响所采取的措施，并出具相应的证明资料。

此外，受不可抗力事件影响的一方应采取合理的措施，以减少因不可抗力事件给另一方或双方带来的损失。双方应及时协商制订并实施补救计划及合理的替代措施，以减少或消除不可抗力事件的影响，避免发生环境污染事故。如果受不可抗力事件影响的一方未能尽其努力采取合理措施减少不可抗力事件的影响，则该方应承担由此而扩大的损失。

八、合同争议的解决方法

合同争议的解决方法涉及有关解决争议的程序、适用的法律、检验或鉴定机构的选择等内容。双方当事人可以在合同中约定，因本合同的履行引起的所有与本合同有关的争议，应首先通过友好协商解决；双方未能就争议事项协商达成一致的，可向第三方请求调解。如果经协商或调解未能达成一致的，双方可以约定向仲裁机构申请仲裁，也可直接向有管辖权的人民法院起诉。如果当事人双方均为中国企业，合同中不含有涉外因素，解决争议当然适用中国法律；如果合同中含有涉外因素，则应依国际私法规定，明确合同纠纷适用的法律。此外，为避免在争议解决过程中，双方就检验鉴定机构作出的检验鉴定结论发生分歧，可在合同中共同选定检验鉴定机构。

九、其他需要约定的内容

（一）关于合同解除的特别约定

环境污染第三方治理合同关涉环境公共利益，双方不得无故终止。如果一方确需解除合同，必须提前较长时间通知合同的对方，并给对方预留足够的时间，以便处理合同终止后的后续污染治理事务。考虑到此类合同的复杂性，提前通知的时间应不少于半年。如果一方没有按照规定或合同约定通知另一方，擅自停止履行合同义务的，所造成的一切损失由该方承担。

（二）关于业务分包的特别约定

委托运营式第三方治理合同中，对受托方的主体资质应有相应要求，原则上受托方应自己履行合同项下所有义务，在经过委托方同意后，可将部分辅助工作交由受托方以外的第三方完成，但该第三方仅为履行主体而非合同义务主体，并不改变委托方与受托方之间的关系，委托方的同意不能免除受托方根据合同应负担的任何责任或应尽的任何义务。

（三）关于取得新技术成果归属的特别约定

在污染治理项目运行过程中，受托人利用委托人提供的工作场所、设备设施、技术资料等条件完成的关于污染治理的新技术成果的归属，双方可以在合同中作出约定；没有明确约定的，应归属于受托人。委托人利用受托人的项目运行成果完成的关于污染治理的新的工作成果，应属于委托人，当事人另有约定的，按照其约定。

（四）关于保密的特别约定

基于项目运行需要，委托方应免费向受托方提供有关图纸及资料，受托方在未得到委托方同意的情况下不得许可第三方使用或向第三方转让。合同到期后，受托方应将所有根据合同提供的图纸、规范及其他相关文件归还给委托方，对在合同履行过程中了解和掌握的委托方的图纸及相关资料信息承担保密义务。

第四节 建设运营形式下第三方治理合同的主要内容

建设运营形式与委托运营形式相比，除污染治理项目的运营外，环保设施工程建设也应由治理第三方完成，具体包括项目的投资、设计、监理、采购、建筑、安装、完工、调试等相关事项。合同中，除涉及污染治理项目的运营外，还涉及项目建设资金的筹措、环保设施所有权的归属、项目相关资产设施和企业股权的转让、出租、抵押、质押以及运营期满后的处理等。因此，建设运营形式下第三方治理合同的内容比委托运营形式下第三方治理合同的内容要复杂得多。建设运营形式下，合同中有些内容与委托运营形式下的内容相同，如合同双方当事人的名称和住所、合同履行期限、解决争议的方法等，不再赘述。本节将依建设运营的不同阶段，分阶段分析合同当事人的主要权利、义务、责任及其他合同内容。

一、环保设施建设阶段双方的权利、义务与责任

环保设施建设涉及土地取得、勘探设计、工程规划许可与审批等各项准备工作，需要与政府相关部门进行沟通与协调，为环保设施的建设、运营、维护和管理创造条件。合同双方当事人的权利与义务基本与此相关。

（一）排污企业的主要权利与义务

第一，排污企业的主要权利。为保证环保设施建成后能满足污染治理需要和国家政策要求，在环保设施建设阶段，排污企业的主要权利表现为：

其一，对治理第三方提供的设计方案、投资和融资方案及其执行情况等进行监督管理，明确监管的范围及监管的实施方法等。

其二，根据治理第三方提供的环保设施项目建设进度计划，对工程建设情况进行监督检查，但具体行使时应提前通知治理第三方，并不得妨碍治理第三方的正常建设活动。

第二，排污企业的主要义务。在环保设施建设阶段，排污企业的主要义务表现为：

其一，负责环保工程项目的核准。环保企业新建环保工程项目建设前需取得政府主管部门的核准，一般情况下，排污企业应承担环保项目的申请核准等义务，需要提供由治理第三方掌握或准备的资料的，治理第三方应予以配合。

其二，负责工程建设所需场地的准备。环保设施工程建设需要一定的场地。嵌入型治理中，环保设施建于排污企业厂界内，建设用地使用权属于排污企业所有，建设用地应由排污企业提供，双方可以约定治理第三方是否需支付建设用地使用费，没有约定的视为排污企业无偿提供。土地使用权到期后需要延期的，排污企业应负责办理延期申请事宜，治理第三方应予以必要的协助。对于建设工程用地外的其他用地，例如施工机械布置用地、设备材料临时存放场地等，由治理第三方根据需要提出申请，排污企业应协助提供。独立型治理中，环保设施建于排污企业厂界外，建设用地使用权应通过法定方式从政府取得，双方可以约定由排污企业或治理第三方负责建设用地使用权的申请事宜。约定了主要责任方后，另一方有协助义务。

其三，负责提供与环保设施设计相关的技术参数和相匹配的接口方案。排污企业将来排放的污染物的种类、数量、浓度等是治理第三方进行环保设施设计的依据，排污企业应准确提供。环保设施的建设与运营等需要电源、水源、气源等必要配套设施。嵌入型治理中，除当事人另有约定外，必要配套设施应由排污企业负责提供；独立型治理中，除当事人另有约定外，必要配套设施应由治理第三方自行解决。

（二）治理第三方的主要权利与义务

第一，治理第三方的主要权利。环保设施建设阶段，治理第三方的主要权利表现为对环保设施的投资权、建设权以及对所建设施的财产所有权等。

第二，治理第三方的主要义务。在环保设施建设阶段，治理第三方的主要义务表现为：

其一，资金筹措。环保设施建设需要一定的资金，治理第三方应自行筹措资金进行项目建设，确保建设工程按期竣工并投入运营。

其二，项目设计。不同的排污企业对环保设施的规模、技术标准、工作效率等要求不同。治理第三方对环保设施的设计应按国家有关技术标准、规范要求及政府行政主管部门的核准意见进行，并将设计方案提交排污企业组织审查。设计方案确定后由治理第三方负责完成设计文件，并交排污企业备案。

其三，项目施工。在环保设施工程项目施工阶段，治理第三方应严格遵守国家法律、法规、行业规范和合同的约定，选择有资质的施工单位和监理单位。施工之前，治理第三方应根据排污企业的整体工程建设进度计划拟订项目建设进度计划，确保环保设施建设符合国家规定的"三同时"要求。施工过程中，治理第三方应按时向排污企业提交建设工程进度报告，接受排污企业的监督检查。如果建设工程不能达到预定的进度日期，治理第三方应立即通知排污企业。此外，治理第三方还应接受政府有关职能部门关于工程建设质量、安全、环保、文明施工等方面的监督和管理。

其四，在线监测系统安装。根据国家规定或合同约定，排污企业污染治理需要安装污染物在线监测系统的，治理第三方负责安装，并接受相关机构的检测。

其五，项目验收。依据国家环境保护主管部门的有关规定，在建设项目竣工后需进行建设项目竣工环境保护验收。第三方治理环保工程项目需按国家有关验收规定和标准进行验收。治理第三方应保证环保设施按合同约定的工期完工、通过安全性评价并正常运营。验收程序上，双方可以约定由一方负责提出验收申请，另一方有协助义务，法律另有规定的除外。

其六，同步投运。根据"三同时"制度要求，治理第三方应确保环保设施的建设、验收等工作与排污企业的整体工程同步，并满足安全性相关要求，保证环保工程与排污企业主体工程能够同时投入运营。

（三）双方当事人的主要责任

第一，排污企业的主要责任。由于排污企业的原因，致使环保设施未能在合同约定的期限内完成并投入运营，治理第三方有权终止合同，并要求排污企业支付已完成的投资、违约金及利息；如果治理第三方愿意继续履行合同的，有权要求排污企业支付违约金。对于因延误所造成的损失，由排污企业自行承担。

第二，治理第三方的主要责任。主要有：其一，设计存在缺陷的责任。在排污企业确保技术参数准确与接口方案可行的情况下，因治理第三方的环保项目设计存在缺陷造成损失的，应由治理第三方承担责任。其二，工程延误的责任。由于治理第三方的原因，致使环保设施未能在合同约定的期限内完成并投入运营，排污企业有权终止合同，向治理第三方支付其已完成的投资并接管环保设施工程项目；如果排污企业愿意继续履行合同的，有权要求治理第三方支付违约金。对于因延误所造成的损失，由治理第三方自行承担。

其三，放弃环保项目工程的责任。建设期间，治理第三方明确表示放弃环保项目建设运营权或出现可以视为其放弃环保项目建设运营权情形的，由排污企业接管，并向治理第三方支付其已完成的投资。由于放弃建设运营权而造成的损失，由治理第三方自行承担。"视为放弃"环保项目建设运营权的具体情形可由双方在合同中另行约定。

二、环保设施运营与维护阶段双方的权利、义务与责任

（一）排污企业的主要权利与义务

第一，排污企业的主要权利。在环保设施运营与维护阶段，排污企业的权利主要有：

其一，对治理第三方关于环保设施的运营、维护和管理有监督检查权，但具体行使时应事先通知治理第三方，并不得妨碍治理第三方的正常经营活动。

其二，对治理第三方的运营效果有监督权，督促治理第三方全面履行合同义务，完成污染治理任务。

第二，排污企业的主要义务。在环保设施运营与维护阶段，排污企业的主要义务有：

其一，为保证环保设施正常运营提供支持。在项目运营过程中，排污企业需保证项目主设施运行正常，保证环保设施的入口处的技术参数符合合同约定，对与环保设备有影响的项目相关设备要及时更新及技术改造，为环保设施的正常运营提供保障。

其二，为环保设施的常规检修与技术改造提供支持。在项目运营过程中，排污企业应合理安排企业主设施的检修及技术改造时间，对治理第三方环保设施的检修与技术改造予以积极支持，做到主设施与环保设施的检修与技术改造同期进行。

其三，与治理第三方协作完成环保设施技术改造事宜。针对已运营的环保设施的技术改造而言，技术改造方案通常与新建环保设施一样，需要进行

立项、审查、报批、组织有关部门验收等程序，排污企业应负责完成从立项到验收的各项工作，治理第三方有义务予以协作，并负责技术改造工程的实施工作。

其四，依合同约定的数额或收益分配方式向治理第三方及时足额支付报酬或分配收益。

(二) 治理第三方的主要权利与义务

第一，治理第三方的主要权利。环保设施运营与维护阶段，治理第三方的主要权利表现为两个方面：

其一，对环保设施享有独占运营权、维护权和管理权。由于环保设施的建设需要投入大量的资金，为保证治理第三方的合同利益，提高专业环境服务机构参与第三方治理的积极性，双方应当约定治理第三方对排污企业环保设施建设运营工作是独占的，在治理第三方能够履行本合同项下义务的情况下，排污企业不得将本合同项下的建设运营工作的任何部分委托给其他任何第三方承担。

其二，享有收益权，包括环境污染第三方治理的合同收益、环保设施附产物对外销售及综合利用所带来的收益、国家及地方有关环保优惠政策等所带来的收益等。

第二，治理第三方的主要义务。环保设施运营与维护阶段，治理第三方的主要义务有：

其一，保证环保设施正常运行。在运营期内，治理第三方负责环保设施的运营、维护和管理，使环保设施处于良好的运营状态，能够按合同约定完成相关义务，不得无故停运。因环保设备维修需暂停环保设施运行，或因事故需停运的，治理第三方应及时向排污企业报告，由双方依据有关规定向环保行政主管部门申请批准。

其二，对环保设施进行必要的维护。为保证环保设施运营的持续性和高效性，治理第三方需按照合同约定对环保设施进行必要的维护。治理第三方维护不及时或维护措施不当的，排污企业可通知其尽快采取补救维护措施，如果治理第三方不及时采取补救措施，排污企业可以自行或委托其他公司进行维护，由治理第三方承担由此产生的风险和费用。

其三，保证运营效果的义务。环保设施在运营期间，各项指标应达到合同约定的指标要求。为方便运行情况记录和监督，治理第三方应建立环保设施运行台账及相关必要材料，并报排污企业备案。安装了在线监测系统的，应按照环保行政主管部门要求传送监测数据。环保设施的运营效果要依据有关规定和合同的约定接受排污企业及环保行政主管部门的监督检查。

其四，建设运营权的变更及转让的限制。在建设运营期内，治理第三方在未事先征得排污企业的同意前，不得变更建设运营权的期限、范围，也不得转让部分或全部建设运营权，法律另有规定或依据法院判决、政府部门命令发生转让的除外。

其五，其他义务。首先，保护环境的义务。治理第三方在运营和维护期间，应遵循国家和项目所在地的有关环保方面的规定和要求，保护运营场地环境。其次，保护文物古迹的义务。如果在此过程中发现文物、化石、古迹及具有历史意义的任何其他物品，应采取有效措施予以保护。最后，购买相关保险的义务。在运营期间，需要购买有关保险的，治理第三方应自行承担购买有关保险的费用。

（三）双方当事人的主要责任

第一，排污企业的主要责任。环保设施运营与维护阶段，排污企业的主要责任有：

其一，排污企业违反合同约定，擅自解除合同，或因排污企业原因造成合同无法继续履行的，应承担违约责任，赔偿治理第三方由此造成的经济损失。

其二，排污企业违反合同约定，不能按时足额向治理第三方支付报酬或分配收益的，排污企业应及时补齐，并承担违约责任。

其三，排污企业提供的环保设施入口污染物指标未能达到合同约定的保证值构成违约的，排污企业应向治理第三方支付违约金，并承担由此产生的全部责任。如果因此导致环保设施损坏或需更换部分环保设备设施的，排污企业应承担修理或更换费用。

其四，治理第三方依合同约定正常运营，并达到了合同约定的运营效果，结果仍然需要承担环境责任的，由排污企业自行承担。

第二，治理第三方的主要责任。环保设施运营与维护阶段，治理第三方的主要责任有：

其一，在项目运营期内，治理第三方有下列情形之一的，排污企业有权要求其限期改正，如果在约定的期限内没有改正的，排污企业有权要求终止合同，委托指定机构托管环保设施：一是未经排污企业书面同意或达到合同约定的其他条件，治理第三方或运营维护承包商放弃对环保设施的运营超过双方约定的时间的；二是治理第三方对本合同的任何实质性违约，且在排污企业就此发出通知后的合理期限内仍未对违约采取补救措施的；三是治理第三方关于己方的主体资格、建设运营资质和条件、资金来源与保障等方面的声明和保证存在重大错误，使排污企业履行本合同受到严重的不利影响的。排污企业因以上原因终止合同并委托托管环保设施所产生的费用或损失由治理第三方承担。

其二，治理第三方违反合同规定，擅自解除合同，或因治理第三方原因造成合同无法继续履行的，治理第三方应承担违约责任，赔偿因此给排污企业造成的经济损失。

其三，因治理第三方违反合同义务，导致环保设施不能正常运营，造成排污企业经济损失或受到政府部门行政处罚的，治理第三方应予赔偿。

其四，因治理第三方原因，导致环保设施运营的效果未能达到国家规定的相关标准或合同约定的标准，造成排污企业经济损失或受到政府部门行政处罚的，治理第三方应予赔偿。

其五，因治理第三方选任的运营承包商或雇员的行为或疏忽造成不利后果的，治理第三方应承担责任。

三、合同履行期届满后环保设施的处理

（一）环保设施延期运营

一般情况下，建设运营期与排污企业的主设施寿命期限相同，合同中可以

具体约定建设运营的期限,约定后双方还可根据实际情况进行变更。如建设运营期满,排污企业的主设施仍未达到设计寿命,或排污企业通过技术改造等方式在设计寿命届满日后继续生产的,治理第三方有权选择在前述届满日后移交环保设施或继续运营环保设施。若治理第三方选择继续运营环保设施,则合同项下建设运营权的期限延长到排污企业主设施拆除日或环保设施拆除日。

(二)环保设施的处置

建设运营期满后,如果不再延期运营,排污企业和治理第三方可协商确定环保设施的处置方案,具体可通过三种方式处置:

其一,将环保设施的所有权和运营权移交给排污企业。排污企业接收移交的,双方协商或共同委托第三方对环保设施的价值进行评估,自接收之日起,环保设施的所有权归排污企业所有。治理第三方应在排污企业接收前,解除所有与环保设施有关的权利的限制,例如出租、抵押、质押等。

其二,双方协商将环保设施拆除。双方协商拆除的,应共同商定拆除时间和拆除范围。因拆除产生的收益由治理第三方享有,产生的各类风险及费用由治理第三方承担,双方另有约定的可依约定。此外,如果治理第三方在运营期间与第三方订立有与环保设施项目建设运营权有关的任何运营维护合同、设备合同、供货合同和其他相关合同,且于拆除时仍有效的,治理第三方应终止相关合同,由此产生的费用和损失由治理第三方承担,双方另有约定的可依约定。

其三,将环保设施的所有权和运营权移交给其他第三方。环保设施运营期满,但排污企业的主设施未达设计寿命期限,还在继续运营,而治理第三方不愿意继续运营环保设施的,可将环保设施的所有权和运营权转移给其他专业环境服务机构继续运营。这种情形下,治理第三方转移的不仅是环保设施的财产所有权,更包括其与排污企业之间存在的权利义务关系,因此必须经过排污企业的同意,法律规定需要经过政府环境行政主管部门核准的还需经过核准。

四、发生不可抗力情形的处理

合同履行过程中如果发生不可抗力事件,需要区分情形,审慎对待。

首先，应当在合同中明确不可抗力的情形，即双方在签署本合同时不能预见、并且对发生及后果不能避免并且超过合理控制范围的、不能克服的自然事件和社会事件。对于因建筑工程承包商、设备供应商等第三方非不可抗力原因导致的迟延或终止履行，不得列入不可抗力范围。

其次，因不可抗力导致合同中止履行。若不可抗力的发生导致一方当事人不能履行合同义务，则该方有权中止履行，但应及时书面通知对方，说明不可抗力事件的发生日期和预计持续的时间、事件性质、对该方履行本合同的影响、该方为减少不可抗力事件影响所采取的措施等。不可抗力情形消失后，应及时恢复履行。

再次，因不可抗力导致合同终止。若不可抗力的发生导致一方当事人不能履行合同义务，且处于持续状态，导致合同目的不能实现的，当事人可以协商终止合同，协商不成的任何一方可书面通知对方解除合同。书面通知中应具体说明不可抗力事件的发生日期和预计持续的时间、事件性质、对该方履行本合同的影响、解除合同后为减少不可抗力事件影响所采取的措施等。

最后，因不可抗力导致合同无论是中止还是终止，受不可抗力事件影响的一方都应采取合理的措施，以减少因不可抗力事件给另一方或双方带来的损失。双方应及时协商制定并实施补救计划及合理的替代措施，以减少或消除不可抗力事件的影响。如果受不可抗力事件影响的一方未能尽其努力采取合理措施减少不可抗力事件的影响，则该方应承担由此而扩大的损失。

五、其他需要约定的内容

（一）关于合同解除的特别约定

前已述及，污染治理合同关涉环境公共利益，双方不得无故终止合同。委托运营形式如此，建设运营形式亦如此。如果一方因故终止合同，必须提前较长时间通知合同的对方，给对方预留足够的时间，以便对方处理合同终止后的后续污染治理事务。如果一方没有按照规定或合同约定通知另一方，擅自停止履行合同义务的，所造成的一切损失由该方承担。

（二）运营期间税费的承担

建设运营形式下，排污企业的主业务与治理第三方的环保设施运营业务是分属于两个独立主体的经营业务，双方根据法律规定产生的各项税费应自行承担。

（三）关于治理第三方选择合同当事人的谨慎注意义务

建设运营式第三方治理合同中，环保设施项目建设涉及设计、建筑安装、监理、设备与材料采购等多个方面，治理第三方需要与包括建设承包商、设备供应商等在内的其他第三方之间达成一个或多个合同。治理第三方对自己的合同对方当事人的选择应谨慎负责，认真查验对方的主体资质、商业信誉、资金状况、履行合同的技术能力等信息，必要时应与排污企业沟通协商，确保与其他第三方缔结的合同能顺利履行。

（四）关于取得新技术成果的归属

建设运营形式下，治理第三方是在自己的工作场所工作，对环保设施设备、技术资料等享有所有权和使用权，在项目运行过程中完成的关于污染治理的新技术成果，应属于自己所有。

（五）关于保密的约定

基于项目建设运行需要，排污企业与治理第三方之间需要交换相关图纸及资料。任何一方或其代理人获得的尚未公开的所有文件和资料，在合同期间及合同终止后均应承担保密义务，未经另一方书面同意不得使用、许可他人使用或向他人披露。

第五节 企业环境污染第三方治理合同的法律规制

一、企业环境污染第三方治理合同的特殊性

前已述及，理论上，企业环境污染第三方治理合同可以根据不同情况分

别定性为委托合同、承揽合同或技术服务合同。实践中,污染治理的复杂性和专业性决定了服务中的技术因素不可或缺,为保证污染治理效果,双方当事人既要关注合同履行的过程,也要关注治理的成果。因此,企业环境污染第三方治理合同所涉及的权利义务关系具有复合性,结合合同的内容会发现,此类合同既不属于现有的任何一种有名合同,又与上述几种类型的合同关系具有某些共同特征。同时,受到环境保护这一公益目的的限制以及合同当事人所承受的公法义务的影响,此类合同也表现出与民事合同不同的特质。具体体现在:

(一) 合同具有公益与私益的双重目的

一般而言,民事合同的缔结和履行主要是为了实现当事人一定的私益目的,只要不损害社会公共利益即可。就企业环境污染第三方治理合同而言,其合同目的具有双重性。一方面,治理第三方向排污企业提供专业的污染治理服务,排污企业以第三方的治理效果为基础支付服务费用,体现了服务与报酬的交换,实现了合同当事人追求利润和营利的私益目的;另一方面,环境属于公共物品,污染治理的效果不仅关乎服务费用的高低,更关乎环境公共利益,因而合同不能以追求利润和营利的私益目的为唯一目标,必须体现治理污染保护环境的公益目的。两者的关系上,公益目的应放在首位,只有在保证公益目的实现的前提下才能考量合同私益目的的实现。

(二) 当事人订立合同的自由受到限制

一般民事合同中,当事人享有就某一特定事项是否订立合同的决定权,订立与不订立合同,以及和谁订立合同都是合同自由的体现。但就排污企业而言,这种自由却受到限制。首先,企业生产经营活动的直接目的是为了盈利,污染防治是现行环境法规定的排污企业的环境公法义务,排污企业治理污染并非完全出于自愿,而是出于履行环境公法义务的需要。其次,理论上说,第三方治理成本效益分析上所具有的优势对排污企业可以产生一定的吸引力,但实践中我国环境污染第三方治理市场目前尚处于起步阶段,第三方治理的优势并没有得到充分体现,排污企业通过购买第三方污染治理服务来履行环境义务的积极性并不高，政府通过环境政策调整与严格执法活动对合同的缔结起着一定的引导和推动作用。最后，环境污染治理具有专业性，需具备一定的设备设施、技术条件、专业技术人员等条件才能从事污染治理服务。尽管我国已取消对污染治理设施运营单位等级资质的行政许可，但这不是放松了对环境服务机构的从业要求，而是为了减少政府对污染治理服务市场的不当行政干预行为，引导和鼓励治污服务供需双方市场主体自主交易，建立或完善公平竞争、优胜劣汰的良性市场机制。为保证污染治理效果，排污企业缔结合同时，只能在具有相应治污资质条件且信誉良好的环境服务商中选择合同相对人。此外，根据我国相关规定，从事特殊污染物处理的还应具备相应的资质，这也对排污企业选择合同相对人的自由形成制约。

（三）合同内容包含有公法义务

一般民事合同中，合同内容体现为私法上的权利义务关系，由当事人在不违反法律行政法规强制性规定及公序良俗的前提下自主确定。而排污企业承担的污染治理义务属于公法义务，通过合同形式将生产经营产生的污染物交由第三方治理，只是排污企业采取的履行环境公法义务的一种手段。因此，企业环境污染第三方治理合同体现了"国家环境管理意志对当事人绝对意思自治的淡化，使其与传统民事合同只以'协调私人利益'而设定权利义务的内容相区别"。[①] 我国《环境保护法》第 42 条规定，排放污染物的企业事业单位和其他生产经营者有防治污染的义务，原环境保护部对各类污染物排放的最低标准也作出了明确规定。这是对排污主体承担的公法义务的主要规定。如果排污企业通过合同方式委托第三方对污染物进行治理，则上述义务必须体现在合同内容中，双方约定的治理效果必须符合上述规定。

（四）合同履行效果的评价具有专业性

通常情况下，民事合同生效后，除涉及特定第三人利益的合同外，各方的履行效果只要得到了对方的认可，便可认定为按照约定履行了自己的义务，

---

① 张炳淳："论环境民事合同"，载《西北大学学报（哲学社会科学版）》2008 年第 5 期，第 147 页。

不需经过合同关系以外的第三方的评价。企业环境污染第三方治理合同中，治理第三方提供的环境治理服务具有专业性和技术性，是否达到双方约定的环境目标既是衡量服务费用标准的基础，也是判断排污企业环保义务是否履行的依据。因此，治理服务效果的评价不宜由双方当事人自己完成，而应当由具备评价资质的第三方专业机构来完成。同时，政府和社会公众还应当对双方的履约情况进行监督。

（五）合同任意解除权受到制约

合同解除是指合同有效成立以后，当具备合同解除条件时，因当事人一方或双方的意思表示，使合同关系自始或仅向将来消灭的行为。[1] 合同解除包括协议解除和行使解除权的解除。任意解除权存在于行使解除权的解除当中，是指法律规定某些合同的一方或双方当事人可以不具任何理由，仅基于自己的意思即可将合同解除的权利。[2] 我国《合同法》对任意解除权的规定存在于委托合同和承揽合同中。关于委托合同，《合同法》第410条规定："委托人或者受托人可以随时解除委托合同。因解除合同给对方造成损失的，除不可归责于该当事人的事由以外，应当赔偿损失。"关于承揽合同，《合同法》第258条规定："定作人可以中途变更承揽工作的要求，造成承揽人损失的，应当赔偿损失。"第268条规定："定作人可以随时解除承揽合同，造成承揽人损失的，应当赔偿损失。"据此，委托合同当事人双方有任意解除权。承揽合同的定作人有任意解除权，承揽合同中的承揽人只有在定作人不履行协助义务致使承揽工作不能完成的情况下才有权解除合同。

首先，委托合同成立大多建立在对当事人特殊信赖的基础上，规定委托合同当事人有任意解除权有特定的社会背景。从历史沿革来看，无偿委托是委托的传统，有偿只是例外。在当今社会，情况恰好相反，为他人提供劳务是以有偿为原则的，无偿委托为例外。[3] 在涉及有偿委托或者商事委托时，

---

[1] 魏振瀛主编：《民法（第七版）》，北京大学出版社、高等教育出版社2017年版，第467页。
[2] 刘兆莲：《任意解除权研究》，清华大学2006年硕士学位论文，第7页。
[3] 黄立：《民法债编各论（下）》，中国政法大学出版社2003年版，第503页。

任意解除权的行使就会受到一定的限制，如德国民法上雇用或者承揽不准用委托合同中任意解除权，意大利民法典对委托合同划分不同的类型，从而在解除委托合同时适用不同的规定，等等。① 企业环境污染第三方治理合同是有偿的商事委托合同，从民事合同的视角，对有偿委托合同当事人任意解除权进行限制已十分有必要，加之环境公共利益的影响，当事人任意解除权受到限制自不待言。

其次，《合同法》对承揽合同中定作人任意解除权的规定主要是出于对定作人的保护，其设立宗旨是因为承揽合同多是为定作人利益而设立规则，因情势变更等原因，承揽工作对定作人没有实际意义时，定作人及时解除合同可有效避免社会资源的浪费。② 一般情况下，若定作人不再需要或不愿再继续接受承揽人的工作成果，自然不应强制其接受。法律允许定作人任意解除合同，基本不会对交易秩序产生多大影响，也不会损及法的秩序价值。可见，承揽合同定作人任意解除权的规定是基于传统合同的"私益目的"所作出的。企业环境污染第三方治理合同是有偿的商事合同，当事人签订和履行合同除为了从合同的履行中各自实现不同的经济目的外，还必须要承担保障环境安全的公法义务，任何一方的任意解除都可能对环境公共利益造成影响，损及法的秩序价值。因此，定作人的任意解除权应受到必要的限制。

综上可见，企业环境污染第三方治理合同虽然可能具有委托合同、承揽合同或技术服务合同的典型性特征，但与《合同法》中的相关规定相比又有明显不同，"它是一种体现'幕后'的环保政策目的的、以平等民事主体间关系为'形式'的合同"，③ 上述特质的存在使得我国现行《合同法》的适用存在不适应性，需要重新思考其法律规制问题。

---

① 吕巧珍："委托合同中任意解除权的限制"，载《法学》2006年第9期，第78页。
② 何春晓、刘远志："承揽合同中定作人的任意解除权并非毫无限制"，载《人民法院报》2013年9月4日，第7版。
③ 张宇庆：《论推进民间环保服务的合同方法》，武汉大学2014年博士学位论文，第74页。

二、企业环境污染第三方治理合同的形式要求

（一）合同缔结应采用书面形式

合同形式是合同内容的载体，是当事人合意的表现形式。从合同法的历史发展看，合同的形式经历过一个从重形式到重当事人意思的变化过程。这是在交易安全允许的前提下，适应社会经济发展对交易快捷的强烈需求的结果。现代合同法为了兼顾交易安全和交易便捷两项价值，赋予当事人较大的形式选择自由，但也没有完全抛弃法律对合同形式的限制，对某些重要的、关系复杂的合同仍然强调要采用书面形式。我国《合同法》关于合同形式的规定兼采要式与不要式原则，根据第10条的规定，当事人订立合同可以采用书面形式、口头形式和其他形式，但是对于法律、行政法规规定采用书面形式的，应当采用书面形式。对于法律、行政法规没有规定必须要采用书面形式的，当事人也可以约定采用书面形式。目前，根据我国《合同法》及其他法律的规定，要求采用书面形式的合同较多，如借款合同（但自然人之间借款另有约定的除外）、期限六个月以上的租赁合同（当事人未采用书面形式的，视为不定期租赁）、融资租赁合同、建设工程合同、委托监理合同、技术开发合同、技术转让合同、担保合同、知识产权转让和许可使用合同、信托合同、民用航空器买卖合同等。

企业环境污染第三方治理合同是一种新型合同，合同义务的履行具有专业性，履行周期较长，履行效果关涉环境公共利益，其重要性自不待言。从合同内容看，其复杂性也显而易见。除当事人可以自由约定的内容外，涉及当事人环境义务内容的必须符合国家法律法规的规定，如环保设施的运营要求、各项污染物治理国家标准等。特别是在建设运营形式下，还会涉及环保设施工程建设承包、委托监理等合同关系。为此，为了清晰界定当事人的合同权利和合同义务，以便发生合同纠纷时便于举证并分清责任，此类合同应采用书面形式。

（二）合同应经国家环境行政主管部门登记备案

合同登记是国家对合同进行监督管理的一种行政管理活动，体现了国家

对当事人合同自由的干预。一般说来，合同是当事人合意的结果，是合同自由原则的体现，自当事人成立合同时，合同即对当事人产生约束力。不过，合同当事人的合同自由应有一定的限度，不能滥用，为维护国家利益、社会公共利益和善意第三人的合法利益，国家对合同应实施必要的监督与管理。

企业环境污染第三方治理合同的登记是基于保护环境公共利益的需要，体现了国家对当事人合同自由的制约。在登记的性质方面应采登记生效主义，不经登记合同不发生法律效力。合同登记的申请人和义务人为排污企业和治理第三方，具体可确定排污企业为主要义务人，治理第三方有义务予以协助；负责登记的机关可明确为县级以上政府环境行政主管部门。经过登记，将排污企业订立污染治理合同的相关信息按既定程序进行公示，以发挥"公信"的作用，同时存档备案，方便政府部门监管和民众监督。实践中，河北省、海南省和上海市在相关规范性文件中对第三方治理合同的登记已有规定，但具体内容详略不一，如上海市《关于加快推进本市环境污染第三方治理工作的指导意见》中规定，"完善排污申报登记管理，实施治理合同登记"，没有具体指明登记主体、登记机关、登记时间等；而河北省《环境污染第三方治理管理办法》则规定，"开展环境污染第三方治理的排污企业或单位，须在排污申报登记时，将开展环境污染第三方治理情况报当地环保部门或行业主管部门，以便于日常监管"。据此可知，登记主体为排污企业，登记部门为当地环保行政主管部门或行业主管部门，具体内容是开展第三方治理的情况。不过，对于当地环保行政主管部门或行业主管部门的层级没有明确。

三、企业环境污染第三方治理合同的法律适用

鉴于企业环境污染第三方治理合同存在的特殊性，在类型化上或具有委托、承揽、技术服务合同的特征，或是多种合同的相互混合，其法律规范形式和法律适用不同于普通民事合同。长远看，从法律规范的表现形式上，可以考虑在《合同法》关于有名合同分类的基础上，对此类合同作出专门的类型划分，针对其特质作出相应的规定。在现阶段，只能在遵循民事合同性质

第四章 排污企业与治理第三方之间的合同关系

的前提下，兼顾当事人的环境公法义务，具体情况具体分析。

首先，企业环境污染第三方治理合同要适用我国环境法律法规的规定。污染治理拟达到的标准是当事人承担的保护环境这一公法义务的重要体现，是合同内容中不可缺失的组成部分，当事人双方不得通过约定予以改变或排除。为落实上述义务的履行，避免双方当事人恶意串通，降低污染治理标准，损害环境，环境法律法规应该得到适用。

其次，就民法的适用而言，需要具体分析。如果当事人的权利义务关系与某一具体有名合同较为接近，可以适用我国《民法总则》及《合同法》总则的规定，并可以参照《合同法》分则或者其他法律最相类似的规定。如果是多种合同的混合，法律适应则较为困难，对此学界有吸收说、结合说和类推适用说三种观点。① 实际上，没有一种观点可以单独圆满解决其法律适用问题。因此，台湾学者王泽鉴提出："于当事人没有约定时，应依其利益状态、契约目的及斟酌交易惯例决定适用何说较为合理。"② 具言之，可分四类予以说明：一是有名合同附其他种类的从给付的混合合同，原则上应采吸收说；二是类型结合合同，即一方当事人所负的数个给付义务属于不同合同类型，彼此间居于同值地位，而他方当事人仅负单一的对待给付，或不负任何对待给付，原则上应采结合说；三是双方当事人互负的给付各属于不同的合同类型的二重有名合同，原则上应采结合说；四是一个合同中所含构成部分同时属于不同的合同类型的类型融合合同，原则上应适用此两种有名合同的规范。③ 企业环境污染第三方治理合同中，相当一部分应属于"混合合同"，如建设运营形式下的第三方治理合同，治理第三方就有提供污染治理服务、期满后移交环保设施所有权等多项给付义务，但这些给付义务都是围绕污染

---

① 吸收说认为：应将混合合同构成部分区分为主要部分和非主要部分，适用主要部分有名合同的规定，非主要部分则由主要部分加以吸收；结合说认为：应分解混合合同的构成部分而是用各部分的有名合同规定，并依当事人可推知意思调和其歧义，统一加以适用；类推适用说认为：法律对混合合同既未设定，故应就混合合同的各构成部分类推适用关于各有名合同所设规定。参见王泽鉴：《债法原理·基本理论·债之发生》，中国政法大学出版社2001年版，第112~113页。

② 王泽鉴：《债法原理·基本理论·债之发生》，中国政法大学出版社2001年版，第112~113页。

③ 王泽鉴：《债法原理·基本理论·债之发生》，中国政法大学出版社2001年版，第113~114页。

治理服务义务形成，污染治理服务义务才是最主要的给付义务，法律适用时原则上应采吸收说。

四、企业环境污染第三方治理合同的特别规制

（一）合同的履行需接受第三方的专业评价和外界监督

首先，合同的履行效果需经过第三方专业评价。关于专业评价机构的选任，有学者提出，成立专业性的并具有治污效果检测与支付担保功能的第三方中介机构符合环境污染第三方治理市场发展趋势，也可依据现实情形通过中介机构与环保机构合作来保证该环节的制度设计目标。① 笔者赞同这一设想。

其次，合同的履行应接受外界监督。从当事人的角度看，无论是排污企业还是治理第三方，其生产经营的原始动机和直接目的都离不开营利，如果希望合同双方为保护环境公益而主动放弃部分私利，则会存在较大风险。因此，当事人的履约情况离不开外界监督。具体体现在两个方面：一是政府部门的监督。为保障环境污染第三方治理行业的健康运行，政府监管部门应对第三方治理合同的履行进行具体监督，对于未能实现治污目标的企业应及时予以警告并帮助分析查找原因，改进和完善治理方案，规定整改措施与期限。② 二是社会团体和社会民众的监督。公民是环境权利的主体，社会团体和广大民众是保护环境的重要力量，理应参与对当事人履约情况的监督。为保障监督的成效，排污企业和治理第三方应该就污染治理合同的缔结、履行及治理效果等相关环境信息予以及时公开。

（二）合同变更与终止应予以特别限制

首先，合同履行过程中，因客观情况发生变化需要变更的，无论何种原

---

① 范战平："论我国环境污染第三方治理机制构建的困境及对策"，载《郑州大学学报（哲学社会科学版）》2015 年第 2 期，第 44 页。

② 范战平："论我国环境污染第三方治理机制构建的困境及对策"，载《郑州大学学报（哲学社会科学版）》2015 年第 2 期，第 44 页。

因，变更后的内容都不得违反环境法律法规中关于排污企业保护环境的法定义务的规定。

其次，合同履行过程中，双方当事人关于污染治理服务内容和效果的变更应分不同情况区别对待：排污企业如果因污染物排放的数量或种类减少而要求变更的，应当允许，但应及时通知治理第三方；排污企业如果因污染物排放的数量或种类增加而要求变更的，则需要与治理第三方充分协商，可以在第三方治理能力范围内要求变更。程序上，上述变更均应经国家环境行政主管部门登记备案。

最后，原则上排污企业不应享有任意解除权，出现下列情形之一的，应允许当事人解除合同：一是排污企业排污情况变化超过第三方治理能力范围的，则排污企业和治理第三方均有权要求解除合同；二是因排污企业不履行协助义务导致无法完成污染治理工作的，治理第三方可以要求解除合同；三是治理第三方的污染治理服务达不到合同约定的治污水准，经提示后在合理期限仍未改进的。

无论何种原因导致合同解除，排污企业均应提供可行的污染治理替代方案，在替代方案实施之前，第三方不应停止污染治理工作。程序上，合同解除也应经国家环境行政主管部门登记备案。

（三）违反合同的责任承担应体现保护环境的公益目的

企业环境污染第三方治理合同中，当事人一方违约时，意味着环境安全面临很大的风险或环境损害已经发生，违约责任承担方式的确定和选择上必须将环境公益目的放在首要位置。

首先，当事人对免责条款的约定应受到限制。免责条款是当事人以协议排除或限制其未来责任的合同条款。企业环境污染第三方治理合同的双方当事人可以就仅涉及彼此之间利益分配，不影响环境公益目的实现的内容进行免责约定，对其他可能影响环境公益目的实现的条款作出免责约定的，该约定无效。

其次，除继续履行外，替代履行应作为违约责任承担方式之一。企业环境污染第三方治理合同中,排污企业延付或拒付治污服务费用构成违约的,属于金钱债务违约,治理第三方当然可以请求继续履行。至于排污企业在第三方的污染治理服务不符合约定标准构成违约时能不能要求继续履行,需要区分两种情况:如果治理第三方有条件和能力提供符合约定标准的服务而拒绝提供的,排污企业可以请求该第三方继续履行;如果治理第三方客观上已不具备提供合格的污染治理服务的条件或能力,为实现合同目的,应首先考虑替代履行方式的适用。

最后,赔偿损失方式的适用应受到限制。赔偿损害又称损害赔偿,是指债务人不履行合同义务时依法赔偿给债权人所受损失的责任。"民事合同多以获取经济利益为目标,因此损害赔偿主要是金钱赔偿,这不仅是一种方便易行的赔偿方式,也与当事人获利的最终目的没有根本冲突"①。但在企业环境污染第三方治理合同中,当事人一旦违约,所受到的损害往往无法通过赔偿损失的方式获得完全弥补。因此,当事人以违约金、损害赔偿金等方式承担违约责任时,必须同时提供污染治理的替代方案,不得以违约金、损害赔偿金等代替合同的实际履行。

(四)特定条件下可对当事人科以强制缔约义务

民法上的强制缔约主要是为了维护社会公共利益和社会公共秩序的需要,对当事人缔结合同自由进行限制。环境法上的强制缔约实质是一种非高权性质的新型行政规制手段,即以订立合同的方式履行环境责任,通过强制缔约重构了"政府——环保服务商——企业"三元主体的环境行政管制关系。环境法上引入强制缔约制度实际上是通过设定强制缔约义务,使企业以购买环保服务的方式与提供污染防治、节能管理、生态修复、环保达标维修等服务的环保服务商订立环保服务合同。② 为保护环境,在特定条件下,对排污企业和治理第三方都可能发生强制缔约。对排污企业而言,企业生产经营造成环境污染,如果自身不具备治理条件和能力,环境行政主管部门可要求相关

---

① 吕忠梅、刘长兴:"试论环境合同制度",载《现代法学》2003年第3期,第111页。
② 张宇庆:"论环境法上的强制缔约",载《河北法学》2015年第5期,第104页。

企业限期委托第三方治理。对治理第三方而言，如果工业聚集园区生产经营者产生的污染物规划由某专业第三方集中治理，则该第三方与本园区内的所有生产经营者有强制缔约义务，以避免重复建设和不当竞争。可见，排污企业的强制缔约以强制要约为主、强制承诺为辅，合同的要约方是负有污染防治等环境公法义务的、环境行政法上的"行政相对人"，强制要约是为了督促环境行政管理中的相对人履行污染防治、生态修复、环境保护的法律责任，要约义务强调的是行政相对人的"行为"义务和环境责任的"实际履行"，而不能用金钱替代。[①] 此类合同的承诺方是专业的环保服务商。治理第三方的强制缔约与民商事领域中的强制缔约相似，更多的是强制承诺，根据工业园区的总体规划设计或前期协议，对于该园区内排污企业的购买污染治理服务的邀约，治理第三方有必须承诺的义务，不得拒绝。

---

① 张宇庆："论环境法上的强制缔约"，载《河北法学》2015 年第 5 期，第 106 页。

第五章
企业环境污染第三方治理法律责任的划分

第一节 企业环境污染第三方治理法律责任概述

一、环境法律责任

环境法律责任属于法律责任的一种。何为法律责任？学界主要有以下不同观点：一是义务说。根据《布莱克法律词典》的解释，法律责任是"因某种行为而产生的受惩罚的义务及对引起的损害予以赔偿或用别的方法予以补偿的义务"。我国学者张文显教授将其界定为"第二性义务"，认为法律责任是"由于侵犯法定权利或违反法定义务而引起的、由专门国家机关认定并归结于法律关系的有责主体的、带有直接强制性的义务，亦即由于违反第一性法定义务而招致的第二性义务"[1]。二是处罚说。认为法律责任是一种"惩罚"或"制裁"。如奥地利学者凯尔森认为，"法律责任的概念是与法律义务相关联的概念，一个人在法律上对一定行为负责，或者他在此承担法律责任，意思就是，如果作相反的行为，他应受制裁"[2]。三是后果说。认为法律责任为某种不利后果。如我国已故学者林仁栋教授认为，"法律责任是指一切违法者，因其违法行为，必须对国家和其他受到危害者承担相应的后果"[3]。

---

[1] 张文显：《法学基本范畴研究》，中国政法大学出版社1993年版，第187页。
[2] ［奥］汉斯·凯尔森：《法与国家的一般理论》，沈宗灵译，中国大百科全书出版社1996年版，第73页。
[3] 林仁栋：《马克思主义法学的一般理论》，南京大学出版社1990年版，第186页。

受法律责任理论影响,环境法学界对环境法律责任的概念也有不同表述。有学者采纳后果说对此作出界定,即环境法律责任是指行为人之行为违法、违约或基于法律特别规定,并造成环境损害或可能造成环境损害时,行为人应承担的不利的法律后果。[①] 这一表述得到了多数学者认同。从规范分析的视角,环境法律责任是关于环境法律责任主体、责任类型、责任承担方式以及实现方式的规范的总和,是围绕环境损害的预防与分配、环境利益的保护、环境风险的预防的制度功能实现的规范集合。[②] 由于环境问题的综合性,需要多个部门法责任综合应对,因而环境法律责任也表现出明显的综合性。从世界各国目前的环境保护法律规定来看,环境法律责任一般由民事法律责任、行政法律责任和刑事法律责任中与环境保护相关的部分构成,可分为环境民事责任、环境行政责任和环境刑事责任。

二、企业环境污染第三方治理中法律责任主体的变化

根据"谁污染,谁治理"原则,环境治理主要涉及两个法律关系:一是排污企业与环境侵权受害人之间的侵权损害赔偿关系;二是排污企业与政府环境监管部门之间的环境监管关系。前者中,排污企业是污染治理主体,如果因排放污染物或从事其他破坏污染环境的行为,造成他人人身伤害或财产损失的,应承担环境侵权损害赔偿责任。后者中,政府环境监管行为属行政行为,排污企业是环境监管行政行为的相对人,政府环境监管部门对排污企业污染治理行为有监管的职权和职责,可对排污者的不法行为作出相应的行政处罚,双方之间形成法定的环境监管行政法律关系。

第三方治理的出现让污染治理关系复杂化(见图5-1)。首先,在排污者与治理第三方之间形成污染治理合同关系。排污企业作为委托方,以付费为代价,将特定污染治理责任转移给第三方治理主体承担;第三方主体作为受托方,提供污染治理服务并收取治理服务费用。双方应对自己的违约行为

---

① 张梓太:《环境法律责任研究》,商务印书馆2004年版,第36页。
② 庄超:《环境法律责任制度的反思与重构》,武汉大学2014年博士学位论文,第12页。

承担相应的违约责任。其次，排污企业及治理第三方与环境侵权受害人之间的侵权损害赔偿关系。排污企业及治理第三方因环境侵权造成他人人身伤害和财产损失的，在双方内部可以通过合同作出责任划分，对受害人而言，应由谁承担赔偿责任，暂无明确规定。最后，排污企业及治理第三方与政府环境监管部门之间的环境监管关系。政府环境监管对象除了排污企业外，如何处理环境监管主体与治理第三方的关系，监管主体能否直接追究治理第三方的行政责任，暂不明确。

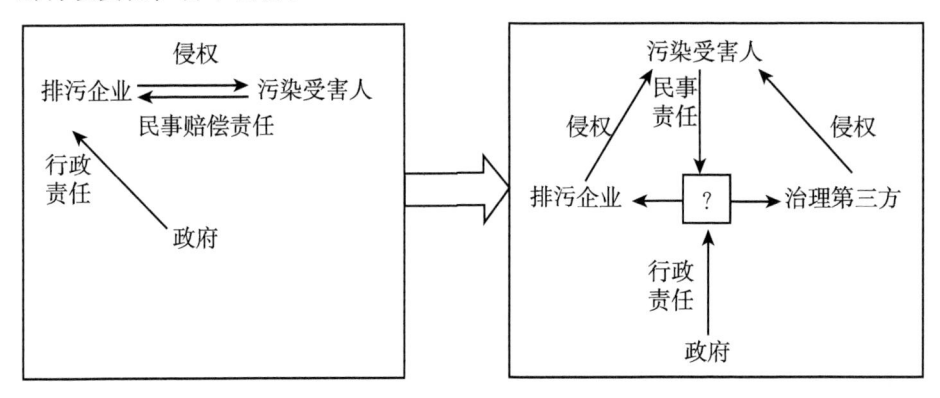

图 5-1 企业传统污染治理与第三方治理法律关系对比图

可见，企业环境污染第三方治理打破了传统单一责任主体结构，变成了排污企业与治理第三方并存的双责任主体结构，如何划分双责任主体的环境侵权民事责任与环境治理行政责任成为一个现实问题。

三、企业环境污染第三方治理法律责任的特征

企业环境污染第三方治理法律责任，包括排污企业与治理第三方在履行污染治理服务合同的过程中，因环境侵权对受害人承担的侵权损害赔偿责任、因环境违法行为对政府环境监管部门承担的行政责任以及因构成环境犯罪承担的刑事责任。鉴于本章主要分析排污企业与治理第三方之间法律责任的合理划分，因而只讨论环境侵权损害赔偿责任和环境行政责任。

企业环境污染第三方治理法律责任的主要特征体现在以下方面：

首先，义务主体的义务来源具有多样性。企业环境污染第三方治理中，污染治理义务主体为排污企业和治理第三方。两者的污染治理义务来源不同：排污企业的污染治理义务主要来源于环境法律法规的规定，属于公法义务；治理第三方对排污企业排放的污染物的治理责任主要来源于合同约定，属于私法义务。此外，治理第三方作为独立的经营主体，其在经营过程中也应承担一般经营主体的环境公法义务。

其次，责任原则发生变化。传统环境污染治理模式下，实行污染者治理原则；第三方治理实行"损害担责"的责任原则，排污企业既可以由自己承担环境污染治理的责任，也可以通过市场付费的方式，由第三方替代履行环境治理责任。

最后，归责的行为依据具有复杂性。传统环境污染治理模式下，归责的行为依据主要有两个方面，即污染者对他人的环境侵权行为和污染者的环境违法行为。第三方治理中，其归责的行为依据主要有四个方面：即排污企业与治理第三方的违反合同行为、排污企业及治理第三方对他人的环境侵权行为、排污企业的环境违法行为、治理第三方的环境违法行为。这就需要在复杂的归责行为依据中找到平衡点，公平、平等、合理地分摊法律责任。

四、关于企业环境污染第三方治理责任划分的主要规范梳理及存在问题

（一）主要规范梳理

企业环境污染第三方治理中，如何界分排污企业与治理第三方之间的责任，国办发〔2014〕69号《意见》规定，排污者承担污染治理的主体责任，第三方承担约定的污染治理责任。何谓"主体责任"？该《意见》并无具体解释，仅是规定要"抓紧出台第三方治理的规章制度，对相关方的责任边界、处罚对象、处罚措施等作出规定"。环保部《实施意见》在此基础上，将"坚持排污者担负污染治理主体责任"作为推进环境污染第三方治理的基本原则之一，在规定第三方治理单位承担合同约定的污染治理责任的同时，对

第三方的责任进行了进一步的细化。部分省、自治区、直辖市也出台了规范性文件，对排污企业与治理第三方的责任划分问题规定不尽相同（见表5-1）。

表5-1 部分规范性文件中关于排污企业与治理第三方责任划分的主要规定

文件名称	颁发日期	主要内容
国务院办公厅关于推行环境污染第三方治理的意见	2014-12-27	排污企业承担污染治理的主体责任，第三方治理企业按照有关法律法规和标准以及排污企业的委托要求，承担约定的污染治理责任
环境保护部关于推进环境污染第三方治理的实施意见	2017-08-09	排污单位承担污染治理的主体责任，第三方治理单位应按有关法律法规和标准及合同要求，承担相应的法律责任和合同约定的责任。第三方治理单位在有关环境服务活动中弄虚作假，对造成的环境污染和生态破坏负有责任的，应当与造成环境污染和生态破坏的其他责任者承担连带责任对偷排偷放、非法排放有毒有害污染物、非法处置危险废物、不正常使用防治污染设施、伪造或篡改环境监测数据等恶意违法行为，依法严厉处罚；对负有连带责任的环境服务第三方治理单位，应依法追责
北京市关于推行环境污染第三方治理的实施意见	2015-11-20	排污单位承担主体责任，第三方治理机构应按照有关法律法规和标准及排污单位的委托要求，承担约定的污染治理责任。第三方治理机构未达到相关治理标准及委托合同约定事项而造成污染的，应依法承担相关法律责任，并依据合同补偿排污单位经济损失
河北省环境污染第三方治理管理办法	2016-09-14	排污企业、单位依法承担排放污染的主体责任。环境污染第三方治理机构过失致使排污企业、单位受到行政处罚的，按照法律、法规和合同约定承担相应责任排污企业、单位或环境污染第三方治理机构篡改、伪造环境监测数据逃避监管违法排污的，依法从严处罚

续表

文件名称	颁发日期	主要内容
上海市关于加快推进本市环境污染第三方治理工作的指导意见	2014-10-08	排污单位是污染治理主体，依法承担排放污染的相关行政和民事法律责任。第三方治理企业在有关环境服务活动中因管理不善、弄虚作假造成环境污染的，应依法承担相关行政法律责任和连带责任，并依约补偿排污单位经济损失
内蒙古自治区关于推行环境第三方治理和服务实施方案（试行）的通知	2016-07-08	排污企业承担污染治理的主体责任，第三方治理企业按照有关法律法规和标准及排污企业的委托要求，承担约定的污染治理责任
四川省关于推行环境污染第三方治理的实施意见	2015-12-03	排污企业承担污染治理的主体责任，环境服务公司承担污染治理责任
海南省推行环境污染第三方治理实施方案	2016-01-18	没有规定
福建省关于推进环境污染第三方治理的实施意见	2015-12-03	排污企业承担污染治理的主体责任。环境污染第三方治理企业按照有关法律法规和标准以及排污企业的委托要求，承担约定的污染治理责任。因管理不善、弄虚作假等原因超标排放造成环境污染或生态破坏的，排污企业和第三方治理企业应承担约定的责任以及造成环境污染与生态破坏的法律责任和经济责任
青海省关于加快推行青海省环境污染第三方治理的实施意见	2015-11-16	第三方治理企业环境服务活动中因管理不善、弄虚作假造成环境污染的，应依法承担相关法律责任和连带责任，并依约补偿排污单位经济损失。对环境污染第三方治理企业以篡改伪造监测数据等逃避监管方式违法排污的，依法追究违法单位的法人代表和有关责任人责任
甘肃省关于推行环境污染第三方治理的实施意见	2015-10-13	排污企业承担污染治理主体责任。第三方治理企业按照有关法律法规和标准以及排污企业的委托要求，承担约定的污染治理责任

续表

文件名称	颁发日期	主要内容
黑龙江省关于推行环境污染第三方治理的实施意见	2015-09-17	排污单位是承担污染治理的责任主体。第三方治理企业应按照有关法规、标准以及合同，承担约定的污染治理责任，因服务不善造成环境污染的，应依法承担相关法律责任
陕西省关于加快推进环境污染第三方治理实施方案的通知	2015-07-14	排污单位承担污染治理的主体责任，第三方治理企业应按照有关法律法规和标准以及排污单位委托要求，承担合同约定范围内的污染治理及达标排放等相关责任。因第三方治理企业过失造成的违法排放导致环境污染的，第三方治理企业应依法承担相关责任，并对相关方依法、依约进行补偿
山西省推行环境污染第三方治理实施方案的通知	2015-05-26	排污企业应承担污染治理的主体责任，第三方治理企业在有关环境服务活动中因管理不善、弄虚作假造成环境污染的，应依法承担相关行政法律责任和连带责任，并依协议约定补偿排污单位经济损失

（二）存在的主要问题

由表 5-1 可见，几乎所有规范性文件中都规定了排污企业承担污染治理主体责任，治理第三方承担约定的污染治理责任。存在的问题主要集中于两个方面：

第一，责任类型方面。没有区分环境民事侵权责任和环境行政责任，适用基本相同的责任划分规则。企业环境污染第三方治理中，行政责任与民事侵权责任分属于行政法和民法两个不同的法律部门，责任性质、构成要件及制度功能等均不相同，应遵循不同的处理路径。排污企业与治理第三方之间关于违法排污的行政责任能否以及在多大程度上可以由合同进行约定，理论上一直存有疑问，实践中也多有争议。对此，有学者提出，推进环境污染第三方治理应该有一些前提，环境污染第三方治理不应当过度放大其合同的性质，而应当强调权利义务的法定性。比如排污方的责任，这种责任是法定的，在很多情况下都不会因为合同而转移法定的治理责任，而这些都需要通过立法明确下来。①

第二，具体内容方面。首先，在法学理论中，"主体责任"既不是一种归责原则，也不是一种责任类型，理解上存在歧义，无法准确划分排污企业与治理第三方的环境侵权责任和行政责任。其次，至于治理第三方要不要承担民事侵权责任或行政责任，上述文件中有的没有涉及，如内蒙古、四川、海南等；有的规定治理第三方存在某些违法行为时承担连带责任，如环保部《实施意见》规定，"第三方治理单位在有关环境服务活动中弄虚作假，对造成的环境污染和生态破坏负有责任的，应当与造成环境污染和生态破坏的其他责任者承担连带责任"。有的虽有规定，但语焉不详，如北京市规定，"第三方治理机构未达到相关治理标准及委托合同约定事项而造成污染的，应依法承担相关法律责任"。福建省规定，"排污企业和第三方治理企业应承担约定的责任以及造成环境污染与生态破坏的法律责任和经济责任"。

规范性文件中存在的模糊性表述对实践中清晰划分环境法律责任带来困扰，因此，有必要区分环境民事责任和环境行政责任两种不同的责任类型，探讨排污企业与治理第三方之间的责任划分规则。

第二节 企业环境污染第三方治理民事责任的划分

一、环境民事责任

环境民事责任有广义和狭义之分。广义的环境民事责任包括污染环境行为引起的民事责任和破坏资源行为引起的民事责任；狭义的环境民事责任仅

---

① 杜晓："专家：环境污染第三方治理需严防滋生利益链"，中国新闻网，http://www.chinanews.com/sh/2016/12-21/8100660.shtml，2016-12-21.

指污染环境行为引起的民事侵权责任。本章讨论的环境法律责任与环境治理相关，仅指狭义的作为一种特殊的侵权责任的环境民事责任。我国《侵权责任法》第 65 条规定："因污染环境造成损害的，污染者应当承担侵权责任。"该条文的"污染环境"既包括对生活环境的污染，也包括对生态环境的污染；所造成的"损害"应限于对特定民事主体的损害，所承担的是对受害人的侵权责任，而不包括破坏生态的侵权责任。①《环境保护法》关于环境侵权民事责任的立场与《侵权责任法》一致，其中第 64 条规定："因污染环境和破坏生态造成损害的，应当依照《中华人民共和国侵权责任法》的有关规定承担侵权责任。"该条文中明确包含了"破坏生态"造成损害的情形，并以转致的方式规定适用《侵权责任法》。

环境侵权民事责任在归责原则上属于无过错责任，其构成要件主要有三：

第一，实施了污染环境的行为。一直以来，我国学界对于行为人的侵权行为是否应当具有违法性不无争议。对于污染环境造成损害的侵权责任，学者大都认为不需要具备违法性，如民法学者张新宝教授曾明确提出，"排污符合规定的标准，给他人造成损害的，应当承担赔偿责任"②。在环境法学界，不以违法性作为环境侵权民事责任的构成要件已成为通说。2015 年 6 月，最高人民法院通过司法解释的形式表明了不以违法性为要件的立场。③

第二，造成他人民事权益损害。前已述及，如果污染行为仅造成对生态环境本身的损害，而没有造成对特定民事主体的民事权益损害，则应通过专门的生态环境损害赔偿制度予以救济。④

第三，污染行为与损害事实之间有因果关系。考虑到环境污染侵权案件中，受害人往往无法了解排污者的污染物排放情况，也不具备证明污染形成

---

① 王利明：《侵权责任法》，中国人民大学出版社 2016 年版，第 357 页。
② 张新宝：《侵权责任法立法研究》，中国人民大学出版社 2009 年版，第 112 页。
③ 《最高人民法院关于审理环境侵权责任纠纷案件适用法律若干问题的解释》第 1 条规定，因污染环境造成损害，不论污染者有无过错，污染者应当承担侵权责任。污染者以排污符合国家或者地方污染物排放标准为由主张不承担责任的，人民法院不予支持。
④ 吕忠梅：《环境法学概要》，法律出版社 2016 年版，第 223 页。

及其在损害结果形成过程中的作用的能力,为减轻受害人的举证负担,各国逐渐发展出多种学说,以降低对因果关系认定标准,实现对因果关系推定,如英美法中优势证据说、事实推定说、疫学因果说、间接反证说等。我国《侵权责任法》第 66 条规定了因果关系举证责任倒置,由污染者就其行为与损害之间不存在因果关系承担举证责任。实践运用中,被侵权人如果提供了证明以下事实的证据材料即完成了举证责任:污染者排放了污染物;被侵权人有损害;污染者排放的污染物或者其次生污染物与损害之间具有关联性。污染者如要证明其污染行为与损害之间不存在因果关系,则必须举证证明排放的污染物没有造成该损害可能,或者排放的可造成该损害的污染物未到达该损害发生地,或者该损害于排放污染物之前已发生,或者存在其他可以认定污染行为与损害之间不存在因果关系的情形。责任承担方式上,可以包括停止侵害、排除妨碍、消除危险、恢复原状、赔礼道歉、赔偿损失等。

二、关于环境民事责任划分的主要理论分歧

(一)学界主要观点

目前,学界关于企业环境污染第三方治理环境民事责任划分问题存在较大分歧,概括而言主要有以下几种观点:

一是由排污企业承担责任。有论者认为,污染者通过市场化方式选择第三方治理的,经第三方治理后仍未达标排放,相应的法律责任应由污染者承担。[①] 这主要是因为环境污染第三方治理的实施,只是从技术层面上实现了治污工作的转移,而并非是治污法律责任的转移,排污企业的法律责任不能因此免除。另有论者认为,如果因企业发生生产事故而致污染物大量泄漏或者污染物的种类和数量变化,排污企业承担相应的环境责任,污染者也包括

---

① 胡丽珠、吕成:"环境污染第三方治理的监管",载《合肥学院学报(社会科学版)》2015 年第 4 期,第 104 页。

因未履行合同治污义务的环境服务企业。[①] 这实际上是主张排污者与治理第三方共担责任。

二是由治理第三方承担责任。有论者认为,在工业污染物的分散转移治理中,由第三方治理机构承担无过错侵权责任,排污企业承担无过错补充责任,"一旦追究第三方治理机构的责任无法使被侵权人得到受偿,则由排污企业承担责任",如果第三方治理机构自身存在过错,排污企业也存在非违反监督管理义务的过错,则由双方承担连带责任;[②] 另有论者认为,第三方治理是把企业污染治理的直接责任通过经济支付的方式转移给第三方,属于民事转让。在第三方治理的模式下,生产企业仅仅是污染物的生产者,第三方治理者才是法律意义上的排污者,应该承担责任。[③] 还有论者认为,如果排污企业已严格履行合同,仍需承担违法排污所涉法律责任,对第三方治理的积极性将大为降低。因此,在排污企业严格遵守服务合同所规定的各项条款的前提下,法律上可以从过去的"谁产生,谁负责"调整为"谁排放,谁负责"。[④]

三是主张依协议承担责任。有论者提出,治污企业严格履行合同,如果由于污染物的产生量超标或排污企业违反合同条款而导致污染物最终排放不达标,则由排污企业承担责任;排污企业严格遵守合同,如果污染物不能达标排放,则追究治污企业的相关责任。[⑤]

四是主张根据不同的运营模式承担责任。有论者提出,排污企业和治污企业的义务内容不尽相同,可以根据环境污染第三方治理的运作模式不同而

---

① 李雪松等:"环境污染第三方治理的风险分析及制度保障",载《求索》2016年第2期,第44页。
② 王棋棋:《第三方治理模式中环境污染民事侵权责任研究》,西南政法大学2017年硕士学位论文,第31页。
③ 崔煜晨:"第三方治理血脉通没通?",载《中国环境报》2015年1月20日,第009版。
④ 骆建华:"环境污染第三方治理的发展及完善建议",载《环境保护》2014年第20期,第17页。
⑤ 王琪、韩坤:"环境污染第三方治理中政企关系的协调",载《中州学刊》2015年第6期,第76页。

区别对待：在"委托治理服务"模式下，应由排污企业承担主要责任，治污企业承担次要责任；在"托管运营服务"模式下则相反，即由治污企业承担主要责任，排污企业承担次要责任。① 另有论者将"企企合作"第三方治理模式分为独立性和嵌入型两种类型，根据排污企业和治理第三方的过错情况分别确定环境侵权责任的承担。②

上述观点都考虑到企业环境污染第三方治理模式中侵权责任划分问题的复杂性，也都具有一定的合理性，但不足之处也显而易见。主张排污者担责承袭了国办发〔2014〕69号《意见》中"排污企业承担主体责任"的立场，可以防止排污企业通过第三方治理协议逃避法律责任，不足之处是没有正确对待环境污染第三方治理这一新型模式的特殊性，在排污企业与治理第三方之间没能实现法律责任的公平合理分配，不利于环境污染第三方治理的顺利推行。主张治理第三方担责虽能调动排污企业采用第三方治理的积极性，但是同样没能在排污企业与治理第三方之间实现法律责任的公平合理分配，可能造成排污企业通过第三方治理协议逃避自己的环境责任，也不利于我国环境服务市场的培育和发展。主张依协议履行担责看似较为公平稳妥，实则难以实现。合同具有相对性，以合同约定作为侵权责任承担的依据只能在合同当事人之间产生效力，对受害人不应产生约束力，否则将会严重侵害受害人的求偿权，也更方便排污企业和治理第三方通过合同逃避环境法律责任。主张根据不同的运营模式担责充分意识到了环境污染第三方治理的特殊性和复杂性，但是提出的解决方案要么过于笼统，要么过于琐碎，也没能阐明承担侵权责任的法理基础，既缺乏理论说服力，也不具有实际可操作性。

（二）对《环境保护法》第65条的理解分歧

立法上，《环境保护法》第65条规定，环境影响评价机构、环境监测机

---

① 此处的"委托治理服务"模式与"托管运营服务"模式分别对应本书的"委托运营形式"与"建设运营形式"。详见刘俊敏、李梦娇："环境污染第三方治理的法律困境及其破解"，载《河北法学》2016年第4期，第46页。

② 刘宁、吴卫星："'企企合作'模式下环境污染第三方治理民事侵权责任探究"，载《南京工业大学学报（社会科学版）》2016年第3期，第66页。

构以及从事环境监测设备和防治污染设施维护、运营的机构,在有关环境服务活动中弄虚作假,对造成的环境污染和生态破坏负有责任的,应当与造成环境污染和生态破坏的其他责任者承担连带责任。2015年6月,《最高人民法院关于审理环境侵权责任纠纷案件适用法律若干问题的解释》(下称《环境侵权责任司法解释》)第16条对"弄虚作假"作出进一步解释,具体包括:其一,环境影响评价机构明知委托人提供的材料虚假而出具严重失实的评价文件的;其二,环境监测机构或者从事环境监测设备维护、运营的机构故意隐瞒委托人超过污染物排放标准或者超过重点污染物排放总量控制指标的事实的;其三,从事防治污染设施维护、运营的机构故意不运行或者不正常运行环境监测设备或者防治污染设施的;其四,有关机构在环境服务活动中其他弄虚作假的情形。

对于该条规定学界有不同的理解。有论者将条文中规定的机构表述为"环境服务组织",认为其是基于环境执法分权的需要,是从行政机关分化出来的社会中立组织,其使命在于对外提供技术信息或者服务。环境服务组织承担的连带责任属于过错责任,不是基于共同侵权的连带责任,而是依附责任和转承责任。[①] 依该论者观点,治理第三方作为市场主体不应属于这里的"环境服务组织"的范畴,该条规定也就不能适用于其在提供污染治理服务过程中存在弄虚作假行为的情形。另有论者将条文中规定的机构表述为"环境服务第三方机构",将其从事环境服务活动表述为"分别提供环境影响评价专业技术服务、环境监测和监督管理服务、污染物处理设施维护运营服务",认为"《环境保护法》第65条规定的连带责任之法律基础不是共同侵权,而是基于规范环境服务业和加强环境第三方治理决定的政策考量下所制定,属于基于政策考量的特殊侵权连带责任"[②]。可见,该论者笔下的"环境

[①] 徐春成:"论环境服务组织的连带责任",载《河南财经政法大学学报》2016年第4期,第121页。

[②] 张式军、王绅吉:"《环境保护法》第65条环境侵权连带责任之正当性探究",载《山东社会科学》2017年第4期,第159~160页。

服务第三方机构"包括了污染治理第三方。

笔者认为,《环境保护法》第 65 条规定的环境服务机构应该包括污染治理第三方。不可否认,自我国开展环境影响评价、环境监测等环境服务工作以来,环境服务机构的设置主要隶属于环境行政部门,但随着环境服务机构社会化改制的推进和环境服务分工的进一步细化①,环境服务机构终将与行政部门脱钩走向市场,服务对象也不再限于政府,服务内容也将更加细化。因此,对环境服务机构外延的理解应秉持开放和包容的态度。

关于《环境保护法》第 65 条规定的连带责任的法律基础,以上论者都认为不是共同侵权,笔者赞同这一看法,认为"基于政策考量的特殊侵权连带责任"的观点更具合理性。首先,我国《侵权责任法》规定,共同侵权行为、共同危险行为和累积因果关系的分别侵权行为是构成侵权连带责任的一般法律基础。根据共同侵权的责任承担规则,须有两个以上侵权行为人,各侵权行为人所实施的行为对发生的损害具有原因力,各侵权人之间具有关联共同。尽管根据前述司法解释对"弄虚作假"的释义,对于环境服务机构故意实施隐瞒行为和故意不运行、不正常运行行为,客观上直接引发了环境污染的发生或扩大,对损害发生和扩大具有直接原因力,存在关联共同,但在新类型的弄虚作假服务中,并不当然能够成立主观的共同侵权或客观的共同侵权。其次,《环境保护法》修订时值环境服务业市场扩大,但环境服务第三方机构发展不规范,实践中环境第三方服务机构协助逃避监管和造假现象屡屡发生,在客观上推动了《环境保护法》第 65 条的制定。环保部为推进环境污染第三方治理的实施,其《实施意见》的规定与该条规定内容一致,这也表明如果治理第三方在环境治理服务活动中弄虚作假,对造成的环境污染和生态破坏负有责任的,该条规定可以作为追究治理第三方侵权责任的法律依据。但就第三方治理侵权责任划分而言,该条规定适用范围过窄。

---

① 如 2015 年发布了环保部《全国环保系统环评机构脱钩工作方案》和《关于推进环境监测服务社会化的指导意见》。

三、我国关于环境民事责任划分的司法实践

司法实践中，关于企业环境污染第三方治理民事责任划分问题，已形成部分法院判例。本书选取两个案例试作分析。

（一）李传国与济南银座奥森热电有限公司（以下简称热电公司）、山东环冠科技有限公司（以下简称环冠公司）环境污染责任纠纷案（下称李传国案）

2010 年 10 月 26 日，热电公司与环冠公司签订《脱硫设施运营协议书》一份，约定热电公司将其 4#炉 2010 年冬季脱硫设施运营项目承包给环冠公司实施。环冠公司在进行脱硫设施运营期间，将碱性污水排入李传国的果园内，造成部分桃树被淹死亡。李传国起诉至法院，要求热电公司和环冠公司赔偿其经济损失。一审法院认为热电公司和环冠公司为共同侵权人，应共同承担赔偿责任，赔偿李传国的果树损失共 41 580 元。热电公司和环冠公司不服提起上诉，二审法院驳回上诉，维持原判。①

（二）上海市松江区叶榭镇人民政府（以下简称叶榭镇政府）与蒋荣祥等水污染责任纠纷案（下称叶榭镇政府案）

浩盟车料（上海）有限公司（以下简称浩盟公司）、上海日新热镀锌有限公司（以下简称日新公司）与上海佳余化工有限公司（以下简称佳余公司）存在盐酸买卖关系，并委托佳余公司处理废酸。佳余公司委托未取得危险废物经营许可证的蒋荣祥从上述两公司运输和处理废酸。2011 年 2 月至 3 月期间，蒋荣祥多次指派其雇佣的驾驶员董胜振将从三公司收集的共计 6 车废酸倾倒至叶榭镇叶兴路红先河桥南侧的雨水井中，造成红先河严重污染。叶榭镇政府为治理污染，拨款并委托松江区叶榭水务管理站对污染河道进行治理，经审计确认各项费用合计 887 266 元。因本次污染事故，蒋荣祥、董胜振分别被判处有期徒刑二年和一年三个月，佳余公司、浩盟公司、日新公

---

① 山东省济南市中级人民法院民事判决书（2013）济民四终字第 372 号，中国裁判文书网，2013 – 11 – 27。

司分别被上海市环境保护局罚款46万元、16万元、16万元。叶榭镇政府提起诉讼,请求判令蒋荣祥、董胜振、佳余公司、浩盟公司、日新公司连带赔偿经济损失。法院审理认为,蒋荣祥以营利为目的,在未取得危险废物经营许可证的情况下,指派其雇员将废酸倾倒至雨水井中,造成严重污染,应当承担民事赔偿责任。董胜振盲目听从蒋荣祥的指派,故意将废酸倒入雨水井中导致严重污染,应当与其雇主蒋荣祥承担连带赔偿责任。佳余公司、浩盟公司、日新公司在生产过程中所产生的废酸属于危险废物,应向当地环境保护行政主管部门申报,并移交到有相应资质的单位进行处理。但上述三公司均未办理法定手续,擅自处理废酸,与此后红先河严重污染有直接的因果关系,对本次污染事故具有重大过错,理应与蒋荣祥承担连带赔偿责任,综合三公司运出并倾倒的废酸数量及佳余公司在本次事故中所起作用等因素,酌情确定各自对损害后果承担的赔偿责任比例。法院判令蒋荣祥赔偿叶榭镇政府各项经济损失887 266元,董胜振承担连带赔偿责任;佳余公司、浩盟公司、日新公司分别对蒋荣祥应当赔偿的款项承担20%、65%、15%的连带赔偿责任。①

上述两案中,法院虽然最终都认为排污方与治污方应承担连带责任,但其法律基础并不相同。李传国案中,法院认为,污染第三方治理发生污染侵权时,污水自排污方内排出,因环冠公司承揽了热电公司的脱硫设施运营项目,环冠公司与热电公司均不能证实由对方排污,双方应共同承担责任。热电公司和环冠公司均不能证实向外排放污水与李传国的损失不存在因果关系,也不能举证证明存在不承担责任和减轻责任的情形,法院最终认定,热电公司和环冠公司构成了共同侵权,承担连带责任。可见,法院判决热电公司与环冠公司承担连带责任的法律基础是共同危险行为。叶榭镇政府案中,被告佳余公司、浩盟公司、日新公司在生产过程中所产生的废酸属于危险废物,上述三公司在处理该危险废物时,应当依照《中华人民共和国固体废物污染环境防治法》相关规定,向当地的环保行政主管部门申报上述危险废物的种

---

① 案例来源于《中华人民共和国最高人民法院公报》2014年第4期。

类、产生量、流向、贮存以及处置等的资料，同时应按照国家规定填写危险废物转移联单并经有权审批的环保行政主管部门批准同意转移的情况下，交由有相应处理危险废物资质的单位进行处理。而上述三公司均没有如实向当地环保行政主管部门申报危险废物的具体情况，亦未按照国家规定填写危险废物转移联单并取得有权审批的环保行政主管部门批准转移的同意，擅自处理生产过程中产生的废酸。其中浩盟公司、日新公司明知佳余公司不具备处理危险废物的经营资格而委托其处理废酸，佳余公司未审查被告蒋荣祥是否具备运输、排放以及处理危险废物的经营资格，擅自将其公司以及浩盟公司、日新公司的废酸委托蒋荣祥个人处理的行为，使国家对上述三公司生产过程中产生的危险废物失去监管和控制，与此后蒋荣祥指派被告董胜振将未经处理的废酸倒入雨水井而导致红先河严重污染的行为之间有直接的因果关系，故佳余公司、浩盟公司、日新公司对本次污染事故具有重大过错，理应与蒋荣祥承担连带赔偿责任。同时，法院综合上述三公司运出倾倒在原告叶榭镇政府境内的废酸数量及佳余公司在本次事故中所起的作用等因素酌情确定对损害后果由浩盟公司承担65%的连带赔偿责任，佳余公司承担20%的连带赔偿责任、日新公司承担15%的连带赔偿责任。可见，法院判决被告承担连带责任的法律基础是共同侵权行为。

综上，两案虽然都是在企业环境污染第三方治理过程中出现了侵权行为，但法院在确定排污方与治污方的侵权责任时，均是从共同侵权的视角要求双方承担连带责任，没有对排污企业与治理第三方的侵权民事责任分担问题进行释明，个案处理结果具有合理性，但就排污企业与治理第三方侵权民事责任分担问题而言，不应具有普遍的参考意义。

四、关于环境民事责任划分的建议

（一）德国环境设备责任及其启示

1. 德国环境设备责任的主要内容

环境侵权责任制度是德国环境法的一项重要内容，是环境法与侵权法的

第五章
企业环境污染第三方治理法律责任的划分

交叉领域。在1991年《德国环境责任法》生效之前,环境保护领域的有关民事法律责任的制度渊源是《德国民法典》《水法》和《联邦公害防治法》。其中,《德国民法典》第906条规定,如果从一土地上有煤气、蒸气、臭气、烟气、煤烟、热气、噪声、震动或其他类似物质侵入另一土地,而这类干涉或使用所造成的妨害超出了一定的程度,土地所有人就有权向另一土地的使用人请求相当数额的金钱赔偿。这一责任是不以土地所有人的过错为前提的无过错责任,也是一种危险责任。《水法》第22条第1款规定,在某一水域倾倒或注入有害物质致水质发生变化者,必须赔偿因此所造成的损害。该条第2款规定,如从用以制造、加工、储存、堆放、运送或清除某些物质的设备中,有这类物质落入一水域,而没有有意识地将这类物质倾入、引入或注入某水域,那么,设备经营人仍需赔偿因此所产生的损害。第1款规定的是一种行为责任,第2款规定的是一种设备责任。两款规定的都是危险责任。《联邦公害防治法》第14条规定,土地所有人因土地受到公害影响而有权请求获得损害赔偿,所保护的对象也是土地相邻关系,同《德国民法典》第906条相似。这些法律要么对于保护对象的规定过于狭窄,要么对于保护标准的规定不一致,德国《环境责任法》的制定就是为了弥补这些不足,为环境危险责任确定一个统一的、明确的标准。[1]

德国环境侵权责任大体可分为两种:行为责任和设备责任。"所谓行为责任,是指加害人必须从事了一定的行为,因而导致受害人遭受损害。所谓设备责任,则是指无须由当事人从事一定的加害行为,只要他所经营的设备影响了环境,造成了损害,他就必须负赔偿责任。"[2]《德国环境责任法》第1条规定:"由于附录一列举之设备对环境造成影响而导致任何人身伤亡、健康受损或财产损失,设备所有人应对受害人因之而产生的损害负赔偿责任。"

---

[1] 邵建东:"论德国《环境责任法》的损害赔偿制度",载《国外社会科学情况》1994年第5期,第40~41页。

[2] 邵建东:"论德国《环境责任法》的损害赔偿制度",载《国外社会科学情况》1994年第5期,第41页。

这被视为全面规定了设备责任,有的称之为"设施责任"。设备责任连接的责任点是"一种设施作为一个具体的、限定的风险范围和每一个处于这种范围具有责任的设施""允许设置一个明确的责任界限"。① 因此,设备责任仅针对特定设备,《德国环境责任法》附件中提出了96种设备形式,其他设备运营导致的损害则不能适用《德国环境责任法》。

《德国环境责任法》所规定的设备责任属于危险责任。在侵权法理论上,与过错责任相对应,存在危险责任、无过错责任、严格责任等多种责任形态的概念。这些概念的共同特点在于,不再采取过错责任原则,而是从分配正义出发,通过危险归责、损害分担来应对现代工业社会中的各种风险。② 危险责任的概念来源于德国法。在德国法上,危险责任是指企业经营活动、具有特殊危险性的装置、物品、设备的所有人或持有人,在一定条件下,不问其有无过失,对于因企业经营活动、物品、设备本身所具风险所引发的损害,承担侵权责任。可见,危险责任从发生损害的事由——"特殊危险"出发,定义此种新型的侵权责任。法国法在19世纪末引入了"风险理论",依据《法国民法典》第1384条发展了具有一般条款性质的"物的责任",实际上就是危险责任。而在英美法中,严格责任大约对应于大陆法系的危险责任。③

将设备责任归属于危险责任的原因在于:现代大机器生产和危险物质的使用是造成环境污染以及由此产生的人身和财产损失的最主要原因,其所造成的环境损害也更加广泛和严重。危险责任不考虑设备营运人行为的违法性和主观过错,只要危险发生现实的损害,就应当由行为人承担赔偿责任,可弥补传统侵权行为的过错责任原则对于受害人救济的不足。设备责任的请求权基础与行为责任一样,是生命权、身体权、健康权、自由权、财产权等权利。设备责任的归责要件有两个:第一,法益受损——任何人身伤亡、健康

---

① [德]约翰·陶皮茨:"联邦德国'环境责任法'的制定",汪学文译,载《德国研究》1994年第4期,第31页。
② 朱岩:"危险责任的一般条款立法模式研究",载《中国法学》2009年第3期,第30页。
③ 朱岩:"危险责任的一般条款立法模式研究",载《中国法学》2009年第3期,第31页。

第五章
企业环境污染第三方治理法律责任的划分

受损或者财产损失。第二,危险变为现实造成损害——设备对环境造成影响进而导致法益受损。从有利于受害人的角度出发,当设备具有引起损害发生的必要可能性时,可以适用因果关系推定。对于设备责任援引因果关系推定,必须同时具备以下三个条件:第一,设备违反规定运营;第二,仅由一个设备导致损害,而非多个设备导致;第三,并非其他事实,而是由于设备运营导致的污染事实引起损害。① 关于因果关系的证明标准,依《德国环境责任法》,可以简单地归纳为事实推定和疫学因果关系标准。在一般情况下,只要有环境污染行为和损害后果,并且污染行为与损害之间存在可能性,就推定其中存在因果关系。如果确实需要具体判断,则采用疫学因果关系说,达到了疫学因果关系的程度,则可以认定存在因果关系。② 环境设备责任中,设备所有人为赔偿义务人。与一般的危险责任相似,因不可抗力所致的损害设备所有人不负赔偿责任;完全由受害人的过错所致损害,设备所有人不负赔偿责任;损害发生时,受害人的过错共同起了作用的,可以减轻设备所有人的责任。

2. 德国环境设备责任的合理性分析

首先,与"污染者担责"原则并不冲突。排污企业对于污染物治理责任源于"污染者负担原则",在没有治理第三方介入时,排污者就等同于污染排放者。但在有治理第三方介入后,排污者为污染生产者,但不一定是污染排放者,治理第三方往往是污染的直接排放人。欧共体理事会1974年建议将"污染者"定义为"直接或间接损害环境或造成导致这种损害条件的人"。按照这个定义来说,似乎环境污染治理企业也应当归入"污染者"范畴之中。美国立法中并没有污染者或排污者的概念,也没有专门对环境污染第三方治理各个主体需承担的法律责任进行专门规定,1980年,美国在《综合环境反应、赔偿与责任法》中规定了四类有可能需要为清除危险废物处置场所污染

---

① 代杰、郝荣:"德国环境设备责任制度初探",载《中国环境管理》2012年第5期,第59~60页。
② 惠丛冰:"论环境污染侵权诉讼中的因果关系的证明标准——德国环境责任法给我们的启示",载《人民司法》2005年第5期,第84页。

负责的"潜在责任人",其中,第三种是危险物质处置的安排人,即指通过合同、协议或其他方式,借助第三人拥有或经营的设施安排危险物质的处置或处理,或为处置本人或其他主体拥有的危险物质安排运输的人。这里的"安排人"的概念与排污企业在环境污染第三方治理中所处的地位非常相似。美国立法和有关判例包括"所有人或经营人"和"安排人"作为潜在责任人的认定贯彻一个逻辑,潜在责任人或者主观上存在故意,或者客观上应当对污染物进行监管,而是否应当监管又和能否监管密切联系。[①]

无论是将治理第三方解释为"污染者"还是理解为"潜在责任人",都是着眼于行为人对污染结果的影响力,与"污染者担责"原则相契合,也表明了治理第三方承担民事责任的合理性。在我国第三方治理的两种类型中,治理第三方对污染治理设施的所有和管控情况,对能否对污染物及其治理进行有效监管有着不可忽视的影响,理应关涉对治理第三方的责任认定。

其次,与排污企业的注意义务并无矛盾。注意义务是指行为人在特定情形下所必须遵循的行为准则以及依该准则而采取的合理防范措施,包括注意义务的确立和注意义务的违反两方面的内容。前者探讨如何依据社会必要交易安全秩序之需要确立注意义务;后者在事实层面研究危险避免的可能性,以及对可预见的危险是否有采取合理的预防措施加以避免的义务。[②] 德国法儒耶林曾认为,"使人负损害赔偿的,不是因为有损害,而是因为有过失,其道理就如同化学上的原则,使蜡烛燃烧的,不是光,而是氧气一般的浅显明白"[③]。但现代欧洲侵权法均认可了这样一个原则,即导致赔偿责任的不是(因其本质而无法抽象认定的)"过错",而是对具体情况下必须施加的注意义务标准的偏离。[④]

---

① 胡静、胡曼晴:"第三方治理中排污企业的行政责任",载《世界环境》2017 年第 5 期,第 57~58 页。
② 廖焕国:"注意义务与大陆法系侵权法的嬗变——以注意义务功能为视点",载《法学》2006 年第 6 期,第 28 页。
③ 王泽鉴:《侵权行为法(第一册)》,中国政法大学出版社 2001 年版,第 13 页。
④ [德]冯·巴尔:《欧洲比较侵权行为法(下)》,焦美华译,法律出版社 2001 年版,第 310~311 页。

就排污企业而言，其注意义务主要集中于两个方面：一是谨慎选择治理第三方。第三方治理在我国是一个新兴的环境服务行业，治污机构的能力水平参差不齐，排污企业需要选择具有相应治理能力和良好声誉的第三方来完成污染治理服务。如我国《固体废物污染环境防治法》第57条第3款规定："禁止将危险废物提供或者委托给无经营许可证的单位从事收集、贮存、利用、处置的经营活动"。这即是对排污企业注意义务的规定。二是对治理第三方的监管义务。排污企业除应谨慎选择治理第三方外，还应以谨慎的态度来对待第三方的污染治理行为，对第三方的污染治理行为进行相应的监管，当发现第三方治理异常时，应及时采取相应措施，如要求治理第三方予以纠正、解除合同、向环境行政主管机关报告等。

从表面上看，委托运营型第三方治理和建设运营型第三方治理的区别主要在于治污设施的产权是属于排污方还是治污方。然而，这两种类型深层次的区别在于排污企业对于污染物和污染设备控制力的不同。在建设运营型第三方治理中，排污企业可能对污染物和污染设备彻底失去控制力，从而切断了排污企业与污染物的后续联系。此种情况下，排污企业只要承担将污染物交予治污企业之前的责任即可，需妥善管理、处置污染物，遵守法律的相关标准，选取具有资质的环境服务公司，就可认为尽到了注意义务。在委托运营型第三方治理中，排污企业拥有污染设备的产权，对于污染物和污染处理设备具有持续控制力。此种情况下，排污企业除了前述注意义务需要遵守外，还需承担对于治污企业的监管义务。这是因为排污企业责任内容尤其是对损害后果的责任承担应该与其对污染物或者污染处理设施的控制力有关。[①] 根据排污企业对污染处理设施控制力的影响确定排污企业的注意义务及侵权责任，与德国环境设备责任的确定依据有内在的一致性。

（二）企业环境污染第三方治理环境民事责任划分的具体建议

企业环境污染第三方治理中，因污染造成人身损害和财产损失，可以借

[①] 胡静、胡曼晴："第三方治理中排污企业的行政责任"，载《世界环境》2017年第5期，第59页。

鉴德国环境设备责任制度中的合理因素，区分委托运营形式和建设运营形式，确定排污企业和治理第三方之间的责任划分（见表 5-2）。

1. 委托运营型第三方治理中的责任划分

委托运营型第三方治理中，污染生产设备和污染处理设备均属于排污方所有，排污方保留对污染物的所有权和支配权，排污企业与治理第三方的责任分担需要区分不同情形：

其一，排污企业与治理第三方具有共同过错，构成共同侵权，由双方承担连带赔偿责任。传统共同侵权理论中，有关"共同"的含义有主观说、客观说和折中说三种不同的观点。相比较而言，主观说更为合理。共同侵权的本质特征在于数人致人损害，其主观具有共同的过错。没有共同过错，数人的行为不可能连接成一个整体，也不能使数个致人损害的行为人负连带责任。现代各国法律大多认为共同侵权可以包括共同过失，而不限于共同故意。我国《侵权责任法》正是从主观共同出发，区分狭义的共同侵权与无意思联络的数人侵权，从而构建了数人侵权责任体系。[①] 环境共同侵权也应采主观共同过错的观点，排污企业与治理第三方只有在对污染损害结果存在共同过错的情况下才能构成环境共同侵权，由双方承担连带责任。

其二，如果排污企业和治理第三方双方对污染损害都具有过错，但不属于共同过错，由排污方承担环境侵权责任。这是因为排污企业对污染生产设备和污染处理设备设享有所有权和支配权，实质上只有排污企业一方实施了污染排放行为。排污企业在对外承担侵权责任后，可就治污方过错造成损害部分向治理第三方追偿。

其三，排污企业与治理第三方均没过错，如双方根据合同约定履行了各自的义务，实现了达标排放，但仍造成环境污染损害结果的，由排污方承担环境侵权责任。根据我国《侵权责任法》及《环境侵权责任司法解释》第 1 条的规定，环境侵权适用无过错责任原则，达标排放不能作为环

---

① 王利明：《侵权责任法》，中国人民大学出版社 2017 年版，第 129~130 页。

境污染责任的免责事由，污染人仍要承担侵权责任。结合排污方对污染生产设备和污染处理设备享有所有权和支配权，应由排污企业承担侵权责任。

其四，排污企业有过错，如排污时违反了合同约定的污染物种类、浓度和数量等造成损害，治理第三方没有过错。此时，排污方的行为与损害结果存在因果关系，无论是从因果关系的视角，还是从环境设备责任的视角，均应由排污企业承担环境侵权责任。

其五，排污企业按合同约定的污染物种类、浓度和数量等排污，没有过错，治污方在治理过程违法排放造成损害，存在过错。由于排污方对污染生产设备和污染处理设备享有所有权和支配权，借鉴环境设备责任，由排污方承担环境侵权责任。排污方在对外承担侵权责任后，可向治理第三方进行追偿。

2. 建设运营型第三方治理中的责任划分

建设运营型第三方治理中，污染生产设备和污染处理设备分属于排污企业和治理第三方所有，治理第三方对污染物享有所有权和支配权。排污方与治理第三方的责任分担需要区分不同情形：

其一，排污企业与治理第三方具有共同过错，构成共同侵权，由双方承担连带赔偿责任。这一点与委托运营型无异。

其二，如果排污企业与治理第三方双方对污染损害都具有过错，但不属于共同过错，排污企业对污染生产设备享有所有权和支配权，治理第三方对污染处理设备享有所有权和支配权，双方属于无意思联络的数人侵权，根据《侵权责任法》第11条和第12条的规定，如果排污方和治污方的污染行为都足以造成全部损害的，则双方承担连带责任。如果能够确定排污方和治污方责任大小的，各自承担相应的责任；难以确定责任大小的，则平均承担赔偿责任。

其三，排污企业与治理第三方均没有过错，如双方根据合同约定履行了各自的义务，实现了达标排放，但仍造成环境污染损害结果。如前所述，根据《侵权责任法》及《环境侵权责任司法解释》第1条的规定，达标排放造成损害的，污染人仍要承担侵权责任。借鉴环境设备责任，排污企业和治理第三方构成无意思联络的数人侵权，根据《侵权责任法》第11条和第12条的规定，如果排污方和治污方的污染行为都足以造成全部损害的，则双方承担连带责任。如果能够确定排污方和治污方责任大小的，各自承担相应的责任；难以确定责任大小的，则平均承担赔偿责任。

其四，排污企业有过错，如排污时违反了合同约定的污染物种类、浓度和数量等造成损害，治理第三方没有过错。此时，排污方的行为与损害结果存在因果关系，无论是从因果关系的视角，还是从环境设备责任的视角，均应由排污方承担环境侵权责任。就治污方而言，单纯的无过错不能构成免责事由。如果治污方主观上无过错，但客观上存在污染排放行为，则与排污方也构成无意思联络的数人侵权，应按《侵权责任法》第11条和第12条的规定承担侵权责任。治污方在对外承担侵权责任后，可向排污方进行追偿。如果治污方主观上没有过错，客观上也没有污染物排放行为，则不承担环境侵权责任。

其五，排污企业按合同约定的污染物种类、浓度和数量等排污，没有过错，治理第三方在治理过程违法排放造成损害，存在过错。由于排污企业是污染物的制造者，其排放污染物的行为与损害结果仍有因果关系，且排污方对污染生产设备享有所有权和支配权，因此，无论是从因果关系的视角，还是从环境设备责任的视角，排污方都应当承担环境侵权责任，无过错不能构成免责事由。治理第三方主观存在过错，客观上实施了污染行为，其又是污染治理设备的所有人，承担环境侵权责任毫无疑问。至于两者的关系，也应构成无意思联络的数人侵权，应按《侵权责任法》第11条和第12条的规定承担侵权责任。排污方在对外承担侵权责任后，可向治污方进行追偿。

表 5-2　企业环境污染第三方治理民事责任划分具体方案

情形 类型　　责任	共同过错	非共同过错		均无过错		排污方过错 治污方无过错		治污方过错 排污方无过错	
委托运营	连带责任	排污方		排污方		排污方		排污方	
		排污方承担侵权责任后可部分向治污方追偿						排污方承担侵权责任后可向治污方追偿	
建设运营	连带责任	双方污染行为都足以造成全部损害的承担连带责任	能够确定双方责任大小的承担按份责任	双方污染行为都足以造成全部损害的承担连带责任	能够确定双方责任大小的承担按份责任	双方污染行为都足以造成全部损害的承担连带责任	能够确定双方责任大小的承担按份责任	双方污染行为都足以造成全部损害的承担连带责任	能够确定双方责任大小的承担按份责任
						治污方在对外承担侵权责任后可向排污方追偿		排污方在对外承担侵权责任后可向治污方追偿	

在企业环境污染第三方治理中，无论最终确定的环境侵权责任人是排污企业还是治理第三方，因不可抗力所致的损害，排污企业和治理第三方均不负赔偿责任；完全由受害人的过错所致损害，排污企业和治理第三方均不负赔偿责任；损害发生时，受害人的过错共同起了作用的，可以相应减轻排污企业和治理第三方的责任。此外，需要特别说明的是，前述《环境保护法》第 65 条基于政策考量，规定环境影响评价机构、环境监测机构以及从事环境监测设备和防治污染设施维护、运营的机构所承担的连带责任，在我国当前第三方治理的发展和推进时期，可以继续适用。

第三节　企业环境污染第三方治理行政责任的划分

一、环境行政责任

环境行政责任是指环境行政法律关系主体由于违反环境行政法律规范或不履行环境行政法律义务，依法应承担的行政法上的法律后果。环境行政责任是适用最为广泛的一种环境法律责任形式，除《环境保护法》第59~63条、第67条、第68条对此作了明确规定外，《大气污染防治法》《水污染防治法》等环境保护单行法以及《行政处罚法》《国家赔偿法》等法律都有相关规定。环境行政责任具有两个特点：第一，环境行政责任是由环境行政法律关系主体承担的法律责任。根据行政法一般原理，环境行政法律关系主体包括环境行政主体及其公务人员和环境行政相对人。前者的环境行政责任将在下一章中述及，本章仅讨论环境行政相对人的行政责任。第二，环境行政责任以环境行政违法行为为前提。没有环境行政违法行为就没有环境行政责任。具体而言，环境行政相对人的环境行政责任是指行政相对人因为不履行环境资源行政法律规范规定的保护环境资源、防治污染破坏的义务和不服从环境管理的义务，或滥用环境资源权利所应当承担行政法方面的法律后果，如罚款、责令改正、责令停业、关闭、拘留等。[①]

环境行政相对人的环境行政责任需具备三个构成要件：

第一，主体。环境行政相对人是环境行政法律关系中被管理的一方，可以是公民个人、法人和其他组织。以单位形式实施环境行政违法行为时，承担责任的主体不仅包括单位，还包括负有重大责任的单位主管人员和直接责任人员。

第二，主观方面。是指环境行政相对人实施行为时的心理状态，须以相对人主观上具有过错为要件，包括故意和过失两种形式。

[①] 张璐：《环境与资源保护法学》，北京大学出版社2015年版，第161页。

第三，客观方面。主要包括环境行政相对人的环境行政违法行为、危害后果以及行为与后果之间的因果关系。根据我国《环境保护法》的规定，环境行政相对人的行政违法行为主要有以下七类：其一，企业事业单位和其他生产经营者超过污染物排放标准或者超过重点污染物排放总量控制指标排放污染物；其二，建设单位未依法提交建设项目环境影响评价文件或者环境影响评价文件未经批准，擅自开工建设；其三，违反本法规定，重点排污单位不公开或者不如实公开环境信息；其四，建设项目未依法进行环境影响评价，被责令停止建设，拒不执行的；其五，违反法律规定，未取得排污许可证排放污染物，被责令停止排污，拒不执行的；其六，通过暗管、渗井、渗坑、灌注或者篡改、伪造监测数据，或者不正常运行防治污染设施等逃避监管的方式违法排放污染物的；其七，生产、使用国家明令禁止生产、使用的农药，被责令改正，拒不改正的。[①] 此外，在其他环境单行立法中也有相关规定。

在行政相对人的环境行政责任构成要件中，危害结果及违法行为与危害结果之间的因果关系属选择性要件，只有在法律规定必须产生了危害结果才要求承担环境行政责任的情形，才需要具备危害结果要件，并判断行政违法行为与危害结果之间是否存在因果关系。

二、关于环境行政责任划分的主要理论分歧

企业环境污染第三方治理中，与环境侵权民事责任划分一样，关于排污企业与治理第三方环境行政责任的划分，学界也存在较大分歧，概括而言，主要有以下观点：

一是由排污企业承担责任。其主要理由在于，环境污染第三方治理的实施，只是从技术层面上实现了治污工作的转移，而并非是治污法律责任的转移，排污企业的法律责任不能因此免除。[②]

[①] 详见《环境保护法》第60、61、62、63条。
[②] 刘畅："环境污染第三方治理的现实障碍及其化解机制探析"，载《河北法学》2016年第3期，第168页。

二是由治理第三方承担责任。主要理由有三：其一，环境污染第三方治理的实施实际上意味着污染治理责任的转移，治污者是法律意义上的排污者；其二，作为治污者的环境服务机构在污染的处置、事故的应对上具有显著的专业优势，且因收取报酬而对治污责无旁贷；其三，有利于保护排污企业采用第三方治理模式的积极性。

三是根据双方义务履行情况确定责任承担。有论者认为，排污企业有谨慎选择治污企业的义务及基于控制力对治污企业的监管义务，如果排污企业履行了这些义务，不能也不应当承担后续的行政责任。[1] 另有论者认为，我国立法上应明确规定环境服务公司是独立的行政主体，在一定条件下能够作为行政相对人独自承担相应的行政责任，倘若环境服务公司没有按照约定履行治污义务，而它又不能成为直接的处罚对象，而是由排污企业承担全部行政责任，那么环境行政处罚就失去了其本该具有的意义和作用。[2] 还有论者根据双方的履约情况提出了详细的划分建议：治污企业没有违反环境服务合同约定义务的，由排污企业承担相应的违规排污行政法律责任；因治污企业违反合同约定而造成违规排污责任的，由治污企业直接承担违规排污的环境行政法律责任；治污企业与排污企业恶意串通违规排污的，由排污企业和治污企业共同承担责任；因排污企业擅自改变合同约定的委托污染物的浓度、种类和数量等而导致治污企业的违约行为的，由治污企业先行承担违规排污的环境行政法律责任之后，按照合同约定追究排污企业的违约责任。[3]

四是综合考虑污染法律责任性质的差别性和环境污染第三方治理的契约性特质等因素细化责任分担。有论者提出，对于仅仅导致民事责任或罚款这一行政责任或罚金这一刑事责任的环境违法行为，应由排污者与治污者承担

---

[1] 胡静、胡曼晴："第三方治理中排污企业的行政责任"，载《世界环境》2017 年第 5 期，第 59 页。

[2] 周珂、史一舒："环境污染第三方治理法律责任的制度建构"，载《河南财经政法大学学报》2015 年第 6 期，第 173 页。

[3] 李丽：《我国第三方治理法律责任研究——以鲁抗中和排污事件为例》，西南政法大学 2016 年硕士学位论文，第 15~16 页。

对外连带责任，对内可依据委托治理协议向违约者追偿；对于导致行政责任或刑事责任的环境违法行为，应由有关部门依据委托协议约定并结合违法行为发生的实际情况，确定法律责任的承担者。① 另有学者提出，需先明晰第三方治理涉及的基础性法律责任，并在此前提下，以环境行政管理及合同制度理论为指导，进一步明确界分各方应当承担的行政法律责任。②

分析上述观点，如前所述，主张排污者承担环境行政责任承袭了国办发〔2014〕69号《意见》中"排污企业承担主体责任"的立场，但没有清晰认识到环境污染第三方治理这一新型模式的特殊性，不利于排污企业实行环境污染第三方治理的积极性。主张治理第三方承担环境行政责任虽能调动排污企业采用第三方治理的积极性，但可能造成排污企业通过第三方治理协议逃避自己的环境责任。主张根据双方义务履行情况确定责任承担，看似较为公平稳妥，实则难以实现。首先，排污企业与治理第三方的义务包括法定义务和约定义务，根据何种义务的履行情况来划分责任，尚无一致看法；其次，不同的个案中排污企业与治理第三方的义务内容不尽相同，根据义务履行情况划分责任需要进行个案剖析和对照，法律适用过于烦琐，实际可操作性差。比较而言，笔者以为第四种观点更具合理性，一方面坚持以环境行政责任的性质为基础，另一方面，结合企业环境污染第三方治理模式的特殊性，合理界分双方的环境行政责任。

三、我国关于环境行政责任划分的司法实践

关于企业环境污染第三方治理环境行政责任划分问题，国办发〔2014〕69号《意见》明确排污者承担主体责任，第三方承担约定的污染治理责任。若合同得到顺利履行，无论是排污还是治污均不存在违法违规，则无须考虑

---

① 刘畅："环境污染第三方治理的现实障碍及其化解机制探析"，载《河北法学》2016年第3期，第169页。
② 刘长兴："污染第三方治理的法律责任基础与合理界分"，载《法学》2018年第6期，第184页。

责任划分问题。但若出现未完成污染治理任务的情形，排污者与第三方之间的责任如何划分，法律责任是由原始的排污者承担还是由第三方主体承担是亟须解决的难题。从各地调研情况来看，排污企业认为既然已经将污染交由第三方治理，如果排污不达标，则应由第三方治污企业承担相关责任；地方环保局则认为应依法对排污企业追责，但不放弃对第三方治理企业的监管，以防发生环境污染事故。①

司法实践中，已有部分法院判例有所涉及。本书选取"海南桑德水务有限公司与东方市国土环境资源局环保行政处罚纠纷一案"试作分析。

2009年10月20日，海南省水利电力集团有限公司与北京桑德环保集团有限公司签订《海南省16座污水处理厂打包委托运营项目（第二项目包）委托运营服务框架协议》，按照协议约定，北京桑德环保集团有限公司在海南省设立海南桑德水务有限公司，承担白沙县、澄迈金江、东方市等海南省西部8个市县污水处理项目的委托运营，运营期限5年。2009年10月，东方市人民政府与海南桑德水务有限公司签订了《东方市污水处理厂委托运营服务协议》，东方市人民政府委托海南桑德水务有限公司在委托运营期限内，运营、维护东方市污水处理厂设施，提供污水处理服务，收取污水处理服务费。2011年11月1日，海南桑德水务有限公司东方分公司成立，负责东方市污水处理厂的委托运营事宜。

2014年6月6日，因发现东方市污水处理厂的废水排放口存在氨氮浓度连续超标问题，东方市国土局先后向桑德水务公司东方市污水处理厂发出《协助调查通知书》《限期整改的通知》《限期治理事先告知书》。2014年9月15日，东方市国土局向桑德水务公司东方分公司作出《行政处罚决定书》，责令其立即采取措施治理；并处以2014年6月应缴纳排污费数额2倍的罚款，共计人民币9604元。桑德水务公司不服行政处罚决定，向东方市人民政府提起行政复议。东方市人民政府复议后维持了东方市国土局作出的

---

① 黄钾涵：《关于搭建环境污染第三方治理市场化平台的建议》，中国环境科学学会学术年会论文集（2014），第838页。

第五章 企业环境污染第三方治理法律责任的划分

《行政处罚决定书》。桑德水务公司不服,遂向东方市人民法院提起行政诉讼,请求判令撤销东方市国土局作出的《行政处罚决定书》。

一审法院认为,《中华人民共和国水污染防治法》第 45 条第 3 款规定:"城镇污水集中处理设施的运营单位,应对城镇污水集中处理设施的出水水质负责。"根据海南省水利电力集团有限公司与北京桑德环保集团有限公司签订的《海南省 16 座污水处理厂打包委托运营项目(第二项目包)委托运营服务框架协议》和东方市人民政府与桑德水务有限公司签订的《东方市污水处理厂委托运营服务协议》的内容约定,海南桑德水务有限公司东方分公司负责东方市污水处理厂的委托运营事宜,应对东方市污水处理厂的出水水质负责,承担运营责任,作为被诉行政处罚决定的处罚对象适格。法院判决维持东方市国土环境资源局作出的《行政处罚决定书》,案件受理费 50 元由海南省桑德水务有限公司负担。

桑德水务有限公司不服一审判决,提出上诉,提出根据污水处理项目《委托运营服务框架协议》以及《委托运营服务协议》的约定,行政处罚由运营单位承担存在不妥,认为污染物达标排放是环保部门负责监督,同时是政府和运营商的责任,协议双方的权益是公平的,行政处罚不该全部由运营单位承担。二审法院最终驳回了上诉,维持原判。[1]

本案争议焦点之一就是海南桑德水务有限公司东方分公司作为被诉行政处罚决定的处罚对象是否适格。桑德水务有限公司作为治理第三方,认为超标排放的行政处罚不该全部由己方承担。而法院根据《海南省 16 座污水处理厂打包委托运营项目(第二项目包)委托运营服务框架协议》以及《东方市污水处理厂委托运营服务协议》的约定,认为桑德水务有限公司东方分公司在整个委托运营期限内,应始终谨慎运营和维护所有的项目设施,使东方市污水处理厂处于良好的运营状态。东方市污水处理厂在委托运营期限内,废水水污染物处理设施与处理需求不匹配,导致排污超标,桑德水务有限公司

---

[1] 海南省第二中级人民法院行政判决书(2015)海南二中环行终字第 1 号,中国裁判文书网,2015 – 09 – 01.

东方分公司没有履行谨慎运营和维护所有的项目设施的义务，应承担运营责任。可见，本案中，法院最终是根据双方当事人的合同约定、义务履行情况等因素，确定由治污方承担超标排污的环境行政责任。

四、环境行政责任划分的建议

（一）排污者责任是划分第三方治理行政法律责任的基础

根据"污染者负担原则"，环境污染治理责任原则上是排污者的责任。我国《环境保护法》第42条第1款规定："排放污染物的企业事业单位和其他生产经营者，应当采取措施，防治在生产建设或者其他活动中产生的废气、废水、废渣、医疗废物、粉尘、恶臭气体、放射性物质以及噪声、振动、光辐射、电磁辐射等对环境的污染和危害。"根据该规定，污染治理是排放污染物的企业事业单位和其他生产经营者的法定义务，是污染防治责任的一个重要方面，违反该法定义务就需要承担相应责任。就"应当采取措施"这种表述来看，没有明确限定一定是"通过排污者自己的行为来完成"，根据文义解释，可以由排污者自己采取适当措施，也可委托第三方采取适当措施来完成污染治理任务。2017年新修订的《水污染防治法》第85条规定，排污者向水体违法排污的，"由县级以上地方人民政府环境保护主管部门责令停止违法行为，限期采取治理措施，消除污染，处以罚款；逾期不采取治理措施的，环境保护主管部门可以指定有治理能力的单位代为治理，所需费用由违法者承担"。[①] 根据该规定，"限期采取治理措施，消除污染"是排污者的

[①] 《水污染防治法》第85条规定的违法行为有：1. 向水体排放油类、酸液、碱液的；2. 向水体排放剧毒废液的，或者将含有汞、镉、砷、铬、铅、氰化物、黄磷等的可溶性剧毒废渣向水体排放、倾倒或者直接埋入地下的；3. 在水体清洗装贮过油类、有毒污染物的车辆或者容器的；4. 向水体排放、倾倒工业废渣、城镇垃圾或者其他废弃物，或者在江河、湖泊、运河、渠道、水库最高水位线以下的滩地、岸坡堆放、存贮固体废弃物或者其他污染物的；5. 向水体排放、倾倒放射性固体废物或者含有高放射性、中放射性物质的废水的；6. 违反国家有关规定或者标准，向水体排放含低放射性物质的废水、热废水或者含病原体的污水的；7. 未采取防渗漏等措施，或者未建设地下水水质监测井进行监测的；8. 加油站等的地下油罐未使用双层罐或者采取建造防渗池等其他有效措施，或者未进行防渗漏监测的；9. 未按照规定采取防护性措施，或者利用无防渗漏措施的沟渠、坑塘等输送或者存贮含有毒污染物的废水、含病原体的污水或者其他废弃物的。

责任之一,是排污者违法排污导致的第一层次的污染治理责任;若排污者"逾期不采取治理措施的,环境保护主管部门指定有治理能力的单位代为治理"是排污者违法排污导致的第二层次的污染治理责任,性质上属于违法导致的法律责任,可通过委托第三方治理来完成。

可见,排污者作为污染源的制造者,其承担污染治理责任是环境污染治理责任的基础,政府对排污者有行政监管的职权职责,排污者违法排污须承担相应的法律责任。这种责任是法定的,即便有第三方主体的加入,在政府与排污者环境监管关系之上加入了合同关系,这一基础也不应改变。

(二) 排污企业污染治理责任合同化转移的合理性

企业环境污染第三方治理是通过合同形式,将排污者的污染治理责任约定转移给治理第三方主体承担,其间存在着法定义务到约定义务的跨越,合同可在多大程度上转移主体的污染治理责任、改变主体的相应法律责任,是界分第三方治理行政法律责任的关键。

首先,排污者污染治理责任通过合同转移给治理第三方与"污染者负担原则"不存在冲突。排污企业承担污染治理责任的目的在于实现特定的环境保护目标,法律并不强制要求责任主体以自己的行为完成治理。依法理,合同制度的核心是意思自治,即在法无禁止性规定的范围内由合同当事人自由确定权利和义务。企业环境污染第三方治理中,排污企业以支付治污费用为代价将污染治理责任转移给第三方,从成本负担的角度体现污染者负担原则。

其次,环境行政代履行为排污企业污染治理责任转移提供了制度借鉴。环境行政代履行制度发源于德国和日本,旨在解决环境义务履行不足问题。所谓环境行政代履行,是指义务人对行政决定要求的行为义务"履行不足",环境行政主体委托第三方代为履行义务,费用由义务人承担的间接强制执行方式。[1] 结合我国《行政强制法》的规定,有关环境行政代履行制度的"代履行"所指称对象应是污染治理义务"履行不足"的行政相对人,履行污染

---

[1] 蒋云飞、唐绍均:"论环境行政代履行费用的性质与征缴",载《北京理工大学学报(社会科学版)》2018年第2期,第141页。

治理代履行义务的主体既可以是政府,也可以是受委托的第三方。环境行政代履行制度以公私合作理念、最小损害理念和环境善治理念为理论基础,鼓励公私合作治理污染,鼓励第三方运用自身的专业技能提供优质、高效的污染治理代履行服务,使环境污染得到及时、专业化治理,为排污企业污染治理责任合同化转移提供了借鉴。

在合同框架下对行政法律责任间接转移,形式上并未改变行政法律责任的规定,仍由法定的责任人即排污者承担超标或超量排污之责,再通过违约责任将其转移给第三方主体。[①] 以违约责任转移行政法律责任与现行法律的冲突最小,遵循了行政责任的法定性与合同的相对性原理,也顺应了政府在环境管理过程中针对污染源实施污染管制和相应处罚的惯常做法,对于排污企业与治理第三方的权利与义务也起到了一定的平衡作用。

(三) 企业环境污染第三方治理行政责任划分的具体建议

在企业环境污染第三方治理中,排污企业是污染物的生产者,治理第三方是污染物的治理者,违法排放行为既可能由排污企业实施,也可能由治理第三方实施,还可能是由双方共同实施,环境行政主管部门的监管可以以污染排放行为为基础,确定被监管对象及其义务和责任。

目前,除了可依法在合同中约定责任外,现行环境法律法规对第三方治理污染的法律责任缺少直接规定。对此,可区分委托运营型和建设运营型,确定排污企业和治理第三方之间的责任划分。同时,治理第三方作为独立的环境服务业经营主体,在接受环境行政主管部门监管过程中也可能产生行政责任(见表5-3)。

1. 委托运营型第三方治理中的责任划分

委托运营型第三方治理中,排污者原本就是环境行政管理的直接对象,只有控制其污染行为才能够实现环境保护的目标,自然是环境行政主管部门的监管对象,其法律责任也相对明确。第三方加入后,污染生产设备和污染

---

① 刘长兴:"污染第三方治理的法律责任基础与合理界分",载《法学》2018 年第 6 期,第 188 页。

处理设备均属于排污方所有，排污方保留对污染物的所有权和支配权，第三方主体的治理责任源于原始排污者，对其排污行为的管理标准以及相应的法律责任，一般认为应附属于原始排污者而不具独立性。发生违法排污行为，理应由排污企业承担环境行政责任。如果发生违法排污行为的原因归因于第三方的生产经营不善或存在违法违规等行为，那么作为污染物制造者的排污者承担责任后，可向治理第三方追偿。

2. 建设运营型第三方治理中的责任划分

建设运营型第三方治理中，污染生产设备和污染处理设备设施分属于排污企业和治理第三方所有，双方在生产经营过程中彼此独立性较强，治理第三方对污染物享有所有权和支配权，也是最终向自然界排污的主体，可通过对"排污者"进行扩大解释，将其划入法律规定的"排放污染物的企事业单位"范围。由此，政府可依据现行环境法律法规对治理第三方的排污行为进行监管，在其违反排放标准等监管要求时可追究其相应的法律责任。排污者需根据环境监管要求开展生产活动，确保将污染物数量、浓度等指标控制在法律许可和合同约定的范围内，才能将污染治理责任依约定转移给第三方主体，否则需承担违反环境监管要求的行政法律责任，并对第三方主体承担违约责任。治理第三方需依循合同约定治理污染，并按照排污许可要求向自然界排放污染物，否则需对委托方承担违约责任，并承担违反排污许可的行政法律责任。[①] 如果排污者和治理第三方之间对污染物的转移过程和标准存在争议的，依合同约定进行认定和处理，但原则上不影响根据上述原则确定的行政法律责任。

具体而言，需要根据导致不能完成污染治理任务的不同原因划分双方的责任。其一，不能完成治理任务是因排污者超过合同约定数量和标准输出污染物给第三方造成的，排污者应当承担违法排污的行政法律责任，并对治理第三方承担相应的违约责任。其二，不能完成治理任务是由于排污方与治污

---

① 刘长兴："污染第三方治理的法律责任基础与合理界分"，载《法学》2018 年第 6 期，第 192 页。

方共同原因造成的，则由双方承担相应的环境行政责任；其中一方同时存在违约行为的，应向守约方承担违约责任。其三，排污者按有效合同排放污染物，由于第三方的治理原因导致不能完成治理任务的，则应由治理第三方承担相应的行政法律责任；治理第三方对排污方构成违约的，应承担相应的违约责任。这种制度设计实质上是对污染物的原始排放数量与标准和最终排放数量与标准实行双层控制，原始排污者或治理第三方在向外排放污染时违反控制目标均应承担相应的行政法律责任。类似的制度设计在我国已有实践，如我国 2014 年 1 月 1 日生效的《城镇排水与污水处理条例》第 22 条规定"城镇排水户排放的污水要符合国家或者地方规定的有关排放标准"，并申领污水排入排水管网许可证；第 29 条则规定"城镇污水处理设施维护运营单位应当保证出水水质符合国家和地方规定的排放标准，不得排放不达标污水"，实行的双层许可制度，对排污者和污水厂的管理分别依据不同的标准和许可进行。

3. 治理第三方作为独立经营主体的环境行政责任

首先，治理第三方作为独立的环境服务业经营主体，从事的环境服务业务内容是污染治理，在市场经营过程中也同时是排污者，与所有市场经营主体一样，负有不得污染环境的法定义务。如有违反，则需承担相应的环境行政责任。

其次，第三方治理的优势在于其专业化和集约化，相应的资质管理是保证治理第三方具备治污能力的关键。我国于 2014 年停止了环境保护（污染治理）设施运营单位等级资质认定，不再对环境污染治理设施运营实行资质许可管理，仅在危险废物处置等特殊污染领域实行资质许可管理，相关资质管理将以行业自律管理为主。同时，政府通过对治理第三方的信用等级制度建设、排污企业谨慎选择治理第三方注意义务等方面，将治理第三方的治理能力与治理水平交由市场评价。在政府许可管理及企业参与市场竞争过程中，如治理第三方存在违法违规行为，则可能产生相应的环境行政责任。

表 5-3 企业环境污染第三方治理环境行政责任的划分

类型\责任\情形	共同原因	排污方原因	治污方原因
委托运营	排污方承担行政责任	排污方承担行政责任	排污方承担行政责任
	一方存在违约的需向另一方承担违约责任	排污方存在违约的需向治污方承担违约责任	治污方存在违约的需向排污方承担违约责任
建设运营	双方承担相应的行政责任	排污方承担行政责任	治污方承担行政责任
	一方存在违约的需向另一方承担违约责任	排污方存在违约需向治污方承担违约责任	治污方存在违约的需向排污方承担违约责任
第三方独立责任	因违反清洁生产、保护环境义务的行政责任；因违法从事污染治理服务的行政责任；等等		

第六章
企业环境污染第三方治理的政府监管

第一节 政府环境监管概述

一、环境监管的含义

(一) 学界关于"环境监管"的主要著述

对于环境监管的概念,学界有不同的理解,大致可总结为三种观点:

第一种观点认为监管主体仅指行政机关,所谓环境监管指的是行政机关对环境的监督与管理。如有学者认为,"环境监管是指各级政府和环境保护主管部门对环境污染行为实施环境监督和环境执法。""环境监管既包括上级环境保护部门对下级环境保护部门的监管,也包括政府环境保护部门对污染源的排放监管。其中后者是基层环境监管的核心内容"[1]。

第二种观点认为监管主体是有关国家机关,所谓环境监管指的是有关国家机关对环境的监督与管理。关于"有关国家机关"的范围,学界又有不同认识,有的仅指政府有关行政部门,如有论者认为,"环境监督管理,又称环境保护监督管理,是环境监督和环境管理的合称。它是指为了保护和改善环境,有关国家机关对环境保护工作进行规划、协调、督促检查和指导等活动的总称。"具体包括三类:国务院环境保护行政主管部门及各级地方人民政府环境

---

[1] 宋国君等:"完善基层环境监管体制机制的思路",载《环境保护》2010 年第 13 期,第 17 页。

保护行政主管部门；其他分工负责的部门，如国家海洋行政主管部门；其他分别承担一定的环境监督管理职责的部门，如卫生行政管理部门、市政管理部门、工商行政部门、城建部门、核安全部门以及海关等。[1] 另有论者认为，"环境监管不仅仅是行政部门的职责，而且也是立法部门和司法部门的职责。这就要充分发挥立法部门和司法部门的功能，为环境保护提供法律基础和司法基础"[2]。从这种意义上所理解的环境监管，实则包括了相关立法机关、行政机关、司法机关履行与环境保护相关职能的公权力活动。[3]

第三种观点认为监管主体是包括行政机关在内的相关单位与个人，所谓环境监管指的是包括行政机关在内的相关单位与个人对环境的管理与监督活动。如有论者认为，"根据环境监管主体的不同，将其划分为两种类型，即政府环境监管模式和非政府环境监管模式"，非政府环境监管模式可进一步分为民间非政府组织的监管与公民的自我监管。[4] 另有论者认为，"环境监管由环境监督和环境管理两部分组成，两者是相互贯通、相互依存、缺一不可的统一整体"。包括环境资源行政管理部门对各种影响环境资源的行为进行的环境行政管理行为和企事业单位、社会团体、公民的制约环境管理行为和检控破坏环境行为。[5] 还有论者认为，"环境监管模式是指国家为保护环境所采取的一系列监督管理环境的有效模式，其包含环境监督和环境管理两个层面：环境监督来自国家政府、管理机关及民众监督；环境管理包含行政管理和社会成员自我管理"[6]。

---

[1] 李冬月："论我国环境资源监督管理法律机制的完善"，载《商品与质量》2012 年第 8 期，第 95 页。

[2] 魏淑静等："中国环境监管的需求分析及对策建议"，载《环境科学与管理》2011 年第 9 期，第 18 页。

[3] 刘志坚："环境监管行政责任设定缺失及其成因分析"，载《重庆大学学报（社会科学版）》2014 年第 2 期，第 106 页。

[4] 黄锡生、曹飞："中国环境监管模式的反思与重构"，载《环境保护》2009 年第 4 期，第 36~38 页。

[5] 肖俊："环境监管法律关系理论解析与立法完善"，载《中国环境管理干部学院学报》2010 年第 1 期，第 12 页。

[6] 王莉等："环境监管模式的困境与对策"，载《环境保护》2010 年第 10 期，第 37 页。

（二）环境监管的含义解读

综观学界的上述观点可以发现，对环境监管含义的理解分歧主要集中于两个方面：一是监管主体的"单一说"和"多元说"之争。在"单一说"看来，环境监管主体只能是政府及环境行政主管部门，运用的是行政权力，故其性质具有行政性。"多元说"则认为，监管主体除政府外，还包括立法机关、司法机关，甚至是民间非政府组织及社会公众。二是监管手段的"具体性"与"抽象性"之争。前者认为监管手段包括许可、处罚、强制措施等具体监管手段；后者则认为除许可、处罚、强制措施等具体监管手段外，还可包括抽象的行政法规、规章等。

笔者以为，对环境监管的含义的理解不宜过于宽泛。监管本质上是为矫正市场失灵而设置，从监管主体的视角，应当仅指政府及其环境行政主管部门以国家名义，代表国家行使国家权力所进行的环境管理活动，具有鲜明的国家属性。立法机关和司法机关虽然也行使国家权力，但两者均不直接介入管理活动，前者的职责是制定法律，为监管提供依据、设定边界；后者则是中立的、被动的，需要依靠当事人的起诉并以个案判决的方式监督监管权，因而两者的职责和权力性质与监管的微观性、主动性、直接性要求相去甚远，不宜成为监管主体。[①] 民间非政府组织及社会公众等其他主体对于环境违法行为不具有"管"的权责，国家虽然鼓励企业、个人、社会团体等参与环境保护，检举环境违法行为，但是这种参与、检举行为并不属于国家权力行为，他们行使的是环境监督权而非环境监管权，因而可归入监督主体。从监管手段的视角，政府的环境监管指的是具体行为，既不能包括制定颁发行政法规、规章等抽象的监管手段，也不能包括财政、税收、产业调控等宏观手段，否则就混淆了两者的界限。

（三）环境监管与环境管理的关系

环境管理有广义和狭义之分。广义上是指运用行政、经济、法律、政策、

[①] 郭林将：《论环境监管权的检察监督》，南京大学2012年博士学位论文，第18~19页。

科学技术、宣传教育等手段，对各种影响环境资源的行为进行规划、调控和监督的活动。狭义上是指环境行政管理，即中央和地方各级人民政府及其环境行政主管部门，依照有关政策、法律法规对所辖区域内的环境保护工作实行统一监督管理的行政活动。[1] 环境监管与狭义的环境管理既有相似性，也有些微区别。相似性是指都强调国家环境行政主管部门的主体作用，都有管理、控制的意思。些微区别是指从语义上看，两者涵摄的范围不同：环境监管包括了监督和管理两个方面，涵摄面更广，除了对环境实施规划、管理外，还对有关环境保护的各种行为活动进行监督；环境管理虽然也会涉及监督，但是这种监督主要是就内部关系而言的，如上级环境管理机关对下级环境管理机关所进行的监督和管理，因而不同于环境监管所呈现的对外性。[2]

目前，我国环境立法上的表达多为"监督管理"，如《环境保护法》第二章、《大气污染防治法》第三章、《环境噪声污染防治法》第二章、《水污染防治法》第三章等的标题就表述为"监督管理"。政策文件中多数表述为"环境监管"，如国民经济和社会发展"十二五""十三五"规划纲要均表述为"政府监管""环境监管"，环保部于2016年发布的《全国生态保护"十三五"规划纲要》也表述为"生态保护监管"，也有表述为"环境管理"，如《国家环境保护"十三五"科技发展规划纲要》《国家环境保护标准"十三五"发展规划》中均有"环境管理"的表述。相比较而言，环境监管的概念更具有理论优势，与我国法律规定的契合度也更高。

二、政府环境监管权的设立依据[3]

（一）环境公共信托理论：设立政府环境监管权的理论基础

信托起源于英国。所谓信托，是指委托人基于对受托人的信任，将其财产权委托给受托人，由受托人按委托人的意愿以自己的名义，为受益人的利

---

[1] 蓝文艺：《环境行政管理学》，中国环境科学出版社2004年版，第22页。
[2] 郭林将：《论环境监管权的检察监督》，南京大学2012年博士学位论文，第22页。
[3] 郭林将：《论环境监管权的检察监督》，南京大学2012年博士学位论文，第24~29页。

益或者特定目的，进行管理或者处分的行为。公共信托由信托制度发展而来，是指出于公共利益目的所设立的信托，信托的公益目的是公共信托的根本属性。随着英国在北美建立殖民地，公共信托理论亦传入美国。美国学者萨克斯将公共信托理论应用于环境领域。1970年，萨克斯发表评论文章，对公共信托理论的潜在影响作了详尽的论述，认为"阳光、水、野生动植物等环境要素是全体公民的共有财产；公民为了管理它们的共有财产，而将其委托给政府，政府与公民从而建立起信托关系"①。目前，公共信托被作为一项宪法原则写入美国许多州的宪法和环境法中，宾夕法尼亚等十多个州的宪法中明确指出，州政府是州公共自然资源的信托受托人，维持和保护自然环境是其职责。② 环境公共信托理论诠释了政府环境监管权的理论正当性，奠定了公民环境权的基础。

（二）矫正市场失灵：设立政府环境监管权的发展需求

市场作为调节经济运行的一种手段并不是万能的，有着市场障碍、唯利性、被动性和滞后性等自身的局限。③ 正是由于市场的自身局限，使得经济运行过程中产生了公共产品、外部性等问题，进而出现了环境侵害现象。对此，有学者指出，污染等外部性的原因"在于市场的技术失灵，因而是集体和政府行动的一种正当理由，"公共政策应当纠正"社会成本与私人成本之间差异性的碰撞"。④ 市场经济的局限自身无力克服，需要介入外在干预力量才能纠正和弥补。政府作为公共利益的代表，既具有干预市场的合适主体身份，又具有干预市场的能力，在信息搜集、专业机构、人才队伍、技术手段等方面具有其他社会团体无可比拟的优势，是最合适的干预主体。通过政府的干预，可以引导市场主体的决策，规制环境违法行为，达到环境保护之目的。

---

① Joseph L. Sax, The Public Trust Doctrine in Natural Resources Law: Effective Judicial Intervention, 68 Mich. L. Rev. 471 (1970).
② 侯宇："美国公共信托理论的形成与发展"，载《中外法学》2009年第4期，第625页。
③ 漆多俊：《经济法基础理论》，法律出版社2008年版，第12~13页。
④ [美] A. 爱伦·斯密德：《财产、权力和公共选择—对法和经济学的进一步思考》，黄祖辉等译，上海三联书店、上海人民出版社2006年版，第13页。

第六章 企业环境污染第三方治理的政府监管

(三) 环境伦理:设立政府环境监管权的内在要求

环境伦理是一种新的伦理道德观念体系,也是一种新的社会发展价值观,旨在重构和优化人与自然之间的关系,蕴含了人类反思自身活动和建设美好世界的思想智慧和理论资源。① 环境伦理思想在我国传统文化中源远流长,儒家、道家思想都蕴含着深刻的环境伦理智慧。在西方,环境伦理学在发展过程中形成人类中心主义、动物解放/权利论、生物中心主义和生态中心主义等不同流派。我国现代环境伦理的建构需要将西方环境伦理的科学理念、合理内容和先进方法与当代中国的环境实际、生态文化和环保实践相结合,以承认和主张自然价值、生态公正、尊重生命、代际平等、协同进化和以人为本为主要内涵,以实现经济社会持续发展和生态环境优化为总体目标的道德规范和价值体系,坚持以人为本与坚持生态为重、维护人类利益与维护自然价值相统一。② 这就要求人类要尊重和保护自然,从行动上践行各种环境保护的责任和义务,履行对环境和下一代的伦理义务。为实现这一目标,仅凭人类内心的自觉意识和自我约束远远不够,还必须要有外在的适当主体以适当方式进行监督和履行,而政府作为社会公共利益的代表者和人类代际利益的传承者,是最佳的监督和履行主体。从权力角度看,环境监管是政府社会管理权的重要内容;从义务角度看,环境监管则是政府履行环境伦理义务的具体体现,是践行环境伦理义务的内在要求。

(四) 弥补私法救济的局限:设立政府环境监管权的功能需要

因环境侵权造成特定主体的人身和财产损害的同时,还可能造成环境本身的损害。目前,我国《侵权责任法》只规定了因环境污染造成特定主体的人身和财产损害的赔偿,对环境本身的损害赔偿则没有规定。尽管这样的制度设计能够对受害人进行救济,但存在较大局限性。首先,对受害人的私权救济具有滞后性。"有损害才有赔偿",侵权法救济的根本目的在于保护私人权益,只有在私人权益受到现实侵害后,才能启动救济程序,而不能提前制

---

① 卢文忠:"环境伦理与'三型社会'",载《社会科学家》2013年第9期,第35页。
② 卢文忠:"环境伦理与'三型社会'",载《社会科学家》2013年第9期,第36页。

止环境侵害事件的发生，因而缺乏保护的前瞻性和预防性。其次，对环境公共利益保护不足。侵权法对受害人进行救济的同时虽然对保护环境、维护环境公共利益具有一定的积极作用，但这只是私法救济带来的附带效果，而非制度设置的初衷，与环境保护的实际需要也相差甚远。政府对环境的监管可以弥补这些局限。一方面，政府可通过各种监管手段，加强执法，促使市场主体履行各项环境义务，减少和避免环境侵权行为的发生；另一方面，政府对有利于环境改进的行为，通过激励机制，引导市场主体的行为向有利于环境保护的方向发展。双管齐下，能够更加集约高效地实现环境保护的目的。

三、我国政府环境监管体制

在我国现行法律语境下，政府环境监管与环境行政管理同义。政府环境监管体制是指国家环境行政管理机构的设置及其职权划分，具体包括各种环境行政管理机构的设置及其相互关系，各种环境行政管理机构的职责、权限划分及其运行机制，协调环境行政管理事务中有关权力、责任、相互关系的方式等。[①] 政府环境监管体制是政府对环境保护活动进行监管的基础和组织保障，是实现有效监管的先决条件。

（一）我国政府环境监管体制的特点

1. 横向上统管与分管相结合

根据我国《环境保护法》第 10 条的规定，国务院环境保护主管部门对全国环境保护工作实施统一监督管理；县级以上地方人民政府环境保护主管部门对本行政区域环境保护工作实施统一监督管理。县级以上人民政府有关部门和军队环境保护部门，依照有关法律的规定对资源保护和污染防治等环境保护工作实施监督管理。据此，横向上，政府环境监管机构分设统管机构和分管机构，即中央政府和地方各级人民政府的环境行政主管部门是环境监管的统管机构；县级以上人民政府有关部门和军队环境保护部门分别在各自业务范围内对环境

---

① 张璐：《环境与资源保护法学》，北京大学出版社 2015 年版，第 59 页。

保护工作实施监督管理，是环境监管的分管机构。统管机构与分管机构不存在行政上的隶属关系，法律地位平等，无领导与被领导、监督与被监督的关系。

2. 纵向上属地监管为主，与垂直监管并行

属地监管主要体现为在环境监管统管机构内部，上下级之间分工明确，中央通过制定法规、政策、标准等方式对全国各地的环境保护工作进行宏观调控，地方政府及其环境行政主管部门是环境监管的责任主体，对本行政区域的环境质量负责。地方环境行政主管部门既要接受本级政府的领导，也要接受上级环境行政主管部门的监督。各级环境行政主管部门分别设立省环境监察总队（局）、市环境监察支队和县环境监察大队，负责具体执行。垂直监管体现为中央通过派出机构对地方的监管行为进行监督，我国环境保护部在全国范围内分别设立了华东、华南、华北、东北、西北和西南环境保护督察局，监督地方的环境监管工作。[1] 此外，2016年7月22日，中央全面深化改革领导小组审议通过《关于省以下环保机构监测监察执法垂直管理制度改革试点工作的指导意见》，开展省以下环保机构监测监察执法垂直管理制度改革试点。目前，部分试点省份探索形成了环境监察体系改革基本方式，即省环保厅成立若干内设处室，同时跨市县或逐市派驻环境监察机构，成为常驻不走的"省委省政府环保督察组"；将现有市（地）环境监测机构和人员上收，由省环保厅直接管理，独立客观地开展驻地生态环境质量监测、调查评价工作。改革后各试点省份环境执法职责更加聚焦于"查企"，市级统一管理、统一指挥县级环境执法力量，实行交叉执法、联合执法。[2]

（二）环境监管机构的职责

1. 环境行政主管部门的职责

环境保护行政主管部门的环境监管职责较为广泛，根据《环境保护法》的相关规定，主要职责有：

---

[1] 周适："环境监管的他国镜鉴与对策选择"，载《改革》2015年第4期，第61页。
[2] 李秀中："环保部：环保垂直管理制度已落地见效"，https：//www.yicai.com/news/5350822.html？video_ch=003902，2017-09-27。

(1) 编制环境规划。如国务院环境保护主管部门会同有关部门编制国家环境保护规划，县级以上地方人民政府环境保护主管部门会同有关部门编制本行政区域的环境保护规划，报同级人民政府批准并公布实施；① 未达到国家环境质量标准的重点区域、流域的有关地方人民政府应当制定限期达标规划，并采取措施按期达标。②

(2) 制定标准、制度、机制、政策、措施、方案、程序等。如国务院环境保护主管部门制定国家环境质量标准，省、自治区、直辖市人民政府对国家环境质量标准中未作规定的项目，可以制定地方环境质量标准；③ 国务院环境保护主管部门制定国家污染物排放标准，省、自治区、直辖市人民政府可以制定地方污染物排放标准；④ 实行重点污染物排放总量控制制度；⑤ 国务院环境保护主管部门制定监测规范，统一规划国家环境质量监测站（点）的设置，建立监测数据共享机制，加强对环境监测的管理，省级以上人民政府应当建立环境资源承载能力监测预警机制；⑥ 依法审批建设项目环境影响评价相关文件，依法实行排污许可管理制度；⑦ 建立跨行政区域的重点区域、流域环境污染和生态破坏联合防治协调机制；⑧ 采取财政、税收、价格、政府采购等方面的政策和措施；⑨ 等等。

(3) 外部监管职责。《环境保护法》对外部监管职责进行了分配，规定国务院环境保护主管部门对全国环境保护工作实施统一监督管理；县级以上地方人民政府环境保护主管部门对本行政区域环境保护工作实施统一监督管理；县级以上人民政府有关部门和军队环境保护部门对资源保护和污染防治

---

① 《环境保护法》第13条。
② 《环境保护法》第28条第2款。
③ 《环境保护法》第15条。
④ 《环境保护法》第16条。
⑤ 《环境保护法》第44条第1款。
⑥ 《环境保护法》第17、18条。
⑦ 《环境保护法》第19、45条。
⑧ 《环境保护法》第20条。
⑨ 《环境保护法》第21、22条。

等环境保护工作实施监督管理。此外，该法还规定了规划环评与建设项目环评、实施排污许可、环境不良工艺、设备和产品淘汰与禁止引进、企业环境信用监管、现场检查、行政强制措施、行政处罚、行政处理等行政职权等，这些行政职权同时也是职责。①

（4）内部监管职责。国家实行环境保护目标责任制和考核评价制度。县级以上人民政府应当将环境保护目标完成情况纳入对本级人民政府负有环境保护监督管理职责的部门及其负责人和下级人民政府及其负责人的考核内容，作为对其考核评价的重要依据，考核结果应当向社会公开。《环境保护法》规定了落实环保目标责任制与考核评价制度、上级政府及其环保部门、政府任免机关、监察机关对下级政府及其有关部门的内部监督职责。②

（5）监测类职责。除前述统一规划国家环境质量监测站（点）的设置、建立监测数据共享机制及省级以上人民政府应当建立环境资源承载能力监测预警机制外，县级以上人民政府应当建立环境污染公共监测预警机制，组织制订预警方案等。③

（6）府际合作职责。国家建立跨行政区域的重点区域、流域环境污染和生态破坏联合防治协调机制，实行统一规划、统一标准、统一监测、统一防治措施。前款规定以外的跨行政区域的环境污染和生态破坏的防治，由上级人民政府协调解决，或者由有关地方人民政府协商解决。④

（7）依法公开环境信息。国务院环境保护主管部门统一发布国家环境质量、重点污染源监测信息及其他重大环境信息。省级以上人民政府环境保护主管部门定期发布环境状况公报。县级以上人民政府环境保护主管部门和其他负有环境保护监督管理职责的部门，应当依法公开环境质量、环境监测、突发环境事件以及环境行政许可、行政处罚、排污费的征收和使用情况等信

---

① 《环境保护法》第10条、第46条、第54条第3款、第24条、第25条。
② 《环境保护法》第26条。
③ 《环境保护法》第47条第2款。
④ 《环境保护法》第20条。

息。县级以上地方人民政府环境保护主管部门和其他负有环境保护监督管理职责的部门应当将企业事业单位和其他生产经营者的环境违法信息记入社会诚信档案，及时向社会公布违法者名单。①

2. 其他分管行政主管部门的职责

我国涉及环境保护的行政主管部门较多，每个部门在自己的业务范围内负有环境监管职责。如国家海洋行政主管部门主要负责监督管理海洋石油勘探开发、海洋倾废、海上石油泄漏等造成的污染；军队环境管理部门主要负责监督管理部队生活与训练、武器试验、军事科研与生产、军事运输中产生的环境问题；水利行政主管部门主要职责是监督管理流域水体的功能划分、水环境质量监测、水量调度等；各级公安机关的主要职责是监督管理社会生活与交通噪声污染、汽车尾气、放射性污染以及其他严重污染环境、破坏资源的行为；城市综合执法机构对环境污染危害较小，通过直观判断即可认定的环境违法行为，或者实施一次行政处罚即可纠正的环境违法行为，以及依法可以适用简易程序实施处罚的环境违法行为等，集中行使环境行政处罚权。②

四、政府环境监管体制改革新动向：从环境保护部到生态环境部

长期以来，我国政府环境监管体制存在严重的职责交叉重复现象，多头治理，部门职能条块分割，责任不清。最著名的一个例子就是，两栖动物归谁来管？2017年1月1日起开始施行的新《野生动物保护法》第7条规定，国务院林业、渔业主管部门分别主管全国陆生、水生野生动物保护工作。两栖动物到底是属于陆生还是水生？归林业部门管，还是归农业部门管？对于这种多部门治理带来的乱象，有人做过形象的比喻："一只蛤蟆跳进水里，归农业部管，蹦到岸上就归林业局管。我种牡丹归林业局管，改种芍药就得归农业部了，因为一个是草本，一个是木本。"③

---

① 《环境保护法》第54条。
② 张璐：《环境与资源保护法学》，北京大学出版社2015年版，第73~74页。
③ 马维辉："告别'九龙治水'，生态环境部来了"，载《华夏时报》2018年3月19日，第4版。

第六章
企业环境污染第三方治理的政府监管

2018年3月17日,第十三届全国人民代表大会第一次会议审议批准了国务院机构改革方案。根据该方案,国务院环境保护部的全部职责,国家发改委的应对气候变化和减排职责,国土资源部的监督防止地下水污染职责,水利部的编制水功能区划、排污口设置管理、流域水环境保护职责,农业部的监督指导农业面源污染治理职责,国家海洋局的海洋保护职责,国务院南水北调工程建设委员会办公室的南水北调工程项目区环境保护职责整合在一起,组建生态环境部,作为国务院组成部门,统一行使生态和城乡各类污染排放的行政监管职能,不再保留环境保护部。组建后的生态环境部的主要职责是,制定并组织实施生态环境政策、规划和标准,统一负责生态环境监测和执法工作,监督管理污染防治、核与辐射安全,组织开展中央环境保护督察等。

生态环境部的组建把分散在农业、海洋、水利等各个部门的城乡污染的监管权限集中行使,由生态环境部统一制定并组织实施污染防治政策、规划和标准,不仅有利于改善过去部门职能重叠造成的资源浪费、监管盲区等问题,而且有利于提高生态环境领域国家治理体系和治理能力现代化的水平,为建设美丽中国提供科学的制度支撑和有力的体制保障。[①] 同时,对于确立生态环境的监督者职责也具有重要作用。首先,有利于环境政策的实施。我国环境理念和相关政策,在国际上并不落后,然而,由于监督检查不够,一些好政策得不到好的执行,究其原因,既有执法权不够的问题,也有有关部门既做运动员又做裁判员的问题。生态环境部的组建有利于统一实施中央环境保护督查,使污染环境的行为受到应有惩罚。其次,有利于确保环境质量的改善。根据国务院机构改革要求,生态环境部的职责主要集中于制定并组织实施生态环境政策、规划和标准,统一负责生态环境监测和执法工作,监督管理污染防治、核与辐射安全,组织开展中央环境保护督察等职能。具体技术上可以利用市场机制,发挥第三方作用;对于污染的查处和发现,要充分发挥公众参与和监督作用。最后,有利于实施排污许可制。20世纪80年

[①] 张云飞:"从环境保护部到生态环境部",载《学习时报》2018年5月28日,第6版。

代末我国开始建立污染排放许可制，2017年年底发布的《排污许可管理办法（试行）》是排污许可立法改革进程中的里程碑，不足之处是该《办法》只是政策性规定，立法层次太低。生态环境部的组建对于加快立法进程，尽快建立全国统一公平、覆盖主要污染物的污染物排放许可制具有重要的促进作用。最后，有利于实行责任终身追究制。2016年12月，中办国办印发《生态文明建设目标评价考核办法》，确定了对各省区市实行年度评价、五年考核制度，并将考核结果作为党政领导综合考核评价、干部奖惩任免的依据。生态环境部通过组织开展中央环境保护督察等活动，有助于帮助地方领导干部树立正确的发展观、政绩观，正确认识环境保护与经济发展之间的关系，自觉履行环境监管职责。①

当然，生态环境部的组建完成只是我国改革政府环境监管体制的重要一步，为更好地落实政府环境监管职责，改革还需要进一步深化，如生态环境部和自然资源部的职责划分、各部之间的工作衔接与信息互通共享、生态环境部内部各部门之间的监管分工与协调、中央与地方之间的分工等问题，还需要进一步细化与落实。

第二节 企业环境污染第三方治理政府监管存在的问题

一、企业环境污染第三方治理中政府环境监管的特征

（一）政府环境监管关系发生变化

在"谁污染，谁治理"的污染治理模式下，政府环境监管所形成的法律关系较为单一。具体而言，政府是环境监管的主体；排污企业是环境监管的对象，即环境监管的相对人；监管的内容主要是排污企业的排污及治污活动。

---

① 周宏春："国务院机构改革为生态文明建设提供体制保证"，载《中国生态文明》2018年第2期，第26~29页。

同时，社会公众对政府的环境监管活动、监管效果及排污企业的治污情况有权监督（见图6-1）。

图6-1 传统污染治理模式下政府监管关系

企业环境污染引入第三方治理后，出现了行政关系与民事关系交错的局面。一方面，政府作为环境监管者，依法提出污染治理的标准和目标，排污者依法根据排污许可证等文件的要求，承担特定的环境污染治理责任，这是一种因环境监管形成的行政法律关系。另一方面，排污企业作为污染治理责任人，通过第三方治理合同，将自己的污染治理义务通过合同的方式转移给治理第三方，这是一种因污染治理服务供给形成的民事法律关系，第三方治理合同的内容需要反映并满足政府环境监管的要求。在这种交错的局面下，政府除了对排污企业进行环境监管以外，对治理第三方也要进行环境监管。社会公众除了对政府的环境监管活动、监管效果有权监督外，还有权对排污企业及治理第三方的治污情况进行监督（见图6-2）。

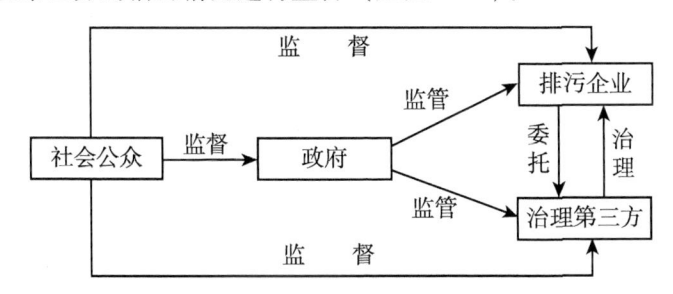

图6-2 第三方治理中政府环境监管关系

（二）政府角色发生变化

在企业环境污染第三方治理体系中，除了政府环境监管关系发生变化外，政府的角色也发生了变化，其不仅仅是环境行政管理者，还是污染治理的引导者和监督者，其作用更为积极，角色与功能更加多样。首先，对排污和治理行为进行监管。对于排污企业的污染行为，无论是自己治理还是委托第三人治理，政府都是法定的行政监管者，有权对污染治理行为进行监管，对违规排污行为和违规治理行为进行查处，并给予行政处罚。其次，为第三方治理合同的缔结提供引导。作为一种新的污染治理方式，第三方治理的推行需要一定的制度环境。一方面，政府可通过制定相应的规则，严格污染治理标准，强化环境监督执法，加大执法惩处力度，为排污企业积极履行污染治理义务保持外在压力；另一方面，政府应积极采取措施，培育污染治理服务市场，为第三方治理提供政策支持，为合同的缔结提供引导和服务。其三，对第三方治理合同的履约情况进行监督。我国环境服务市场的发展尚不充分，严格的政府监督是排污企业与治理第三方履约的主要外部驱动力。政府作为环境公共利益的代表，要通过行使环境监管权，对第三方治理合同进行登记备案，并对履约情况进行监督，如定期检查治污效果、监督治污设施的建设与运行情况、对因环境服务瑕疵导致环境污染的情况进行处置等。最后，为解决第三方治理合同纠纷提供帮助。企业环境污染第三方治理的推行是污染治理专业化和高效化的必然要求，理想的运行模式是排污者和治理第三方都能严格依照法律规定和合同约定，完成环境污染治理任务。但在实践中，出现合同纠纷在所难免，而合同目的公益性决定了政府在合同纠纷解决中不能缺位，不仅应对二者之间纠纷进行及时调解，还应督促当事人在合同不能继续履行时妥善处理污染治理事务。

（三）污染治理责任发生变化

在我国现行环境法律制度框架下，排污者责任是追究环境治理责任的基本思路，也是政府环境监管的基本落脚点。第三方的加入，让原本简单的环境监管关系复杂化。一方面，基于环境管理目标确定的污染治理责任是合同关系要处理的核心内容，是界分不同主体之间法律责任的基础，但是作为污染治理责任之依据的环境行政管理又对合同关系构成了一定的限制和约束。另一方面，当污染治理责任未完成时，仍需要政府动用行政手段直接进行管制或处罚。① 但是，目前我国关于排污者和治理第三方在政府环境监管关系中的位置并不明确，治理第三方是政府环境监管的直接对象还是附属于排污者、违法排污的行政责任能否在合同中约定等问题均无相关规定，对应的行政责任也就无法明确。因此，因第三方治理带来的环境治理责任的变化已成为政府环境监管中必须面对的现实难题。

二、企业环境污染第三方治理中政府环境监管存在的主要问题

企业环境污染第三方治理模式带来了政府环境监管的新变化，我国现有的政府监管机制在应对这些新变化时，主要存在以下主要问题：

（一）政府环境监管方式存在不足

长期以来，我国政府环境监管以"管理"为主要特色，监管主体单一，无论是环境保护部还是生态环境部，监管方式上强调的都是从上到下的命令与服从，观念形态和制度设计都是以政府为主导，被监管对象往往是无条件地遵从。仔细梳理 2014 年《环境保护法》和各污染防治单行法的规定，可以发现，现行的污染防治制度具有单向性和封闭性，在制度思路和结构上采取"命令——服从""标准——遵守""违法——处罚"等二元关系模式，污染防治单行法条文中大量充斥的是"禁止""严禁""不得"和"应当"的规定。② 在这种简单的"监管者——排污企业"的二元关系中，环境监管虽然易于操作，但作为被监管对象的排污企业的利益诉求则很难体现，难以发挥其治污的积极性和主动性。对此，已有不少学者分析了该环境监管模式的弊端，并提出了改良建议。③

---

① 刘长兴："污染第三方治理的法律责任基础与合理界分"，载《法学》2018 年第 6 期，第 183 页。
② 刘超："管制、互动与环境污染第三方治理"，载《中国人口·资源与环境》2015 年第 2 期，第 99 页。
③ 黄锡生、曹飞："中国环境监管模式的反思与重构"，载《环境保护》2009 年第 4 期；王莉等："环境监管模式的困境与对策"，载《环境保护》2010 年第 10 期；周适："环境监管的他国镜鉴与对策选择"，载《改革》2015 年第 4 期；侯佳儒："论我国环境行政管理体制存在的问题及其完善"，载《行政法学研究》2013 年第 2 期；等等。

第三方治理的出现改变了"监管者——排污企业"的二元关系。这种改变并不是简单地增加了政府的监管对象，而是使得政府在环境监管中的角色定位与功能都发生了较大的变化。如何确定排污企业与治理第三方在环境监管中的位置、针对排污企业的命令、标准及处罚能否适用于治理第三方、如何协调排污企业与治理第三方治理污染的积极性等都是政府环境监管中绕不开的问题。可见，已有的政府环境监管理念与制度设计已经无法满足新形势下的要求。

（二）政府角色定位不清，对第三方的监管法律依据不足

在"谁污染，谁治理"的模式下，政府作为环境监管者，定位清晰，职权职责明确；政府对排污企业的排污和治污行为进行监管有明确的法律依据。但在第三方参与企业环境污染治理中，政府的角色定位则模糊不清，对第三方进行监管缺乏明确的法律依据。

首先，虽然国办发〔2014〕69号《意见》明确指出，"政府引导推动"是第三方治理的原则，政府要"强化市场监管和环保执法"，但是，却并没有细致的规则指明，当排污企业和治理第三方因为责任分担产生纠纷时，政府角色到底是什么？是对责任分配结果有决定作用的裁判者，还是中立的调解者？是静默的监督者，还是严厉的执法者？政府职能的混乱与模糊，使其享有宽泛的未受到应有限制的自由裁量权，当面对复杂多变的责任主体利益冲突时，不能公正、有效地发挥其监督与协调作用。[①]

其次，行政处罚的根本目的在于通过法定的惩罚措施，使行政相对人不再做类似危害社会及公共利益的行为。前章已述过，我国现有的法律、法规并没有规定治理第三方可以成为我国环境监管中的行政相对人，政府能不能因治污不达标而直接对治理第三方进行行政处罚，学界存有争议，司法实践中也没有统一做法。如果治理第三方没有按照约定履行治污义务，而立法上又不明确其能不能成为直接的处罚对象，那么就只能仍由排污企业承担全部行政责任，环境行政处罚也就失去了其本该具有的作用。

---

① 周珂、史一舒："环境污染第三方治理法律责任的制度建构"，载《河南财经政法大学学报》2015年第6期，第171页。

（三）政府监管缺乏完善的标准体系

首先，政府监管所依赖的环境标准体系不够完善。环境标准是法律授权相关部门制定的用于控制污染、保护环境的各种技术规范的总称。[①] 环境标准是政府环境监管的重要依据，也是企业排污与污染治理的主要依据。目前，我国已形成两级五类的环保标准体系，分别为国家级和地方级标准，类别包括环境质量标准、污染物排放（控制）标准、环境监测类标准、环境管理规范类标准和环境基础类标准。截至"十二五"末期，累计发布国家环保标准1941 项（其中"十二五"期间发布 493 项），废止标准 244 项，现行标准1697 项。在现行环保标准中，环境质量标准 16 项，污染物排放（控制）标准 161 项，环境监测类标准 1001 项，管理规范类标准 481 项，环境基础类标准 38 项。[②]

目前，我国环境标准体系存在以下问题：其一，部分国家标准制定（修订）滞后。以活性炭工业为例，2016 年活性炭产量 65 万吨，活性炭行业二氧化硫、氮氧化物排放量分别为 4.43 万吨、0.99 万吨，分别占工业排放量的 2.3‰、0.60‰，但至今没有行业污染物排放标准，新、改、扩（建）项目和现有项目环境管理缺乏统一、规范的要求。[③] 新兴工业行业污染排放标准的制定也具有滞后性。其二，地方环保标准制定（修订）进度缓慢。地方环保标准是我国环保标准体系的重要组成部分，是解决区域环境问题的重要手段之一。目前，我国仅部分省份制定的地方标准较为系统，不同地方环保标准制定（修订）进度差距很大。其三，与环境管理制度不匹配。以改善环境质量为核心，我国正逐步建立以排污许可制为基础的新型环境管理制度体系。新体系下，国家、地方环保标准与排污许可、环境影响评价、总量控制、

[①] 施志源："环境标准的法律属性与制度构成——对新《环境保护法》相关规定的解读与展开"，载《重庆大学学报（社会科学版）》2016 年第 1 期，第 162~163 页。

[②] 参见《国家环境保护标准"十三五"发展规划》。

[③] 详见《活性炭工业污染物排放标准》编制组："关于《活性炭工业污染物排放标准（征求意见稿）》的编制说明"，http://www.zhb.gov.cn/gkml/hbb/bgth/201803/t20180315_432536.htm，2018-03-15。

排污收费等制度的衔接配套需系统梳理，明确标准的定位与作用。同时，质量标准和污染物排放（控制）标准中有关达标排放量核算、达标判定、监测频次等方面的技术内容尚不全面，不能完全满足排污许可管理的要求。

其次，第三方治理效果的评价标准体系不明确。环境污染第三方治理涉及的行业类型及专业类别较多，评价标准分散在不同的标准体系中，目前尚未形成一个有机整体。由于缺乏科学、合理、公平的绩效考核和评价机制，缺失污染治理减排量测量与验证相关技术标准，治污改造项目的实施成效难以客观衡量，相关的配套政策缺乏科学依据。[①] 这不仅会给第三方治理的考核评价带来困扰，也让政府对环境污染第三方治理的监管缺乏科学的标准和尺度。

（四）政府环境监管的有效性难以保证

从理论上说，企业环境污染由第三方专业化、集约化治理，政府、排污企业和第三方企业各司其职，共同遵守既定规则，实现协同、合作治污，既提高了治污效率，节约了治污成本，又减少了政府监管的成本，方便监管。但现实中，一旦排污企业与第三方企业的关系发生扭曲，就会大大增加政府的监管难度。主要表现为：其一，排污企业与治理第三方合谋，共同欺骗政府监管部门，以期少治或不治污染并逃避惩罚。其二，责任不明确，出现问题时互相推诿。排污企业认为，法律责任应随合同的签订而转给第三方企业，排污不达标的责任理应由第三方企业承担；第三方企业认为，排污不达标的主要原因是排污方未按合同规定的数量、种类、浓度排污，因而法律责任还在排污企业。其三，治理第三方没有独立的主体地位。实践中第三方企业需要从排污企业那里争取订单，因而双方地位并不平等，有些排污企业甚至认为第三方企业从属于自己，其有权让第三方企业按自己需要的方式运作，影响第三方治理的功能发挥。[②] 出现以上情形时，环境执法人员不仅需要问

---

① 徐秉声等："支撑环境污染第三方治理的标准体系构建研究"，载《环境工程》2017年第7期，第181页。

② 王琪、韩坤："环境污染第三方治理中政企关系的协调"，载《中州学刊》2015年第6期，第75页。

责排污企业，还需要监管治污企业，既增加了环境监管工作的复杂性，也增加了监管的难度。加之当前我国政府环境监管力量不足且分配不均，监管体制也存在不畅，严重影响了政府监管的有效性。

（五）对政府环境监管的监督存在不足

孟德斯鸠有言："一切有权力的人都容易滥用权力，这是万古不易的一条经验。有权力的人往往使用权力一直到遇有界限的地方才休止。"[1] 为防止政府环境监管权的滥用，需要必要的监督，其监督力量主要来源于环境监管行政部门内部、其他国家机关和社会公众。环境监管行政部门内部监督包括环保监管行政机构对其执法人员在具体行政行为中是否履行法定职责的监督，以及上级环保监管行政机构对下级对口的环保监管机构业务上的内部行政监督。[2] 目前，对我国政府环境监管权的监督主要局限于环保行政机构内，机制太过于单一，各级人大、检察机关等其他国家机关的监督较少，对政府环境监管权的行使难以发挥有效的制约作用。社会公众本应是对政府环境监管进行监督的一支重要力量，但实际情况是公众的环境知情权的实现尚存困难，其参与监督仍然游离于体制之外，对此有学者曾指出，"我国是一个缺乏信息公开传统的国家，政府和企业都不愿意将其自身的环境保护行为置于公众的监督之下。"[3] 此外，一个完整的公众参与制度，至少应该包括公众参与的主体、程序、形式、范围（什么阶段可以参与哪些事项）、回应机制、激励措施等，其中最为关键的是公众参与的程序和公众意见的回应机制。[4] 这在当前还没有完善的制度设计。因此，即便是公众对于政府的环境监管行为有监督的热情和能力，也缺乏通畅的路径。正是由于缺少对政府监管的监督，实践中环境监管缺位、执法不力问题频繁发生，监管机构及其工作人员与排污企业和治理第三方合谋，通过牺牲环境获取不当利益的现象并不罕见。

---

[1] ［法］孟德斯鸠：《论法的精神（上）》，商务印书馆2004年版，第184页。
[2] 王江："我国环保监管模式的缺失与创新"，载《中州学刊》2013年第5期，第65页。
[3] 吕忠梅："监管环境监管者：立法缺失及制度构建"，载《法商研究》2009年第5期，第143页。
[4] 齐萌："环境监管的公众认同：危机与化解"，载《上海财经大学学报》2014年第6期，第109页。

第三节　企业环境污染第三方治理中完善政府监管的建议

针对企业环境污染第三方治理中政府监管存在的主要问题，提出以下完善建议：

一、转变环境监管的理念，创新政府环境监管方式

长期以来，我国政府对环境的监管都着重于自上而下的"管理"，主要是通过事前行政审批的"管"和事中与事后的"控制"来实现管理目标。随着环境问题的日渐突出和新的污染治理模式的出现，这一监管理念的滞后性逐渐显现。党的十八大以来，党中央高度重视生态文明建设，习近平总书记提出了一系列新理念、新思想、新战略，环境行政监管理念发生了实质性的变化，"治理"一词被正式应用于环境行政监管，使环境"治理"理念成为环境行政监管改革的主旋律。[①] 与"管理"相比，"治理"更注重协同合作，不再以政府的行政命令作为唯一方式。

企业环境污染第三方治理中，参与主体发生变化，法律关系也越来越复杂。依循环境监管的新理念，一方面，政府在环境监管中应发挥主导作用，主要承担宏观的环境管理职能，将管理工作寓于服务之中，为公众提供服务的同时实现管理；另一方面，政府不再是环境监管的唯一主体和权力来源的单一渠道，而是要充分发挥多元主体的主观能动性，强调环境行政监管是多元的、合作的、上下协调的、方式多样化的。[②] 就各排污企业和治理第三方而言，应当按照国家环境保护法律法规的规定，严格规范自身环境行为，通过协议、单方允诺等方式就实现环境责任目标作出约定，发挥其在环境监管中的能动性，减少对行政命令强制性的抵触，实现自我监管。此外，应重视

[①] 刘锐："环境行政监管的法治化转型"，载《学术交流》2017年第11期，第118页。
[②] 刘锐："环境行政监管的法治化转型"，载《学术交流》2017年第11期，第119页。

发挥行业自律和社会监督的作用，逐渐实现多元主体在环境监管中的共同协作，以适应环境污染第三方治理的新要求。

二、厘清政府在企业环境污染第三方治理中的角色定位

在环境污染第三方治理模式下，政府作为环境监管的主体地位没有改变，我国立法上应明确规定，作为治理第三方的专业环境服务机构，与排污企业一样，都是政府监管的对象。政府对治理第三方的监管有两个依据：其一，治理第三方是独立的市场主体，既是治污者，也是排污者，本身需要承担法定的环境义务，理应和其他市场主体一样，接受政府的监管；其二，治理第三方为排污企业提供污染治理服务，其治污行为对外代表的是排污企业，服务质量、服务过程与服务效果关涉排污企业的环境义务的履行，政府对排污企业的监管理应延伸至治理第三方。

政府对治理第三方的监管可大致分为两个方面：

（一）作为独立市场主体的监管

首先，治理第三方是提供专业化污染治理服务的市场主体，需要具备一定的资质和条件，对于其市场准入不宜完全放开。前已述及，我国于2014年停止了环境保护（污染治理）设施运营单位等级资质认定，并不意味着政府对环境污染治理市场完全放任不管，目的是引导和鼓励治污服务供需双方市场主体自主交易，建立或完善公平竞争、优胜劣汰的良性市场机制。对此，可借鉴日本的经验，对污染治理主体实行市场准入资格审查和许可制度，对不同的污染物治理从业主体规定不同的资格审查和认证要求。其次，建立环境服务机构诚信管理机制，建立企业诚信档案和企业征信系统。《环境保护法》第53条第3款规定，"县级以上地方人民政府环境保护主管部门和其他负有环境保护监督管理职责的部门，应当将企业事业单位和其他生产经营者的环境违法信息记入社会诚信档案，及时向社会公布违法者名单。"依法对专业环境服务机构开展信用评级，有利于规范环境服务市场发展，激发环境服务机构提升自身服务质量的积极性，为排污企业选择服务提供方提供参考。

最后，建立市场退出制度，对技术服务能力弱、运营管理水平低、综合信用评级差的环境服务机构列入"黑名单"，并责令限期整改，对不能按期完成整改要求或造成重大污染事故的，责令关闭，退出环境服务市场。

（二）作为排污企业的治污人的监管

政府应以环保设施的正常运行为监管重点，对污染治理过程进行持续监督。具体而言，委托运营形式下，一般认为治理第三方应附属于原始排污者而不具独立性，政府应以排污企业为重点监管对象。建设运营形式下，排污企业与治理第三方在生产经营过程中彼此独立性较强，治理第三方也是最终向自然界排污的主体，可通过对"排污者"进行扩大解释，将其划入法律规定的"排放污染物的企事业单位"范围，从而纳入政府的监管对象范围。

三、完善环境标准体系及第三方治理的评价标准体系

（一）完善环境标准体系

首先，及时制（修）订国家环境标准。为有序推进国家环境标准的制定和修订工作，原环保部于 2017 年 4 月印发《国家环境保护标准"十三五"发展规划》，确定的具体指标是：启动约 300 项环保标准制（修）订项目，以及 20 项解决环境质量标准、污染物排放（控制）标准制（修）订工作中有关达标判定、排放量核算等关键和共性问题项目；全力推动已立项的约 600 项及新启动的约 300 项，共计约 900 项环保标准制（修）订工作；发布约 800 项环保标准，包括质量标准和污染物排放（控制）标准约 100 项，环境监测类标准约 400 项，环境基础类标准和管理规范类标准约 300 项，支持环境管理重点工作；推动 30 余项重点环保标准实施评估，指导相关标准制（修）订，提出环境管理建议。

其次，及时推进地方环保标准制定实施。地方环保标准是对国家环保标准一般性、基础性规定的细化、补充和提高，随着国家环保标准制（修）订工作的推进，地方环保标准的制（修）订工作应及时跟进。

最后，注重环境标准之间的内容衔接与匹配。环境标准种类繁多，既相互独立又彼此联系，需要清晰界定各类标准的适用范围，既要避免交叉、重叠，又要避免留有空白。要加强监测方法标准、管理规范类标准与质量标准、排放标准的匹配，协调相关排放标准间的控制力度，保证行业公平。

此外，2018年1月，我国《排污许可管理办法（试行）》颁布实施，国家级及地方环保标准的制（修）订需要理顺与排污许可、环境影响评价、总量控制、排污收费等制度之间的关系，完善达标排放量核算、达标判定、监测频次等方面的技术规范内容。

（二）构建第三方治理的评价标准体系

环境污染第三方治理的评价可由政府主持，也可由政府委托专业社会评价机构主持。有研究者采用系统论及系统工程方法论，结合我国环境污染治理标准制定情况，从经济管理、社会责任、治理效果等多个层面梳理了与环境污染第三方治理相关的标准，结合支撑环境污染第三方治理相关的共性技术、管理与服务标准构建标准体系，搭建了一套支撑环境污染第三方治理的标准体系，包含4个子体系及22个专业领域（见图6-3）[1]。其中，在绩效评价与环境监测方面，由于环境污染治理涉及污染治理技术与装备、项目建设、运营管理与治理效果等方面，而环境污染治理的评价工作是规范排污企业及污染治理机构的重要依据，是环境服务合同管理评价工作的主要参考。因此，该标准子体系中需要聚焦环境污染第三方治理的重要环节，并梳理出相应的评价与验收标准。[2] 该体系的建立可为形成环境污染第三方治理相关的共性技术、管理与服务标准提供理论参考，也可为构建环境污染第三方治理的评价标准体系提供参考。

---

[1] 徐秉声等："支撑环境污染第三方治理的标准体系构建研究"，载《环境工程》2017年第7期，第182页。

[2] 徐秉声等："支撑环境污染第三方治理的标准体系构建研究"，载《环境工程》2017年第7期，第182页。

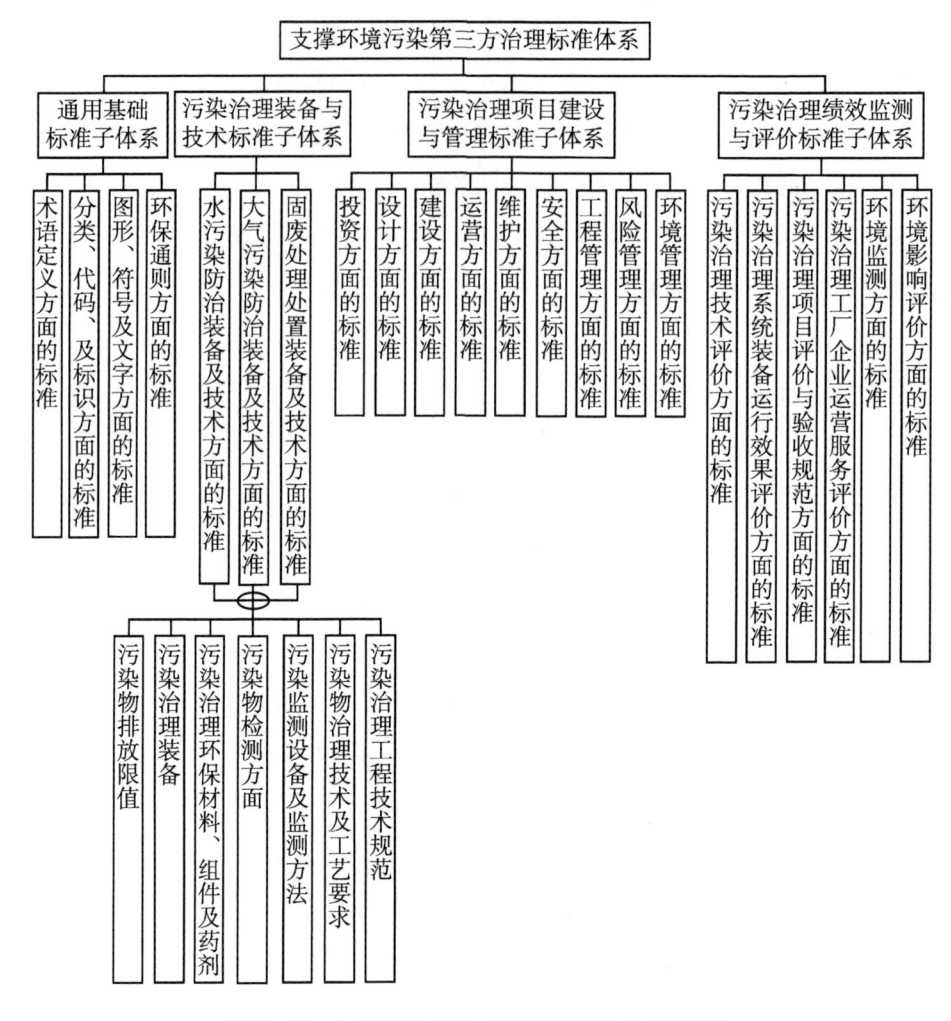

图 6-3 支撑环境污染第三方治理标准体系框架

四、提高政府环境监管的有效性

提高企业环境污染第三方治理中政府监管的有效性，需要从多个角度采取有效措施。

首先，加强环境监管机构自身建设。随着我国生态环境部的组建，政府环境监管职能虽然在很大程度上有了集中调整，但在上下级之间，权限划分

第六章
企业环境污染第三方治理的政府监管

问题依然存在,在执法环节,部分政府部门仍然有环境监管职责。因此,需要建立环保监管机构的内部协调机制,逐步推行省级以下环保机构监测监察执法垂直管理制度,厘清地方环境行政主管部门和其他政府机关的职能交叉,提高环境监管行政执行能力和执法效率。同时,实行严格的环境监管问责制度。针对当前监管不力、执法缺位的现象,严格的问责制度必不可少。通过对环境监管中失职、渎职行为予以严厉的处罚,减少和避免在第三方治理中出现权力寻租、利益勾结等不良现象。为加强政府环境监管执法,2014年11月,国务院办公厅印发的《关于加强环境监管执法的通知》对环境监管执法提出五点要求:即严格依法保护环境,推动监管执法全覆盖;对各类环境违法行为"零容忍",加大惩治力度;积极推行"阳光执法",严格规范和约束执法行为;明确各方职责任务,营造良好执法环境;增强基层监管力量,提升环境监管执法能力。[1] 该《通知》的出台对于加强环境监管机构自身建设,解决第三方治理模式下的监管复杂化问题,提高环境监管的有效性方面具有积极的推动作用。

其次,建立灵活具体的环境污染第三方治理的指导和监督机制。我国政府在环境服务合同签订、履行前可以通过制定实施框架建议、示范文本、标准等方式,对环境污染第三方治理进行指导与监督。比如,政府可根据本地区实际发展与生态环境状况,拟订环境服务合同蓝本,企业双方可根据此蓝本进行适度调整,但是,其中关于排放污染物的种类、数量,限期治理的期限,违约后强制性法律责任等规定不得改动。[2]

最后,增强企业环境责任意识,明确排污企业与治理第三方的责任边界。企业环境责任是企业社会责任的一部分,环境责任意识缺失是导致企业漠视

---

[1] 详见"国务院办公厅关于加强环境监管执法的通知",(国办发〔2014〕56号),http://www.zhb.gov.cn/gzfw_13107/zcfg/fg/gwyfbdgfxwj/201605/t20160522_343306.shtml,2014-12-01。

[2] 周珂、史一舒:"环境污染第三方治理法律责任的制度建构",载《河南财经政法大学学报》2015年第6期,第173页。

环境利益、随意排放污染物以及在污染治理中产生"合谋""寻租"动机的重要原因。增强企业的环境责任意识需要政府、企业和社会力量共同努力。政府要制定和完善各项环境质量标准，优化环境监管措施，规范企业与环境有关的经营行为，结合各项优惠政策，激励企业主动承担环境责任。企业要更新价值理念，重塑企业文化，提高员工的环境道德素质。社会可以通过环境宣传与教育，倡导绿色消费，对企业环境违法行为进行监督，为企业履行环境责任营造社会氛围。排污企业与治理第三方的责任边界不清是导致双方互相推诿的主要原因，为此，我国应及时出台相关法律法规，对双方的责任边界作出界定，明确各自承担法律责任的范围。

五、加强对政府环境监管的外部监督

为保障政府环境监管权的规范运行，需要加强政府环境监管的外部监督。

首先，完善各级人大对政府环境监管的监督。我国《各级人民代表大会常务委员会监督法》规定："各级人民代表大会常务委员会对本级人民政府、人民法院和人民检察院的工作实施监督，促进依法行政、公正司法。"《环境保护法》第27条规定："县级以上人民政府应当每年向本级人民代表大会或者人民代表大会常务委员会报告环境状况和环境保护目标完成情况，对发生的重大环境事件应当及时向本级人民代表大会常务委员会报告，依法接受监督。"这是各级人大对政府环境监管权进行监督的法律依据。为保障人大监督权的落实，一方面，需要完善立法，就政府环境监管的启动、措施的选择、环境标准的制定与修订、环境影响评价机制执行、环境准入与退出等制度作出规定，做到政府监管有法可依；另一方面，就各级人大对各级政府环境监管的监督情形、程序启动、组织实施、结果处理等问题进一步细化，做到各级人大的监督有章可循。

其次，充分发挥行政监察部门的监督作用。我国《行政监察法》第18条规定，监察机关对监察对象执法、廉政、效能情况进行监察，有权对国家

第六章 企业环境污染第三方治理的政府监管

行政机关在遵守和执行法律、法规和人民政府的决定、命令中的问题进行检查,受理对国家行政机关及其公务员和国家行政机关任命的其他人员违反行政纪律行为的控告、检举并调查处理。为将行政监察部门对环境行政主管部门的环境监管行为的监督落到实处,监察机关建立举报制度,公民、法人或者其他组织对于任何环境行政主管机关及其公务员和国家行政机关任命的其他人员的违法行为,有权向监察机关提出控告或者检举,监察机关应当受理举报并依法调查处理。

再次,强化对环保监管权力的司法监督。司法途径是公众监督政府或企业维护自身环境权利和发展权利的有效途径,一方面,当出现环保监管失职渎职等类型的案件时,司法机关应依法及时处理,对政府环境监管形成强大的威慑力。另一方面,环境公益诉讼是司法机关监督的有效途径,在我国已有实践并取得良好效果。2015年7月,《全国人民代表大会常务委员会关于授权最高人民检察院在部分地区开展公益诉讼试点工作的决定》颁布施行,授权最高人民检察院在生态环境和资源保护、国有资产保护、国有土地使用权出让、食品药品安全等领域开展提起公益诉讼试点,试点地区确定为北京等13个省、自治区、直辖市。2016年2月,最高人民法院根据上述"决定",出台《人民法院审理人民检察院提起公益诉讼案件试点工作实施办法》,由试点地区人民法院贯彻执行。据最高人民法院统计,2015年1月—2016年12月31日,全国法院共受理社会组织和试点地区检察机关提起的环境公益诉讼一审案件189件、审结73件,受理二审案件11件、全部审结。其中,环境民事公益诉讼一审案件137件,环境行政公益诉讼一审案件51件,行政附带民事公益诉讼一审案件1件。[①] 在最高人民检察院于2017年1月4日发布的第八批指导性案例中的行政诉讼类案件中,有4起是检察机关对政府环境监管中的违法失职行为提起的公

---

① "最高法发布十大环境公益诉讼典型案例",http://fzzfyjy.cupl.edu.cn/info/1021/6481.htm,2017-03-08。

益诉讼。① 其中,"吉林省白山市人民检察院诉白山市江源区卫生和计划生育局、白山市江源区中医院环境行政附带民事公益诉讼案"② 是政府环境监管司法监督的典型案例,同时被选为"最高人民法院发布十大环境公益诉讼典型案例"和"2016 年最高人民检察院环境行政公益诉讼指导案例"。

最后,加强政府环境监管权的社会监督。一方面,需要完善环境监管信息公开制度,保障社会公众对环境信息的知情权,为社会力量参与监督创造条件;另一方面,完善社会力量参与环境监管监督制度,明确公众参与的主体、程序、形式、范围、回应机制、激励措施等。此外,根据环境污染第三方治理改革的精神,充分利用社会资本对环境监管监测的支持,除政府环境行政主管部门应积极向社会采购环境监测服务外,还应发挥社会监测力量对政府环境监管的支持与监督作用。

---

① 分别为:吉林省白山市人民检察院诉白山市江源区卫生和计划生育局及江源区中医院行政附带民事公益诉讼案;湖北省十堰市郧阳区人民检察院诉郧阳区林业局行政公益诉讼案;福建省清流县人民检察院诉清流县环保局行政公益诉讼案;贵州省锦屏县人民检察院诉锦屏县环保局行政公益诉讼案。详见《2016 年最高人民检察院环境行政公益诉讼指导案例》,http://www.calaw.cn/article/default.asp? id = 12371,2017 - 10 - 28。

② 2012 年,吉林省白山市江源区中医院建设综合楼时未建设污水处理设施,综合楼未经环保验收即投入使用,并将医疗污水经消毒粉处理后直接排入院内渗井及院外渗坑,污染了周边地下水及土壤。2014 年 1 月 8 日,江源区中医院在进行建筑设施改建时,未执行建设项目的防治污染措施应当与主体工程同时设计、同时施工、同时投产使用的"三同时"制度,江源区环保局对区中医院作出罚款行政处罚和责令改正、限期办理环保验收的行政处理。江源区中医院因污水处理系统建设资金未到位,继续通过渗井、渗坑排放医疗污水。2015 年 5 月 18 日,在江源区中医院未提供环评合格报告的情况下,江源区卫生和计划生育局对区中医院《医疗机构执业许可证》校验结果评定为合格。2016 年 2 月 29 日,白山市人民检察院以公益诉讼人身份向白山市中级人民法院提起行政附带民事公益诉讼,诉求判令江源区中医院立即停止违法排放医疗污水,确认江源区卫生和计划生育局校验监管行为违法,并要求江源区卫生和计划生育局立即履行法定监管职责责令中医院有效整改建设污水净化设施。2016 年 5 月 11 日,白山市中级人民法院公开开庭审理了本案。同年 7 月 15 日,白山市中级人民法院分别作出一审行政判决和民事判决。行政判决确认江源区卫生和计划生育局于 2015 年 5 月 18 日对江源区中医院《医疗机构执业许可证》校验合格的行政行为违法;判令江源区卫生和计划生育局履行监督管理职责,监督江源区中医院在三个月内完成医疗污水处理设施的整改。民事判决判令江源区中医院立即停止违法排放医疗污水。检察机关作为公益诉讼人起诉后,行政机关主动履职,公益诉讼所发挥的监督效果十分明显,较好地实现了立法机关授权目的。法院坚持正当程序基本规则,作出行政机关已履行其行政管理职能、公益诉讼目的部分实现的认定,对类案处理发挥了较好的示范效应。详见《2016 年最高人民检察院环境行政公益诉讼指导案例》,http://www.calaw.cn/article/default.asp? id = 12371,2017 - 10 - 28。

第六章
企业环境污染第三方治理的政府监管

第四节 企业环境污染第三方治理政府监管法律责任

一、政府环境监管法律责任

（一）政府环境责任与政府环境法律责任

我国学界对政府环境责任、政府环境法律责任的研究较多，但对二者关系的理解并不完全相同。关于政府环境责任的内涵界定，蔡守秋教授认为，"政府环境责任，是指法律规定的政府在环境保护方面的义务和权力（合称为政府第一性环境责任）以及因政府违反上述义务和权力的法律规定而承担的法律后果（简称政府环境法律责任，也称政府第二性环境责任）。""这里的政府，从广义上讲是指国家机关（包括国家立法、行政、司法等机关），从狭义上讲仅指行政机关（包括国务院和地方各级人民政府）"[1]。这种内涵界定符合法律责任的基本原理，已得到学界不少学者的赞同。关于政府环境责任的外延，学界的认识并不相同。有学者在蔡守秋教授的内涵界定的基础上，提出地方政府环境责任应当包括角色责任（道义责任）、法定职责（法律义务）、法律责任三个层面，认为"角色责任是一种应然状态，社会期待，属于道义范畴，道德范畴。法定义务是由法律明确规定的，地方政府应当承担的法定职责，具有权利义务的一体性。法律责任是因政府违反上述义务和职责的法律规定而承担的法律后果"[2]。不过，该学者并未对政府的道义责任作出进一步的解释。有学者认为，地方政府环境责任有三种：政治责任、行政责任和法律责任。政治责任意指如果政府决策失误或者行为有损国家和人民利益，虽不受法律追究，但却要承担政治责任，"地方政府对本级人大及其常务委员会负有环境政治责任"；行政责任也称工作责任，意指政府或政

---

[1] 蔡守秋："论政府环境责任的缺陷与健全"，载《河北法学》2008年第3期，第19页。
[2] 李俊斌、刘恒科："地方政府环境责任论纲"，《社会科学研究》2011年第2期，第72页。

府所属工作部门内部上下级之间监督与命令执行中可能产生的责任,"政府所属的有关工作部门对同级政府的环境管理部门承担环境行政责任";法律责任包括对行政相对人的责任和对法律本身的责任,要求地方政府完整理解并贯彻法律意图,依法执法。①

关于政府环境责任与政府环境法律责任之间的关系,在上述学者看来,政府环境法律责任只是政府环境责任中的一部分。不过,另有学者认为,"政府环境责任本质上是法律责任";② 还有学者在蔡守秋教授界定的概念基础上,根据法理学的分类,将政府法律责任分为宪法责任、行政责任、民事责任、刑事责任四种。③ 笔者以为,蔡守秋教授关于政府环境责任的内涵界定已清晰表明,政府环境责任包括两部分内容:一是法律规定的政府环境职权或政府环境权力、政府环境职责或政府环境义务,这是政府承担环境责任的前提和基础;二是政府因违反有关其环境职权、环境职责的法律而依法承担的不利后果,这是政府环境责任的最终体现。因此,政府环境责任的承担必须在法律规定的基础上实现,与政府环境法律责任本质上应该相同。不过,对"政府"的理解从狭义上较好,而且还应包括政府环境监管职能部门。

(二)政府环境监管法律责任

政府及其环境行政主管部门的环境职责相当广泛。根据《环境保护法》的相关规定,"政府为环境质量负责"是贯穿该法的指导思想,环境监管职责只是政府环境职责中的一部分。政府环境监管法律责任是指政府违反法律规定的政府在环境监管方面的职责、权力而承担的法律后果。根据权责统一原则,法律赋予地方政府环境监管的义务和责任,地方政府必须采取积极的措施和行动依法履行其职责,擅自放弃、不履行其法定职责或违法、不当行使其职权,均要承担相应的法律责任。④ 由于环境监管过失的注意义务是对行为人的职责设定的,直接影响对行为人进行行政责任与刑事责任的追究,

---

① 胡静:"地方政府环境责任冲突及其化解",载《河北法学》2008年第3期,第34~36页。
② 任慧莉:《中国政府环境责任制度变迁研究》,南京农业大学2011年博士学位论文,第10页。
③ 朱国华:《我国环境治理中的政府环境责任研究》,南昌大学2016年博士学位论文,第135页。
④ 赵美珍、郭华茹:"地方政府环境监管法律责任探讨",载《福建论坛·人文社会科学版》2012年第11期,第169页。

因此，规范性法律文件应当采取国家设定优于地方设定的原则，即如果地方设定的环境监管过失之注意义务明显违背了国家设定，则应当以国家设定为准。在单位内部，只有规定了权力清单、责任清单和负面清单等内容的规范性文件才能成为环境监管注意义务的来源，单位内部的非规范性文件不能单独地作为环境监管注意义务的来源，但是可以成为确定行为人是否具有环境监管注意义务的重要依据。① 从性质上看，政府环境监管法律责任可以包括行政责任、刑事责任以及国家赔偿责任。

企业环境污染第三方治理中，政府的监管对象虽然发生了变化，但在环境监管中因违反法律规定的政府在环境监管方面的职责、权力而承担的法律后果与传统环境污染治理模式下并无实质不同。

二、企业环境污染第三方治理中政府监管行政责任

行政责任是行政学与法学等学科领域广泛应用的复杂概念。行政学意义上通常认为，行政责任是指行政机关及其公务员基于国家公职身份及其相应职责权限而应当承担的政治责任、法律责任、道义责任与狭义上的行政责任（行政职责）。② 法学意义上通常认为，行政责任即行政法律责任。概括地讲，行政法律责任是指行政法律规范所规定的一种法律责任。行政责任就是指行政法律关系主体因违反行政法律规范而依法必须承担的法律责任，它是行政违法（包括行政不当）所引起的法律后果。③ 行政法律责任是人类社会政治法律思想和制度发展史上间接民主阶段的历史产物，又是近代国家责任政治的产物，是国家行政管理制度的重要组成部分。④ 政府环境监管行政责任是法律责任中的一种，是指政府环境行政主管部门及其公务人员因违反环境行政法律规范的规定而应承担的环境行政法意义上的否定性的、不利法律后果。

---

① 侯艳芳："境监管过失的注意义务与司法认定"，载《政治与法律》2016年第12期，第74、77页。
② 刘志坚："环境监管行政责任设定缺失及其成因分析"，载《重庆大学学报（社会科学版）》2014年第2期，第106页。
③ 皮纯协、王丛虎："行政主体的行政法律责任的演进"，载《行政法学研究》2000年第2期，第3~4页。
④ 张国庆主编："行政管理学概论"，北京大学出版社1990年版，第412页。

这是政府承担环境监管法律责任的最主要形式。

（一）我国政府环境监管行政责任的主要规定

行政责任涉及责任主体的切身利益，责任法定理应是设定行政责任必须遵循的基本原则之一。根据责任法定原则，关于环境监管行政主管部门及其工作人员的行政责任，应视对责任主体权益影响程度的不同而依法划分不同立法主体设定行政责任的权限，非立法性文件只能对立法文件所设定的行政责任作相应的实施性或执行性规定，不应对行政责任作出设定性规定。[①] 目前，我国关于政府承担环境监管行政责任的立法依据主要存在于《环境保护法》及污染防治单行法中（见表6-1）。此外，为了遏制环境监管违法行为，提高环境监管质量与效能，我国还颁布了相关的部门规章，如监察部和原国家环保总局于2006年颁布的《环境保护违法违纪行为处分暂行规定》，中央纪委、监察部和国家海洋局于2008年颁布的《海域使用管理违法违纪行为处分规定》等，各级地方政府也相继出台了一大批规范性文件，对环境保护行政处分及行政问责等问题作出规定。

表6-1　我国环境保护法律对环境监管行政责任的主要规定

文件名称	规定内容
环境保护法	责任主体：地方政府、环境监管部门的直接负责的主管人员和其他直接责任人员； 责任形式：给予记过、记大过或者降级处分；造成严重后果的，给予撤职或者开除处分，其主要负责人应当引咎辞职； 违法行为：不符合行政许可条件准予行政许可；对环境违法行为进行包庇；依法应当作出责令停业、关闭的决定而未作出；对超标排放污染物、采用逃避监管的方式排放污染物、造成环境事故以及不落实生态保护措施造成生态破坏等行为，发现或者接到举报未及时查处；违反本法规定查封、扣押企业事业单位和其他生产经营者的设施、设备；篡改、伪造或者指使篡改、伪造监测数据；应当依法公开环境信息而未公开；将征收的排污费截留、挤占或者挪作他用；法律法规规定的其他违法行为。[②]

---

① 刘志坚：“环境监管行政责任设定缺失及其成因分析”，载《重庆大学学报（社会科学版）》2014年第2期，第107页。

② 《环境保护法》第68条。

续表

文件名称	规定内容
水污染防治法	责任主体：环境监管部门的直接负责的主管人员和其他直接责任人员； 责任形式：依法给予处分； 违法行为：不依法作出行政许可或者办理批准文件的；发现违法行为或者接到对违法行为的举报后不予查处的；有其他未依照本法规定履行职责的行为的。①
大气污染防治法	责任主体：地方政府、环境监管部门及其工作人员； 责任形式：依法给予处分； 违法行为：滥用职权、玩忽职守、徇私舞弊、弄虚作假。②
环境噪声污染防治法	责任主体：环境噪声污染防治监督管理人员； 责任形式：依法给予行政处分； 违法行为：滥用职权、玩忽职守、徇私舞弊。③
固体废物污染环境防治法	责任主体：县级以上政府环境监管部门；负有责任的主管人员和其他直接责任人员； 责任形式：责令改正；依法给予行政处分； 违法行为：不依法作出行政许可或者办理批准文件的；发现违法行为或者接到对违法行为的举报后不予查处的；有不依法履行监督管理职责的其他行为的。④
放射性污染防治法	责任主体：放射性污染防治监督管理人员环境噪声污染防治监督管理人员； 责任形式：依法给予行政处分； 违法行为：违反法律规定，利用职务上的便利收受他人财物、谋取其他利益，或者玩忽职守，对不符合法定条件的单位颁发许可证和办理批准文件的；不依法履行监督管理职责的；发现违法行为不予查处。⑤
海洋环境保护法	责任主体：海洋环境监督管理人员； 责任形式：依法给予行政处分； 违法行为：滥用职权、玩忽职守、徇私舞弊，造成海洋环境污染损害。⑥

---

① 《水污染防治法》第80条。
② 《大气污染防治法》第162条。
③ 《环境噪声污染防治法》第62条。
④ 《固体废物污染环境防治法》第67条。
⑤ 《放射性污染防治法》第48条。
⑥ 《海洋保护法》第93条。

续表

文件名称	规定内容
环境影响评价法	责任主体：直接负责的主管人员和其他直接责任人员； 责任形式：依法给予行政处分；收取费用的责令退还； 违法行为：规划编制机关违反本法规定，未组织环境影响评价，或者组织环境影响评价时弄虚作假或者有失职行为，造成环境影响评价严重失实；规划审批机关对依法应当编写有关环境影响的篇章或者说明而未编写的规划草案，依法应当附送环境影响报告书而未附送的专项规划草案，违法予以批准；负责审核、审批、备案建设项目环境影响评价文件的部门在审批、备案收取费用，情节严；徇私舞弊，滥用职权，玩忽职守，违法批准建设项目环境影响评价文件。①

由表 6-1 可见，我国环境立法中，只有《环境保护法》对行政责任的形式列举规定为记过、记大过、降级、开除、引咎辞职等，并将环境执法中各类行政失职行为予以类型化、清晰化规定，按行为违法程度而对负有环境监管责任的相关人员课以类别化的行政处分甚至行政问责。其他立法中，对于行政责任的承担方式都是笼统规定为"依法给予处分"或"依法给予行政处分"；对于承担行政责任的具体情形，《水污染防治法》《固体废物污染环境防治法》《放射性污染防治法》《环境影响评价法》四部法律作了列举，其他立法中则使用了"滥用职权、玩忽职守、徇私舞弊"等模糊用词进行概括。而作为行政规章的《环境保护违法违纪行为处分暂行规定》对存在环境保护违法违纪行为的国家行政机关的直接负责的主管人员、其他直接责任人员及工作人员规定了警告、记过、记大过、降级、撤职等行政处分措施，并列举了对应的行为类型。

（二）现行规定存在的主要问题②

其一，环境监管行政责任规范与环境监管义务规范缺乏合理对应与衔接。

---

① 《环境影响评价法》第 29、30、33、34 条。
② 刘志坚："环境监管行政责任设定缺失及其成因分析"，载《重庆大学学报（社会科学版）》2014 年第 2 期，第 107~111 页。

第六章
企业环境污染第三方治理的政府监管

政府环境监管义务也即政府的环境监管职责,环境监管行政责任是环境监管主体因违反环境监管义务而必须承担的环境行政法上的不利法律后果。因此,环境监管义务是环境监管行政责任的前提与基础,环境监管行政责任则是实现环境监管义务的保障。这就要求环境监管行政责任规范与环境监管义务规范之间具有合理的对应与衔接,以保障环境监管义务的实现。但从我国环境保护法律法规对环境监管行政责任的规定看,环境监管职权与职责条款没有严格区分,前述七类环境监管职权也是环境监管职责,对环境行政主管部门作出的禁止性规定较少。《环境保护法》中虽对各类行政失职行为予以类型化规定,但对应的责任条款并不充分;其他单行法中环境监管义务规范则更少,责任规范高度概括,环境义务规范与环境责任规范脱节的情况则更为严重。

其二,环境监管者行政责任与环境行政相对人责任的设定严重失衡。政府因环境监管与被监管对象之间形成环境行政法律关系。一直以来,行政法律关系被认为是"权力服从关系",即行政主体为了维护国家利益、社会公共利益,建立正常的社会秩序,处于比行政相对人优越的地位,享有对行政相对人发布命令、采取强制措施的权力时所形成的命令与执行、决定与服从、强制与被强制的不平等关系。但随着民主行政、法治行政的理念和实践的影响,行政主体对行政相对人并没有绝对的当然的支配权,行政主体与行政相对人并不存在绝对的无条件的命令与服从关系,而是受到更多法律约束,法律关系的内容除管理关系外,还包括服务关系、合同关系、指导关系、补救关系等等。[①] 从内容上看,行政法律关系主体权利义务具有对应性与不对等性。对应性是指主体双方相互行使权利并履行义务,不允许存在一方只行使权利而另一方只履行义务的情况。不对等性是指主体双方虽对应地相互既享有权利又履行义务,但从质的方面讲,双方各自权利义务的性质可能完全不

---

① 王成栋:"行政法律关系基本理论问题研究",载《政法论坛》2001 年第 6 期,第 90~91 页。

同；从量的方面讲，双方各自权利义务的数量也不能相等。① 法律在规定双方当事人权利义务具有不对等性的同时，为防止行政机关任意行为，必须规定相应的制约措施。一方面，规定行政权行使监督制度，通过外部保障机制将这种不平等性限定在民主政治范围内；另一方面，立法上对行政主体权力与义务的配置应保持统一性与相适应性，对行政主体与相对人的权利义务应合理均衡配置，以避免出现双方权利（力）享有与义务责任承担出现失衡现象。

就环境监管权而言，其外部监督问题前文已述及，不再赘述。关于双方权利义务均衡问题，从我国现行环境保护相关立法来看，对环境监管法律关系主体的监管权规定较多，但对行政责任规定较少，而对被监管对象的义务及行政责任规定详细，两者之间普遍存在失衡现象（见表6－2）。这既不利于监管主体监管权依法行使，也不利于保护被监管对象的合法权益。

表6－2　我国环境保护法律关于环境监管关系法律责任条款的分布②

文件名称	法律责任条款数量	监管主体责任条款	相对人责任条款
环境保护法	10	3	2
水污染防治法	18	2	17
大气污染防治法	30	2	29
环境噪声污染防治法	15	1	14
固体废物污染环境防治法	19	1	18
放射性污染防治法	12	1	11
海洋环境保护法	20	1	19
环境影响评价法	6	4	2

---

① 王成栋："行政法律关系基本理论问题研究"，载《政法论坛》2001年第6期，第96页。
② 为方便统计，没有严格区分少量的侵权责任条款和刑事责任条款，排除了诉讼时效条款等与责任追究、权利救济相关的条款。另外，有的条款对双方都可适用，所以两者相加与条款总数并不相同。

其三，环境保护法律设定的环境监管行政责任条款普遍欠缺应有的规范性。根据立法学的一般原理，法律责任规范的设置，除了符合行为模式——法律后果或者假定——处理的规范结构要求之外，还应当做到主体（究责主体与责任主体）、行为（违法行为及其情节）、后果（责任及其形式）等要素的完备，语言表达具有确定性。[①] 但从表 6-1 列举的我国部分环境保护立法来看，不仅对环境监管主体的行政责任的规定少，而且已有规定中，针对的主体大多是环境监管部门的主要负责人或直接负责人员；对于"行为"的规定，《环境保护法》《水污染防治法》《固体废物污染环境防治法》《放射性污染防治法》《环境影响评价法》五部法律作了列举，其他立法中则使用了"滥用职权、玩忽职守、徇私舞弊"等模糊用词进行概括；对于"后果"的规定，除《环境保护法》外，其他立法都是笼统规定为"依法给予处分"或"依法给予行政处分"。这不但缺少与既定环境监管法律义务的有机衔接，而且由于语言表述过于原则、笼统，缺乏确定性，在实践中很难得到切实的执行。

其四，环境保护法律规定的行政责任形式与相关国家立法缺乏合理衔接。行政责任的承担方式主要包括两个层面：一是以违法的行政主体为主要适用对象的撤销违法行政行为、履行职务或法定义务、通报批评、赔礼道歉等；二是以违法的行政相对人为主要适用对象的罚款、拘留、责令停产停业、吊销营业执照等。[②] 行政法律关系类型丰富且具有专门业务性，这一特征使得行政主体在行使行政权力时需要专业优势，纠纷的解决方式有时也与专业问题相关。因此，尽管《国家公务员法》《行政监察法》等法律对行政主体的行政责任已经有较明确的规定，但这些规定具有基础性和概括性，需要不同行业的专门性法律法规进一步规定，并与之配合与衔接。我国现行环境保护法律中对环境行政相对人行政责任形式的设定较为详备，但对环境监管者行

---

① 刘志坚："环境监管行政责任设定缺失及其成因分析"，载《重庆大学学报（社会科学版）》2014 年第 2 期，第 108 页。
② 张旭："民事责任、行政责任和刑事责任——三者关系的梳理与探究"，载《吉林大学社会科学学报》2012 年第 2 期，第 56 页。

政责任形式的设定却较为单一,对环境监管主体所属公务人员行政责任的形式多限于行政处分形式,"依法给予处分"或"依法给予行政处分"之类的格式化语言甚为常见。针对《环境保护法》的规定,更有学者分析指出,第 26 条规定了将环境保护目标完成与否,作为考核本级政府负责人的重要依据,第 27 条则规定了县级人民政府向本级人大代表大会以及人大常委会的环境状况与环境保护目标完成与否的报告制度,规定的是"政治责任";第 44 条规定了"环评区域限批"制度,即"超过国家重点污染物排放总量控制指标,暂停审批新增重点污染物排放总量的建设项目环境影响评价文件",规定的是"管理行为责任";第 68 条规定的是行政处分责任。无论是政治责任、行政处分责任还是管理行为责任都不是严格意义上的法律责任,不具有法律责任的属性。①

(三) 政府环境监管行政责任的立法完善

政府环境监管行政责任立法规定存在上述问题的原因多种多样,非立法技术欠缺所能解释。以下尝试提出相应的完善建议。

首先,破除环境立法"官本位"思想的束缚,为合理设定环境监管行政责任营造良好环境。"官本位"思想是中国几千年封建社会政治文化的代表,在转型期中国依然根深蒂固。有学者指出,"在'官本位'思想观念作用下,在政策选择与立法决策中偏好将权力(权利)向官员倾斜、集中,各种义务(责任)向平民倾斜、集中,习惯于用法律责任等手段'治民',而不善于甚至也不太愿意用法律责任等手段'治吏。'""'官本位'思想观念作用于现实行政管理领域,势必导致法治行政、责任行政、阳光行政、民主行政、服务行政等现代行政理念发育不良,政府行政职能演化与转变迟缓,公务员行政伦理失范,并因此反过来影响或制约对行政主体及其公务员法律责任科学、合理、有效的设定与实现"②。在环境保护立法中,"官本位"思想的影响也

---

① 马波:"论政府环境责任法制化的实现路径",载《法学评论》2016 年第 2 期,第 157 页。
② 刘志坚:"环境监管行政责任设定缺失及其成因分析",载《重庆大学学报(社会科学版)》2014 年第 2 期,第 111 页。

未能幸免，在环境监管主体与监管对象权利、义务、责任规定上的明显失衡就是一个具体体现。因此，应当加快政治体制改革，实现依法治国，破除"官本位"思想的社会基础，树立"民本位"思想，建设服务型政府，为均衡设定政府环境监管行政责任营造良好环境。

其次，完善我国政府环境职责制度，为合理设定环境监管行政责任规范奠定基础。环境监管义务的确定是设定环境监管责任的前提。我国环境监管义务主体有各级政府环境行政主管部门及其他部门，各主体的义务内容并不相同，立法中对具体义务的划分不清，导致行政责任规范难以与之对接。以《环境保护法》为例，尽管该法于2014年修订时大大增加了政府的环境职责，在具体职责划分上，中央与地方政府的责任在环境规划编制和环境标准制定等部分事项中有了明确规定，但该法在规定政府环保职责的条文中，多次使用"各级人民政府""地方各级人民政府""人民政府""县级以上人民政府"等笼统表述，这表明在法律层面上，中央与地方政府在大多数环境监管事务上的纵向责任主体并不明晰，负有环境保护职责的不同政府职能部门之间分工不明，环境保护行政主管部门内部的具体职责不清，这就失去了科学、合理设定环境监管行政责任的基础。为此，要建立明确、合理的环境监管职责层级分工体系，通过法律的形式规定各级政府，特别是国务院和省级政府之间的环保职责划分，明确本级与下级政府及同级政府不同职能部门的环保职责。在此基础上，针对不同层级环境监管主体的职责与义务，设定相应的环境监管行政责任。

再次，区分不同责任主体，完善环境监管行政责任的规范性。政府环境监管中，不同主体承担责任的情形和方式不同。环境行政监管部门、行政首长、直接负责的主管人员和其他直接责任人员都可能是责任主体，在行政责任规范中不同主体的"行为"和"后果"有别。就监管机关而言，行政责任的承担方式可能是上级行政机关或监察机关作出通报批评、撤销具体行政行为、变更具体行政行为、确认具体行政行为违法、责令限期重新作出具体行政行为、责令停止违法行为、责令限期履行职责等，不同的方式应对应不同的"行为"。就行政首长而言,是行政机关的代表,对行政首长追究行政责任既是对行政机关行政责任的追究,同时也是对行政首长行政责任的追究。但我国《环境保护法》规定存在第 68 条规定的 9 种行为时,行政首长对造成严重后果的情况承担引咎辞职的责任,未规定拒不引咎辞职应当如何处理,也未规定地方政府行政首长与环境监管职能部门行政首长的连带责任。在现实中,直接负责的主管人员和其他直接责任人员大部分并不是该 9 种行为的主要责任人,行政首长对上述行为有更大的决定权,在不发生严重后果的情况下让副职或其他人员担责,副职与其他直接责任人员成了"替罪羊";在发生严重后果的情况下,行政首长只是"应当引咎辞职",拒不引咎辞职也未规定该如何处罚。对此,有学者建议,应当在引咎辞职的基础上增加与负有主管责任的与直接责任的公务员相同的行政责任;如果拒不引咎辞职或者需要罢免的,则由权力机关罢免。[①] 就直接负责的主管人员和其他直接责任人员,相关环境保护立法可参照《环境保护法》的规定,对"行为"进行类型化细分,对应相应的"结果"。

最后,以国家有关规定为基础,细化环境监管行政责任,与相关国家立法关于行政责任的规定合理衔接。政府环境监管行为属于政府行政行为,我国《国家公务员法》《行政监察法》等对政府的行政权的行使及行政责任作出的规定具有基础性和概括性,"既不可能对各个行政管理领域内特有的或者特殊的公务员之违法行为等作出更加具体明确的规定,更不可能设定对各类行政主体及其公务员的非行政处分责任形式"。[②] 在环境法领域,需要以《国家公务员法》《行政监察法》等对公务员行政处分责任的规定为据,对环境监管过程中存在的违法行为作出类型化、清晰化规定,并据此进一步细化环境监管行政责任的承担方式,以实现环境保护法律关于

---

① 朱国华:《我国环境治理中的政府环境责任研究》,南昌大学 2016 年博士学位论文,第 125、128 页。

② 刘志坚:"环境监管行政责任设定缺失及其成因分析",载《重庆大学学报(社会科学版)》2014 年第 2 期,第 110 页。

环境监管行政责任的规定与国家其他立法中对行政责任的规定之间合理衔接。

三、企业环境污染第三方治理中政府监管刑事责任

刑事责任又称刑事法律责任，是指因违反刑事法律而应当承担的法定不利后果。环境监管失职罪于1997年首次被写进我国刑法，作为渎职罪的一种，规定在第九章"渎职罪"中，该法第408条规定，"负有环境保护监督管理职责的国家机关工作人员严重不负责任，导致发生重大环境污染事故，致使公私财产遭受重大损失或者造成人身伤亡的严重后果的，处三年以下有期徒刑或者拘役。"这是目前在环境监管领域承担刑事责任的主要刑法依据。

(一) 环境监管失职罪的犯罪主体

犯罪主体是指实施危害社会的行为并依法应负刑事责任的自然人和单位。根据《刑法》第408条的规定，环境监管失职罪的主体是"负有环境保护监督管理职责的国家机关工作人员"。据此，该罪只能由国家机关工作人员才能够构成，不包括单位。从范围上看，主体的范围相当广泛。根据我国环境监管实行的"统管"与"分管"相结合的体制，除国务院及县级以上各级地方人民政府环境行政主管部门中从事环境保护工作的人员，也包括其他行政主管部门中依照有关法律规定对环境或资源的保护实施监督管理的工作人员。具体界定时以"职责论"作为标准，除上述机关的公务员外，也包括未列入国家机关人员编制，但在国家机关中从事公务的人员，如合同制、聘用制人员等。[①]

有学者认为，从司法实践看，被判处环境监管失职罪的基本是具体职能部门的相关人员，而对地方环境质量负责的地方政府领导，因决策失误造成重大环境污染事故，或严重干扰正常环境执法，包庇、纵容、放任环境违法行为导致辖区环境恶化的行为却逃避了严肃的刑事追究。因而提出通过司法

[①] 张梓太：《环境纠纷处理前沿问题研究——中日韩学者谈》，清华大学出版社2007年版，第127页。

解释，将地方政府主要负责人纳入环境监管失职罪主体承担刑责。① 另有学者提出，政府环境单位犯罪罪名的设立具有正当性，应增加包括环境监管失职罪在内的政府环境犯罪主体，将个人犯罪扩大为政府环境单位犯罪，认为这可以起到三方面作用：一是可以通过罚金的承担，对其行政首长及其决策层起到惩戒与教育作用；二是在政府环境单位犯罪的追究中，首先要审查是集体决策还是行政首长代表行政机关决策，可有效追查行政首长责任；三是可督促政府恪尽职守，避免因政府过失而造成严重的环境损失。②

（二）环境监管失职罪的犯罪客体

犯罪客体是我国刑法所保护的、为犯罪行为所侵害的社会关系。环境监管失职罪的犯罪客体具有复杂性。首先，具有玩忽职守犯罪的同类客体，体现在两个方面：其一，国家机关工作人员违反国家机关工作人员职务的勤政性原则，侵害了国家机关的正常管理活动。其二，国家机关工作人员不履行或不正确履行职责的玩忽职守行为，造成公共财产、国家和人民利益遭受重大损失，也侵犯了公民的人身、财产权利以及公共财产安全和社会主义市场经济秩序等。其次，环境监管失职罪的直接客体是侵犯了环境监管国家机关正常的监管秩序。③ 最后，结合我国司法解释中对于危害结果的解释，该罪的客体中还应包括公民环境权和生态环境安全。④

（三）环境监管失职罪的犯罪主管方面

犯罪主观方面是指犯罪主体对自己的行为及其危害社会的结果所报的心理态度。行为人的罪过即其犯罪的故意或过失心态是一切犯罪构成都必须具备的主观要件之要素。⑤ 对于环境监管失职罪的罪过形式，多数认为该罪的主观罪过为过失，有观点认为该罪也有故意的可能性，在一些特殊情况下，

---

① 赵美珍、郭华茹："地方政府环境监管法律责任探讨"，载《福建论坛·人文社会科学版》2012年第11期，第171~172页。
② 朱国华：《我国环境治理中的政府环境责任研究》，南昌大学2016年博士学位论文，第134页。
③ 季明珠："浅析环境监管失职犯罪"，载《人民检察》2003年第5期，第42页。
④ 蒋兰香：《环境刑法》，中国林业出版社2004年版，第113页。
⑤ 高铭暄、马克昌：《刑法》，北京大学出版社、高等教育出版社2011年版，第103页。

不能排除放任间接故意的存在。① 笔者以为，结合《刑法》第 408 条中"严重不负责任"的表述，应理解为过失。

刑法上的过失理论经历了传统过失论、新过失论和新的新过失论三个发展阶段，新的新过失论认为，不要求行为人注意义务判断中的结果避免预见可能性是具体的，只要存在畏惧感或者不安感即可，较之于新过失论，其扩大了过失认定的范围。新的新过失论衍生出监管过失理论。环境监管失职罪的过失，不同于直接过失，其是一种监督管理过失，是指负有环境监管职责的行为人在实施行政行为的过程中，应当预见由于其没有履行监管职责而发生侵害法益的后果，因疏忽大意没有预见或者已经预见而轻信能够避免，以致被监管者的行为造成了严重侵害环境法益的后果的主观心态。② 关于过失的认定，要符合"行为人欠缺构成要件之故意"和"行为人违反客观的注意义务"，③ 因而注意义务是犯罪成立的积极要素，只有行为人具备注意义务，才可能成立环境监管失职。注意义务可以来源于规范性法律文件的明确规定，也可来源于单位内部规范性文件的明确规定。

（四）环境监管过失罪的犯罪客观方面

犯罪客观方面是指刑法所规定的、说明行为对刑法所保护的社会关系造成损害的客观外在事实特征。犯罪客观方面的要件具体表现为危害行为、危害对象、危害结果、因果关系，以及时间、地点、方法等。环境监管失职罪的客观方面要件主要有：

第一，危害行为。中国刑法通说认为，刑法理论上的各种危害社会的行为可归结为作为与不作为两种基本形式。④ 就环境监管失职罪而言，其行为的方式既存在作为，也存在不作为，还存在作为与不作为之结合。⑤ 其一，

---

① 宋海鸥等："如何认定环境监管失职罪"，载《环境保护》2009 年第 23 期，第 50 页。
② 侯艳芳："境监管过失的注意义务与司法认定"，《政治与法律》2016 年第 12 期，第 73 页。
③ 陈子平：《刑法总论》，元照出版社 2008 年版，第 206～207 页。
④ 高铭暄、马克昌：《刑法》，北京大学出版社、高等教育出版社 2011 年版，第 65 页。
⑤ 李国庆、秦鹏："环境监管失职罪归责的规范分析"，载《北京理工大学学报（社会科学版）》2017 年第 6 期，第 149 页。

危害行为可以表现为监管主体不履行其义务。如湖南省怀化市中级人民法院终审的"米某某环境监管失职案",行为方式系不作为。本案中,法院在判决中认定,米某某根据辰溪县环境保护局监察大队的职责要求,需每月到被监管单位进行一次现场检查,但是在被监管单位造成污染事故的时间段里,米某某却没有履行该义务。① 其二,危害行为可以表现为监管主体在其履行其义务时,未正确履行其义务。如广东省揭西县人民法院审理的"张某某环境监管失职案",行为方式系作为(不认真履行职责)。本案中,法院在判决中认定,张某某是广东省揭阳市揭西县环保局副局长,兼任环境监察大队原大队长。2009年至2011年6月期间,张某在发现辖区内存在非法经营的洗钨矿场后,未认真履行职责依法予以取缔,仅在罚款之后即了事。非法洗钨矿场长期持续排污,最终造成重大环境污染,致使国家利益遭受巨大损失。② 其三,危害行为可以表现为监管主体不仅不履行其环境监管职责,反而错误地让被监管人拆除其自认为没有必要的部分环境处理、检测设备等,出现本罪的构成要件性结果。如江苏省镇江经济开发区人民法院审理的"丁某某环境监管失职案",行为方式既有不履行其职责,亦有错误履行职责,是作为与不作的结合。本案中,丁某某是镇江市固体废物管理中心主任,负有固体废物环境监督义务,在得知其监管辖区内的江苏钛白集团有限公司将废物酸渣等固体污染物委托给一家无经营许可证的公司处理时,其不仅不对"钛白集团"行为予以制止并依法处置,反而允许该公司将硫酸钙也倾倒在固定废物倾倒的地方,造成了严重污染的后果。③

第二,危害结果。危害结果是危害行为所造成的具体侵害事实与危险状态。根据我国《刑法》第15条以及刑法分则条文的有关规定,过失犯罪均

---

① 详见110网"判裁案例",http://www.110.com/panli/panli_18771620.html,2014 - 01 - 01。

② 最高人民检察院于2015年6月16日发布的10起加强生态环境司法保护典型案例之一,http://legal.people.com.cn/n/2015/0616/c188502 - 27164780.html,2015 - 06 - 16。

③ 详见北大法宝,http://www.pkulaw.cn/Case/payz_118315090.html?match = Exact,2018 - 02 - 10。

已发生特定的危害结果为构成要件。环境监管过失罪需具备"发生重大环境污染事故"和"致使公私财产遭受重大损失或者造成人身伤亡"的法定危害结果。2006 年，最高人民检察院发布《关于渎职侵权犯罪案件立案标准的规定》，规定环境监管失职罪涉嫌下列情形之一的应予立案：造成死亡 1 人以上，或者重伤 3 人以上，或者轻伤 9 人以上，或者重伤 2 人、轻伤 3 人以上，或者重伤 1 人、轻伤 6 人以上的；导致 30 人以上严重中毒的；造成经济损失 30 万元以上的；造成基本农田或者防护林地、特种用途林地 10 亩以上，或者基本农田以外的耕地 50 亩以上，或者其他土地 70 亩以上被严重毁坏的；造成生活饮用水地表水源和地下水源严重污染的；其他致使公私财产遭受重大损失或者造成人身伤亡严重后果的情形。2016 年，最高人民法院和最高人民检察院发布《关于办理环境污染刑事案件适用法律若干问题的解释》，规定有下列情形之一的，应当认定为第 408 条规定的行为"致使公私财产遭受重大损失或者严重危害人体健康"或者"致使公私财产遭受重大损失或者造成人身伤亡的严重后果"：致使公私财产损失 30 万元以上；造成生态环境严重损害的；致使乡镇以上集中式饮用水水源取水中断 12 小时以上的；致使基本农田、防护林地、特种用途林地五亩以上，其他农用地 10 亩以上，其他土地 20 亩以上基本功能丧失或者遭受永久性破坏的；致使森林或者其他林木死亡 50 立方米以上，或者幼树死亡 2500 株以上的；致使疏散、转移群众 5000 人以上的；致使 30 人以上中毒的；致使 3 人以上轻伤、轻度残疾或者器官组织损伤导致一般功能障碍的；致使 1 人以上重伤、中度残疾或者器官组织损伤导致严重功能障碍的；其他严重污染环境的情形。两者相比，不仅降低了入罪标准，还将"生态环境严重损害"纳入了危害结果中。

第三，危害行为与危害结果之间的因果关系。罪责自负是我国刑法的基本原则之一，危害行为与危害结果之间具有因果关系是行为人负刑事责任的必要条件。环境监管失职罪中，造成危害结果的原因具有多样化特征，监管失职行为本身不会造成危害结果，当其与污染行为相结合时则会造成危害结果。因此，失职行为与危害结果之间具有或然性和间接性。环境监管失职罪因果关系具有三重性：污染行为与危害结果的因果关系；失职行为与污染行为的因果关系；失职行为与危害结果之间的因果关系。具体分析时需要结合刑法因果关系理论，并根据环境监管失职罪个案特点，可依据"从结果到原因，再从原因到结果"的思路。首先，在查清财产损失或人身伤亡等危害结果的基础上，从危害结果开始，以必要条件"无 A 则无 B"的逻辑公式为判断标准，运用逆向研究法，客观全面总结导致危害结果发生的所有原因，无论直接原因还是间接原因、人为原因还是自然原因，行为人原因还是第三人原因。其次，以一般正常人社会经验可以认识到或者应当认识到某行为可能造成危害结果发生的理性标准，判断各原因对危害结果的原因力大小。最后，如果分析发现环境监管人员的失职行为对于危害结果的形成有相当程度上原因力，则需结合环境监管人员的职责对失职行为进一步分析。若该失职行为制造了不被允许的危险，该危险依附于另外的行为得以转化为特定的现实的危险，并且所造成的危害结果未超出构成要件的保护范围，则可以认定失职行为与危害结果之间具有刑法上的因果关系。[①]

四、企业环境污染第三方治理中的国家赔偿责任

（一）怠于履行环境监管职责致害国家赔偿的规范依据

国家赔偿是国家机关和国家机关工作人员行使职权，有我国《国家赔偿法》规定的侵犯公民、法人和其他组织合法权益的情形，造成损害的，受害人有依法取得国家赔偿的权利。国家赔偿分为行政赔偿和刑事赔偿。环境监管失职致害的赔偿属于行政赔偿。

根据我国现行《国家赔偿法》中关于国家行政赔偿范围的规定，针对的是行政机关及其工作人员"行使职权"时侵犯公民、法人和其他组织合法权益的情形，主要是"作为"的方式致害。对于政府及其环境监管部门在履行环境监管职责过程中存在的"不履行法定职责""拖延履行法定职责"等监

---

① 袁泉："环境监管失职罪的因果关系认定"，载《法制与经济》2014 年第 11 期，第 129 页。

管失职行为致人损害是否应承担国家赔偿责任,现行《国家赔偿法》未有明文的规定。不过,《国家赔偿法》第 3 条第(5)项、第 4 条第(4)项所规定的作为"行使职权"情形之一的"其他违法行为"应属于"兜底"性条款,从解释论的立场出发,这些条款的存在为学理研究及司法实务解决环境监管失职致害的国家赔偿问题,提供了足够的空间。[①] 1997 年,最高人民法院发布《关于审理行政赔偿案件若干问题的规定》,将《国家赔偿法》(1994年)第 3 条、第 4 条规定的"其他违法行为"解释为"包括具体行政行为和与行政机关及其工作人员行使行政职权有关的,给公民、法人或者其他组织造成损害的,违反行政职责的行为"。据此,行政机关及其工作人员因"违反行政职责"致人损害的行为被列入了行政赔偿案件的受案范围。2001年,最高人民法院在《关于公安机关不履行法定行政职责是否承担行政赔偿责任问题的批复》中,明确指出公安机关"不履行法定行政职责",致使公民、法人和其他组织的合法权益遭受损害的,应当承担行政赔偿责任。2010 年修订的《国家赔偿法》第 3 条将"放纵他人以殴打、虐待等行为造成公民身体伤害或者死亡"列入了行政赔偿的范围,2012 年《国家赔偿法》修订时对此予以保留。从最高人民法院发布的前述《规定》《批复》到《国家赔偿法》关于行政赔偿范围的修订来看,行政赔偿中的致害原因既包括积极作为的违法"行使职权",也应包括消极不作为的"违反行政职责"或"不履行法定职责"的违法"行使职权"。据此,政府及其环境监管部门在环境监管过程中因违反环境监管职责、不履行法定环境监管职责,致使受害人遭受环境污染侵权损害的,由受害人请求国家赔偿具有一定的规范依据。

(二)环境监管失职致害国家赔偿责任的构成要件

环境监管失职致害国家赔偿责任的构成要件,亦即国家承担环境污染侵害赔偿责任的必备条件,是指国家在何种情况下才应当对政府及其环境监管

[①] 贺思源、刘士国:"论环境监管失职致害的国家赔偿责任",载《河北法学》2013 年第 12 期,第 170~171 页。

部门因监管失职而致使广大受害人遭受的损害承担赔偿责任。① 具体要件应包括：

其一，环境监管部门未履行或未完全履行应尽的环境监管职责。其二，环境监管失职造成广大受害人重大权益损害，且受害人难以或无法通过其他途径获得妥当的损害救济。环境监管失职所致损害并非监管者直接造成，而是由加害者的环境污染侵害行为造成的，在通常情况下，广大受害人应当首先向加害者请求损害赔偿或者请求环境责任保险支付，只有当受害人不能通过其他路径获得救济时，国家才承担相应的赔偿责任。其三，环境监管失职与所致损害后果之间存在因果关系。在作为行为造成损害结果的情况下，加害人的作为行为是因，受害人的损害是果，因果关系易于识别判断。但是，监管失职情形下的因果关系，"不可能具有传统理论所认为那种事实上的内在、必然、不可避免的性质"，"更多的是一种法律拟制或规定的因果关系，而不是一种事实上的因果关系，只要行政义务机关有怠于履行其义务的事实、情形，法律上就视其为损害后果的原因"。② 环境监管失职与所致损害后果之间的因果关系就是这种法律拟制或规定的因果关系，只要环境监管部门及其工作人员存在监管失职的事实或情形，"诱发"或"促成"加害人环境侵权行为的发生，导致了受害人的损害，两者之间便存在因果关系。

（三）环境监管失职致害国家赔偿责任的确定

因环境监管失职致害案件中，加害者的环境污染侵害行为与环境监管失职行为相结合造成了损害，存在"多因一果"关系。确定国家的赔偿责任需要从以下两个方面进行分析：

其一，环境监管部门与加害者赔偿责任的关系。

环境监管部门的国家赔偿责任与加害者的损害赔偿责任关系的确定，将直接关系到国家赔偿的责任份额，以及在承担赔偿责任后可否向直接加害者

---

① 贺思源、刘士国："论环境监管失职致害的国家赔偿责任"，载《河北法学》2013年第12期，第171页。

② 杨小军："怠于履行行政义务及其赔偿责任"，载《中国法学》2003年第6期，第55页。

求偿。由于我国《国家赔偿法》并未明确规定监管失职的国家赔偿责任，2001 年最高人民法院《关于公安机关不履行法定行政职责是否承担行政赔偿责任问题的批复》中明确指出"在确定赔偿的数额时，应当考虑该不履行法定职责的行为在损害发生过程和结果中所起的作用等因素"，对此应理解为不履行法定职责的公安机关应承担按份赔偿责任。不过，有学者对这个规定的合理性提出质疑，认为"不履行职责的行为也罢，怠于履行义务的行为也罢，都是损害结果的条件原因，其作用总的来说就是条件，在'条件'名义下是没有程度区分的"，"能够区分程度的不是怠于履行义务的行为与损害结果的关系，而是行政机关在怠于履行义务中的主观过错程度"。[1] 至于行政机关与加害者之间的赔偿责任关系，学界也有不同见解。有观点认为属于按份责任关系，[2] 另有观点认为属于不真正连带责任关系，[3] 还有观点认为属于补充责任。笔者赞同补充责任的观点。正如该学者所言，将环境监管部门与加害者的赔偿责任关系确定为不真正连带责任关系，或是按份责任关系，都存在一定的弊端：若按照不真正连带责任关系，则可能会出现"要么由加害者承担全部赔偿责任，要么由环境监管部门承担全部赔偿责任"；若按照按份责任关系，"既不能令部分侵权人负全部赔偿责任，也不存在侵权人内部的追偿关系，若加害者不明或赔偿能力不足，会造成对广大受害人救济不足的问题"。[4] 而补充责任则意味着加害人是承担赔偿责任的第一责任人，也是最终责任人。当加害人不明或没有赔付能力时，由环境监管机关承担国家赔偿责任，环境监管机构赔偿后有向加害人追偿的权利。如此，既能增强加害人的守法意识，提高其环境污染侵害危险管理水平，也能保证环境污染侵权受害人得到充分的救济。

---

[1] 杨小军：《怠于履行行政义务及其赔偿责任》，载《中国法学》2003 年第 6 期，第 56 页。

[2] 曾珊：《松花江污染事件是否存在行政赔偿的法律空间》，载《法学》2006 年第 2 期，第 36 页。

[3] 王贵松：《危险防止型行政不作为的赔偿责任承担》，载《学习与探索》2009 年第 6 期，第 112 页。

[4] 贺思源、刘士国：《论环境监管失职致害的国家赔偿责任》，载《河北法学》2013 年第 12 期，第 174 页。

其二，国家赔偿与加害者民事赔偿的位序问题。

受害人因环境监管失职致害赔偿请求权的行使涉及国家赔偿和民事侵权赔偿，二者有无先后顺序限制，学界有不同意见。第一种观点认为，受害人应先行使民事侵权损害赔偿请求权，在没有其他救济途径的情况下，才由国家承担赔偿责任;[①] 第二种观点认为应先行使国家赔偿请求权，由行政赔偿义务机关承担全部赔偿责任后，再向民事侵权主体追偿;[②] 第三种观点认为受害人可以在民事赔偿和国家赔偿之间自由选择。[③]。笔者赞同第一种观点。因监管失职致害的因果关系中，加害人侵权与监管失职混杂在一起，环境侵权是致害的直接原因，监管失职"诱发"或"促成"了加害人环境侵权行为的发生，如若加害人自觉守法，损害本可以避免。"选择救济说"虽然能给受害人带来便利，但不利于贯彻原因者负担原则，加害人可能利用国家赔偿的便利性来逃避责任。而受害人通过民事赔偿不能得到救济的，再向国家请求赔偿，也能保障受害人救济权的实现。

---

① 周佑勇："论行政不作为的救济和责任"，载《法商研究》1997年第4期，第39页。
② 张红："行政赔偿责任与民事赔偿责任之关系及其处理"，载《政法论坛》2009年第2期，第180页。
③ 石佑启："试析行政不作为的国家赔偿责任"，载《法商研究》1999年第1期，第49页。

参考文献

著作类：

1. 杜辉：《环境公共治理与环境法的更新》，北京：中国社会科学出版社2018年版。

2. 吕忠梅：《环境法学概要》，北京：法律出版社2016年版。

3. 王利明：《侵权责任法》，北京：中国人民大学出版社2016年版。

4. 张璐主编：《环境与资源保护法学》，北京：北京大学出版社2015年版。

5. 崔建远：《合同法》，北京：北京大学出版社2012年版。

6. 高铭暄、马克昌：《刑法》，北京：北京大学出版社、高等教育出版社2011年版。

7. 肖建华：《生态环境政策工具的治道变革》，北京：知识产权出版社2010年版。

8. 张新宝：《侵权责任法立法研究》，北京：中国人民大学出版社2009年版。

9. 漆多俊：《经济法基础理论》，北京：法律出版社2008年版。

10. 刘春堂：《民法债编各论》，台北：三民书局2007年版。

11. 林诚二：《民法债编各论》（中），北京：中国人民大学出版社2007年版。

12. 张梓太：《环境纠纷处理前沿问题研究——中日韩学者谈》，北京：清华大学出版社2007年版。

13. 李挚萍：《环境法的新发展——管制与民主之互动》，北京：人民法院出版社 2006 年版。

14. 张梓太：《环境法律责任研究》，北京：商务印书馆 2004 年版。

15. 蓝文艺：《环境行政管理学》，北京：中国环境科学出版社 2004 年版。

16. 黄立：《民法债编各论》（下），北京：中国政法大学出版社 2003 年版。

17. 王泽鉴：《债法原理·基本理论·债之发生》，北京：中国政法大学出版社 2001 年版。

18. 王名、刘国翰、何建宇：《中国社团改革：从政府选择到社会选择》，北京：社会科学文献出版社 2001 年版。

19. 余正荣：《生态智慧论》，北京：中国社会科学出版社 1996 年版。

20. 汪劲：《日本环境法概论》，武汉：武汉大学出版社 1994 年版。

21. 张文显：《法学基本范畴研究》，北京：中国政法大学出版社 1993 年版。

22 ［美］詹姆斯·萨尔兹曼、巴顿·汤普森：《美国环境法》，徐卓然，胡慕云译，北京：北京大学出版社 2016 年版。

23. ［日］交告尚史等，《日本环境法概论》，田林等译，北京：中国法制出版社 2014 年版。

24. ［美］A. 爱伦·斯密德：《财产、权力和公共选择—对法和经济学的进一步思考》，黄祖辉等译，上海：上海三联书店、上海人民出版社 2006 年版。

25. ［英］克里斯托弗·卢茨：《西方环境运动：地方、国家和全球向度》，徐凯译，济南：山东大学出版社 2005 年版。

26. ［古希腊］亚里士多德：《政治学》，颜一等译，北京：中国人民大学出版社 2003 年版。

27. ［美］莱斯特·M. 萨拉蒙：《全球公民社会：非营利部门视野》，贾西津等译，北京：社会科学文献出版社 2002 年版。

28. ［美］詹姆斯·N. 罗西瑙：《没有政府的治理》，张胜军等译，南昌：江西人民出版社2001年版。

29. ［德］冯·巴尔：《欧洲比较侵权行为法》（下），焦美华译，北京：法律出版社2001年版。

30. ［奥］汉斯·凯尔森：《法与国家的一般理论》，沈宗灵译，北京：中国大百科全书出版社1996年版。

期刊论文类：

1. 刘长兴：《污染第三方治理的法律责任基础与合理界分》，《法学》，2018年第6期。

2. 蒋云飞、唐绍均：《论环境行政代履行费用的性质与征缴》，《北京理工大学学报》（社会科学版），2018年第2期。

3. 李一丁：《环境污染第三方治理的理论基础、现实诱因与法律机制构建》，《河南财经政法大学学报》，2017年第2期。

4. 陈潭：《第三方治理：理论范式与实践逻辑》，《政治学研究》，2017年第1期。

5. 于安：《论政府特许经营协议》，《行政法学研究》，2017年第6期。

6. 张式军、王绅吉：《〈环境保护法〉第65条环境侵权连带责任之正当性探究》，《山东社会科学》，2017年第4期。

7. 宫笠俐：《多中心视角下的日本环境治理模式探析》，《经济社会体制比较》，2017年第5期。

8. 王玎：《二战后德国环境法制建设及发展趋势研究》，《学术探索》，2017年第11期。

9. 刘俊敏、李梦娇：《环境污染第三方治理的法律困境及其破解》，《河北法学》，2016年第4期。

10. 董战峰等：《我国环境污染第三方治理机制改革路线图》，《中国环境管理》，2016年第4期。

11. 肖萍、卢群：《城市治理过程中公众参与问题研究》，《南昌大学学报》（人文社会科学版），2016 年第 6 期。

12. 沈费伟、刘祖云：《合作治理：实现生态环境善治的路径选择》，《中州学刊》，2016 年第 8 期。

13. 刘畅：《环境污染第三方治理的现实障碍及其化解机制探析》，《河北法学》，2016 年第 3 期。

14. 李雪松等：《环境污染第三方治理的风险分析及制度保障》，《求索》2016 年第 2 期。

15. 刘宁、吴卫星：《"企企合作"模式下环境污染第三方治理民事侵权责任探究》，南京工业大学学报（社会科学版），2016 年第 3 期。

16. 徐春成：《论环境服务组织的连带责任》，《河南财经政法大学学报》，2016 年第 4 期。

17. 马波：《论政府环境责任法制化的实现路径》，《法学评论》，2016 年第 2 期。

18. 周珂、史一舒：《环境污染第三方治理法律责任的制度建构》，《河南财经政法大学学报》，2015 年第 6 期。

19. 范战平：《论我国环境污染第三方治理机制构建的困境及对策》，《郑州大学学报》（哲学社会科学版），2015 年第 2 期。

20. 王琪、韩坤：《环境污染第三方治理中政企关系的协调》，《中州学刊》，2015 年第 6 期。

21. 刘超：《管制、互动与环境污染第三方治理》，《中国人口·资源与环境》，2015 年第 2 期。

22. 竺效：《论中国环境法基本原则的立法发展与再发展》，《华东政法大学学报》，2014 年第 3 期。

23. 刘志坚：《环境监管行政责任设定缺失及其成因分析》，《重庆大学学报》（社会科学版），2014 年第 2 期。

24. 刘鑫颖、韩超：《中国环境规制体制的反思——基于国际比较视角的分析》，《国有经济评论》，2014 年第 6 卷第 2 辑。

25. 邬晓燕：《德国生态环境治理的经验与启示》，《当代世界与社会主义》，2014 年第 4 期。

26. 徐鹏博：《中德环境立法差异及对我国的启示》，《河北法学》，2013 年第 7 期。

27. 侯佳儒：《论我国环境行政管理体制存在的问题及其完善》，《行政法学研究》，2013 年第 2 期。

28. 王江：《我国环保监管模式的缺失与创新》，《中州学刊》2013 年第 5 期。

29. 贺思源、刘士国：《论环境监管失职致害的国家赔偿责任》，《河北法学》，2013 年第 12 期。

30. 曾祥生：《服务合同：概念、特征与适用范围》，《湖南社会科学》，2012 年第 6 期。

31. 柯坚：《论污染者负担原则的嬗变》，《法学评论》，2010 年第 6 期。

32. 沈文辉：《三位一体——美国环境管理体系的构建及启示》，《北京理工大学学报（社会科学版）》，2010 年第 4 期。

33. ［日］大塚直：《日本环境法的理念、原则以及环境权》，张震、李成玲译，《求是学刊》，2017 年第 2 期。

34. ［日］竹下贤：《环境法的体系理念与法治主义的实质化》，李桦佩译，《太平洋学报》，2009 年第 7 期。

35. 张瑞珍、［日］奥田进一：《日本环境法的制定与实施对循环型经济社会形成的影响》，《内蒙古财经学院学报》，2007 年第 3 期。

36. ［英］格里·斯托克：《作为理论的治理：五个论点》，华夏风译，《国际社会科学》，1999 年第 1 期。

37. ［德］约翰·陶皮茨：《联邦德国"环境责任法"的制定》，汪学文译，《德国研究》，1994 年第 4 期。

学位论文类：

1. 朱国华：《我国环境治理中的政府环境责任研究》，南昌大学博士学位论文，2016 年。

2. 张宇庆：《论推进民间环保服务的合同方法》，武汉大学博士学位论文，2014 年。

3. 庄超：《环境法律责任制度的反思与重构》，武汉大学博士学位论文，2014 年。

4. 李丹：《论环境管理创新的法律进路》，武汉大学博士学位论文，2012 年。

5. 郭林将：《论环境监管权的检察监督》，南京大学博士学位论文，2012 年。

6. 陈海秋：《转型期中国城市环境治理模式研究》，南京农业大学博士学位论文，2011 年。

7. 鹿彦：《循环经济发展：模式及实现路径研究——以山东省为例》，山东师范大学博士学位论文，2011 年。

8. 任慧莉：《中国政府环境责任制度变迁研究》，南京农业大学博士学位论文，2011 年。

9. 乔阳：《论环境污染第三方治理的制度构建》，重庆大学硕士学位论文，2017 年。

10. 邓婕：《我国环境污染第三方治理法律规制问题探析》，四川省社会科学院硕士学位论文，2016 年。

附件1

环境污染第三方治理合同（节选）

（示范文本）

（建设运营模式）

甲方：排污企业

乙方：环境服务公司名称

20××年××月

目　录

第一章　定义与合同文件

第二章　建设运营权

第三章　项目建设

第四章　运营与维护

第五章　计价与结算

第六章　项目的移交与拆除

第七章　声明与保证

第八章　权利与义务

第九章　合同的转让与合同的备案

第十章　违约责任

第十一章　争议的解决

第十二章　其他条款

附件　技术协议书（略）等

第一章　定义与合同文件（略）

第二章　建设运营权

第3条　建设运营范围

3.1 建设运营范围

在建设运营期内，乙方拥有以下权利：

3.1.1 有权投资、设计、建设、运营、维护、管理环保设施，并拥有其所有权。

3.1.2 有权获得以＊＊项目产量（或其他计价基础）为计量基础的合同收益。

3.1.3 有权获得环保设施附产物对外销售及综合利用所带来的收益。

3.1.4 有权享有国家及地方有关环保优惠政策等所带来的收益。

未经甲方同意，乙方不得转让、出租、抵押、质押或者以其他方式擅自处理本项目的与建设运营活动相关的资产设施和企业股权；但乙方可以出于为本项目融资的目的抵押本项目的运营权、资产、设施和设备等。

3.2 独占性

甲方根据本合同授予乙方的建设运营工作是独占的。甲方保证不将本合同项下的建设运营工作任何部分授予其他任何第三方，除非乙方未能履行其本合同项下的责任和义务。

3.3 建设运营期

建设运营期与＊＊项目的主设施寿命期限相同。建设运营期可依据本合同进行修改。

3.4 建设运营期的延期

如建设运营期满＊＊项目的主设施仍未达到设计寿命或甲方通过技术改造等方式在设计寿命届满日后继续生产的，乙方有权选择在前述届满日后移交环保设施或继续运营环保设施。若乙方选择继续运营环保设施，则合同项下建设运营权的期限延长到＊＊项目的主设施拆除日或环保设施拆除日（两者以先到为准，但在相关设施拆除前应提前1年通知另一方）。

3.5 建设运营的监管

甲方有权自行或授权第三方对乙方的设计、投资、融资、建设、运营、维护和拆除环保设施的任何过程和结果进行监督管理，并明确监管的实施方和监管范围等。

3.6 安全性评价

如有必要，乙方建设的环保设施应满足安全性相关要求；同时，乙方应保证其环保设施与＊＊项目的其他设施同步通过安全性评价，否则应承担相应责任。

第4条 界限划分

4.1 界限划分的基本原则

对于甲乙双方相互独立的项目，不存在界限问题。但如果乙方在甲方厂界范围内建设环保设施，则乙方建设的环保设施，与甲方建设的主设施的界限，遵从当前常规项目建设中的环保设施的划分原则，详细的界限划分见本合同附件。

4.2 总体界限划分

根据上述界限划分的基本原则，界限范围之内均由乙方负责（第5条约定甲方负责的除外）：

◆ 可行性研究、设计、监理、建筑安装工程施工、采购、调试；

◆ 技术监督、检测检验等；

◆ 融资、投资；

◆ 建设、运营、维护和管理。

属于乙方范围，由甲方完成的工作，乙方向甲方支付相应费用。

4.3 特定状况下污染物排污费的承担界限

除本协议其他条款中的约定外，双方就特定状况下的污染物排污费的承担界限约定如下：

◆ 在乙方的保证值（例如环保设施效率）达到附件1的约定值（以环评批复的有关内容为基准值）时，依据法律仍应向政府缴纳的费用（例如污染物排污费），由甲方承担。

◆ 若国家、地方政府要求的环保装置的标准高于上述标准，乙方根据具体情况可对环保装置进行技改以适应并达到国家、地方政府的标准，否则由此造成的污染物超标排污费应由乙方承担。

◆ 当甲方保证值变化时，使环保装置按当前技术水平无法达到国家、地方政府的标准时，应缴纳的污染物排污费由甲方承担。

◆ 乙方可根据技改情况向甲方提出补偿方案，最终补偿方案双方协商确定。

合同亦可约定，由乙方支付全部排污费。

第三章　项目建设

第5条　项目核准与土地征用

5.1　项目核准

甲方应负责＊＊项目（包含污染物治理工程）为取得主管部门的核准的全部条件，并最终获得主管部门的核准。

乙方应配合甲方做好项目核准工作。

甲、乙双方将共同就在本项目开展建设运营项目后办理相关手续进行合作，确保本项目符合国家政策的要求。

甲方应负责对已运营的环保装置技改方案进行立项、审查、报批、组织有关部门验收等；乙方应配合甲方做好上述工作，并负责环保装置技改工程的实施工作。

5.2　土地征用

甲方应负责或协助环保设施用地的征用、建设工程用地、副产物/材料堆放用地、五（三）通一平等基本建设手续。

对于环保设施用地在甲方厂界的，土地使用权归甲方所有，无偿或有偿提供给乙方。环保设施用地的土地使用税由乙方承担。土地使用权到期后的若需延期，甲方应负责办理，乙方予以协助。

对于环保设施独立于甲方厂界外的，土地所有权由土地征用方式确定。

第 6 条 融资

乙方应自行筹措资金，落实项目建设资金并保证及时到位，确保建设工程按期竣工、通过试生产并投入商业运营。

第 7 条 项目技术参数（略）

第 8 条 设计

8.1 设计要求

乙方应按国家有关技术标准、规范和政府部门核准意见进行项目设计。

8.2 设计的审核及批准

乙方应将环保装置初步设计提交甲方组织审查，施工图等设计文件由乙方负责，报甲方备案。

8.3 设计改动的审核及批准

一般性设计变更由乙方负责设计并实施，报甲方备案，重大设计变更乙方应将设计改动意见提交甲方进行审定。

8.4 乙方的责任

乙方进行项目设计应保证对设计中出现的任何缺陷负全部责任，乙方应依照本合同的约定对环保装置的整体性能、整体或局部设施的技术可行性、运行能力和可靠性，对设计中出现的任何缺陷负全部责任。

8.5 接口方案

对于乙方在甲方厂界内建设环保设施的，甲方应负责并协助在全厂初步设计中落实接口方案，向乙方提供电源、水源、汽源、气源、通信等并送至环保设施。

详细方案见附件。

第 9 条 建设

9.1 场地的准备

对于乙方在甲方厂界内建设环保设施的（甲乙双方独立的不需规定此

条），除甲方负责无偿提供环保设施用地外，建设工程用地外的其他用地，例如建筑安装工程组合场地、施工机械布置用地、设备材料临时存放场地等，由乙方提交合理的场地需求文件，甲方可批准并协助提供。

9.2 建设工程管理

在建设工程实施过程中，乙方应严格遵守国家法律、法规、行业规范和本合同的约定，选择有资质的施工单位和监理单位，保证工程进度和质量，注意环保、消防、安全和文明施工等，并接受政府有关职能部门的监督和管理。

9.3 进度协调

乙方应向甲方提交项目建设进度计划，经甲方批准后执行。项目建设进度计划应与＊＊项目的整体建设进度计划相一致，符合国家规定的"三同时"要求。

建设工程实施过程中，乙方应定期向甲方提交建设工程进度报告。

在任何时候，如果建设工程不能达到预定的进度日期，乙方应立即通知甲方并合理地详细描述以下情况：

◆ 预计延误情况；

◆ 分析延误原因；

◆ 延误时间（以天数计算）和其他合理的可预见的对建设工程进度不利的影响；

◆ 乙方已经采取或将要采取的解决或减少延误及其影响的措施。

乙方发出上述通知并不能免除其在本合同中的任何义务。如果乙方提出或实施的措施不能解决预期的延误，甲方可要求乙方采取必要的其他措施以达到本合同规定的要求，由此产生的费用由乙方承担。

9.4 安装在线监测（按环保要求确定）

乙方应按照有关规定安装污染物在线监测系统，并按照环保主管部门要求进行联网及其他工作。

乙方安装的在线监测系统，应当符合《计量法》等有关规定，并接受计量鉴定机构或其授权单位的检定、测试。

9.5 进口设备免税（略）

第 10 条　项目验收

第三方治理项目按国家有关验收规定和标准进行验收。

法律规定的法定验收，例如建设项目竣工环保验收等，由甲方负责向验收机构提出申请，乙方负责配合验收机构进行验收。有关程序约定如下：

◆ 环保设施达到验收条件时，乙方向甲方提出验收申请；

◆ 甲方对乙方的申请进行核实，并向验收机构提出验收申请；

◆ 乙方配合验收机构进行验收，根据验收机构的意见进行改进直至最终通过验收。在验收期间，甲方应积极主持、组织验收工作。

需要重新验收时，应按上述程序进行。

由甲方向验收机构提出申请是基于环保设施是＊＊工程的一个单项工程。对局部或全部环保设施具备单独申请验收条件的，经甲、乙方协商一致，乙方可向验收机构提出验收申请。

对于多个排放源（如工业园区）且在各排放源厂外进行第三方治理的，按照地方环保要求开展项目验收工作。

第 11 条　竣工延误和放弃

11.1 竣工延误

11.1.1 如果由于乙方的作为或不作为、故意或过失，未能在合同约定的期限内完成环保设施的建设并投入运营，甲方有权采取以下措施：

◆ 延误时间超过 6 个月（具体时间由甲乙双方确定），甲方有权终止建设运营权。甲方终止建设运营权的，由甲方接管环保设施的建设。乙方已完成的投资，由甲方委托合格的评估机构在合理的期限内进行评估，确定已完成工程或工作的价值，并支付给乙方；

◆ 延误时间在 6 个月以内（含 6 个月），甲方允许乙方继续实施，但乙方应向甲方支付违约金。依据甲乙双方确定的该项目的投资额，按中国人民银行同期贷款基准利率向甲方支付逾期交付违约金。

◆ 延误时间超过 6 个月但甲方未终止建设运营权的，甲方可允许乙方继续实施并依照延误时间在 6 个月以内（含 6 个月）的处理方式。

由于乙方的延误造成的损失，由乙方自行承担。

11.1.2 如果由于甲方的作为或不作为、故意或过失，致使环保设施未能在合同约定的期限内完成并投入运营，乙方有权采取以下措施：

◆ 延误时间超过 6 个月，乙方有权终止建设运营权。乙方已完成的投资，由乙方委托合格的评估机构在合理的期限内进行评估，确定已完成工程或工作的价值，甲方在收到评估报告后 15 日内将评估机构确定的乙方已完成的投资支付乙方，并向乙方支付违约金，依据乙方已完成的投资，按中国人民银行同期贷款基准利率向乙方支付逾期交付违约金。

◆ 延误时间在 6 个月以内（含 6 个月），如乙方继续实施，甲方应向乙方支付违约金；

◆ 延误时间超过 6 个月但乙方未终止建设运营权的，甲方依照延误时间在 6 个月以内（含 6 个月）的处理方式向乙方支付违约金。

由于甲方的延误造成的损失，由甲方自行承担。

11.2 视为放弃

如果乙方出现下列情况，则该项目的建设运营工作应视为乙方放弃：

◆ 书面通知甲方或以自己的行动表示其已终止建设工程，并且不打算重新开始实施；

◆ 乙方未能在任何不可抗力事件结束后××天内恢复实施；

◆ 乙方出于自身主观原因在完工日期前连续××天停止建设工程或调试，直接或通过建设承包商撤走场地全部或大部分的工作人员，且不是因不可抗力事件的发生所导致。

乙方放弃建设运营权的，甲方接管环保设施的建设。乙方已完成的投资，由甲方委托合格的评估机构在合理的期限内进行评估，确定已完成工程或工作的价值，并支付给乙方。由于乙方放弃建设运营权而造成的损失，由乙方自行承担。

11.3 同步投运

乙方应确保环保设施的建设、验收等工作与主设施同步。如果由于乙方原因，环保设施未能与主设施同步投运时，乙方应承担相应责任。由于甲方原因，环保设施未能与主设施同步投运时，甲方应承担相应责任。

第四章 运营与维护

第 12 条 运营与维护

12.1 运营与维护工作

乙方要保证环保设施的正常运行，不得无故停运。需要改造、更新环保设施，因环保设备维修需暂停环保设施运行，或因事故需停运的，应向甲方报告。甲、乙双方依据有关规定向环保部门申请批准。

乙方应建立环保设施运行台账，记录环保设施运行和维护、在线监测数据等能够反映环保设施运行情况的必要材料，并报甲方。甲、乙双方依据有关规定接受环保部门监督检查。

乙方安装的在线监测系统应按照环保部门要求传送监测数据。

乙方应对监测系统的数据真实性负责并接受甲方及相关部门的监查。

在线监测系统发生故障不能正常采集、传输数据的，乙方应在事故发生后立即报告甲方，甲、乙双方共同向环保部门报告。

对于乙方在甲方厂界内提供环境服务的，环保设施的运行、检修及技术改造，应纳入甲方发电生产的统筹管理体系中，接受甲方对环保设施运营的监督和管理。乙方作为环保设施运营的主体，是环保设施安全、经济、环保运营的完全责任人。

12.2 乙方的主要责任

在整个建设运营期内乙方应自行承担费用和风险，负责环保设施的运营、维护和管理。乙方应保证在整个建设运营期内始终按谨慎工程和运营惯例运营环保设施，使环保设施处于良好的运营状态并能够按合同约定完成相关义务。乙方的主要责任如下：

◆ 确保环保设施建设的"三同时"及通过安全性评价；

◆ 确保环保设施正常运行达到本合同约定的性能保证指标；

◆ 确保合理、必要的投入对环保设施进行设备更新及技术改造以保证环保装置良好运行；

◆ 接受甲方和相关政府部门的监督、检查、验收或管理。

12.3　甲方的主要责任

◆ 甲方有义务支持乙方为确保环保设施良好运行所作的努力。甲方的主要责任如下：

◆ 保证项目主设施的正常运行；

◆ 确保合理、必要的投入对与环保设备有影响的项目相关设备进行更新及技术改造以保证环保装备上游系统良好运行；

◆ 保证环保设施的入口处的技术参数符合合同约定的保证值。

12.4　不履行维护义务

如果乙方未能按照本合同对环保设施进行维护，甲方可给予乙方违约通知。如果乙方在接到上述通知后没有尽快采取补救维护措施，甲方可以自行或委托其他公司进行维护，由乙方承担风险和费用。在这种情况下，乙方应允许甲方自行或委托的公司为此目的进入第三方治理项目并运营环保设施。甲方有权要求乙方支付上述维护费用，如果乙方拒绝支付，则甲方有权在合同款中相应扣除。

12.5　生产与检修周期

甲方在制订下年度机组的大修和技改计划时，应通报乙方。乙方应按甲方提供的机组的大修和技改计划，安排环保设施的大修、技改等计划时间，并与甲方协商，并甲方同意后确定。

乙方环保设施的运行应服从甲方的生产调度。

甲方应合理安排检修、技术改造时间，对乙方环保设施的检修与技术改造予以积极支持，以有利于环保设施的检修、技术改造与主设施同期进行。

12.6　堆放、处理场地及其他

如有材料或环保防护产物的，乙方需在甲方场地临时堆放时，甲方将提供临时场地，其区域、面积及期限，由甲、乙双方在技术协议中约定，并作为合同附件。堆放的面积、期限等在技术协议中明确规定。

第五章 计价与结算（略）

第六章 项目的移交与拆除

第14条 建设运营期结束后的移交与拆除

14.1 建设运营期结束后的移交

建设运营期满后，甲、乙双方可协商将环保设施的运营权、全部资产、设施和设备经评估后，按双方确认的评估值移交给甲方或根据甲方的要求予以拆除。甲方接收环保设施的，自甲方接收环保设施起，环保设施的所有权归甲方所有；乙方应在甲方接收前，解除所有与环保设施有关的权利的限制，例如出租、抵押、质押等。

14.2 拆除

拆除时间：由甲、乙方在协商拆除程序时共同确定。

拆除范围：甲方确认的需要拆除的，包括但不限于组成环保设施的设施、器材、配件、厂房及设备、原材料、全部改建设施等。

其他相关合同的取消、转让：乙方应取消其签订的、于拆除时仍有效的与环保设施项目建设运营权有关的任何运营维护合同、设备合同、供货合同和其他相关合同。甲方对于取消合同所发生的任何费用不负责任。

风险承担：乙方承担拆除结束前环保设施的全部或部分损失或损坏的风险，无论上述损失或损坏是如何引起的。

拆除费用与收益：与拆除有关的全部费用均由乙方承担，拆除的资产由乙方处置，可获得的收益归乙方所有。

拆除程序：不迟于建设运营期结束前六（6）个月，乙方应与甲方会谈并商定环保设施拆除的范围和时间等事宜。

第七章 声明和保证（略）

第八章 权利和义务（略）

第九章 合同的转让和合同的备案（略）

第十章 违约责任

第 24 条 甲方的违约责任

24.1 甲方违反合同规定，擅自解除合同，或因甲方原因造成合同无法继续履行的，甲方应赔偿给乙方造成的经济损失并承担违约责任。

24.2 甲方违反第 19.2 之规定，延期支付收益的，应按中国人民银行关于延期付款的规定向乙方赔付滞纳金。

第 25 条 乙方的违约责任

25.1 乙方违反合同规定，擅自解除合同，或因乙方原因造成合同无法继续履行的，乙方应赔偿给甲方造成的经济损失并承担违约责任。

25.2 乙方违反本合同第 17 规定的义务，造成甲方经济损失或政府部门处罚的，乙方应予赔偿；如造成合同连续×××日（遇不可抗力事件则自不可抗力事件结束起×××日后）不能正常履行，或符合第 20 条规定条件下，甲方可终止合同，并要求乙方赔偿损失。

25.3 如因乙方原因导致乙方运营的环保设施未能达到附件中约定的乙方的性能保证值时，乙方应接受由此产生的政府处罚，赔偿例如超标排污费、罚款等甲方的直接损失。

第十一章 争议的解决（略）

第十二章 其他条款（略）

附件（略）

附件2

环境污染第三方治理合同（节选）

（示范文本）

（委托运营模式）

甲方：排污企业名称

乙方：环境服务公司

20××年××月

合同协议书（略）

合同条款

一、委托项目名称：＊＊项目环保设施运营

二、工程地点：＊＊项目厂区内

三、委托范围（略）

四、委托运营期（略）

五、组织机构、岗位职责及上岗条件（略）

六、运行维护及检修管理要求（略）

七、合同价款及支付（略）

八、双方责任和义务

8.1 甲方责任和义务

8.1.1 负责调度管理和运行方式、检修方案的审批，审查检修工作技方案、工作程序、质量计划，审查乙方人员技术素质以及各专业人数能否胜任所管辖范围设备的维护工作。

8.1.2 按合同及有关的规定检查乙方的组织机构是否正确地、充分有效地履行职责，检查乙方的资质和质量保证体系及实施情况，监督检修工作安全和防火工作，并进行考核。

8.1.3 审查乙方检修进度计划、审核乙方的月、季度统计报表，并提出考核意见。

8.1.4 复查乙方的质量自检报告，并提出意见，负责对乙方检修维护工程项目的质量、进度、安全措施、文明生产进行监督检查和完工验收，并签字确认。

8.1.5 参与处理与本合同有关的其他技术和经济问题。

8.1.6 当出现设备事故或故障时，由乙方组织甲方进行事故讨论，双方共同作出结论。

8.1.7 负责对乙方工作票许可权人员的认证和批准。

8.1.8 甲方有权对乙方表现不良的个别职工提出辞退意见，乙方应在三天内予以调整或答复。

8.2 乙方责任

8.2.1 乙方应选派技术水平高、有实际经验、熟悉设备和系统的专业技术人员完成合同各项工作，有义务协助甲方完成各类检查工作。执行甲方条款要求和各项规定，按甲方制定的运行方式，确保环保设施生产的需要，保证系统设备正常操作和正确处理设备系统事故和异常，保证甲方设备系统安全、经济运行各项指标。在合同期内，乙方必须完全服从甲方各专业主管的管理，服从甲方各级管理人员的考核，遵守合同各项条款，自觉遵守甲方各项规章制度、管理办法和考核准则，服从甲方统一调度，乙方应合理安排工人休息，特殊情况或事故、异常状态下，或生产过程需要，则必须坚守岗位，直至值长同意离岗为止。

8.2.2 乙方应根据甲方的要求及安排，及时组织设备运行、检修维护工作的前期准备工作，并提供甲方全套运行管理文件和相关工作方法文件。主要内容应包括：运行、检修维护管理机构及质保体系的建立，参与设备安装、检修维护，熟悉设计文件及相关图纸资料，编制运行、检修维护大纲及检修维护总体方案，材料、工器具、仪器、设备需求计划及进场时间等。

8.2.3 乙方应提供为完成检修任务所必需的全部的监督、劳务、常用机具及其他物品。

8.2.4 乙方应设立主值进行班组的行政管理，做好班组建设等管理性工作。在运行部门负责人和各运行主管的领导下，认真执行岗位职责、工作标准及相关规定，确保所属系统、设备运营的安全、经济、稳定。乙方选配工作人员应满足甲方的工作需要，且身体健康，熟悉甲方工作内容，具有特殊工器具和设备操作资质的人员来完成甲方工作（如不具备条件应由乙方负责完成培训），选派人员资证需经甲方审核批准后方可上岗。

8.2.5 乙方应根据合同的各项规定，促使其人员细心、勤勉、优质高效地完成环保设施专业的运行、检修维护工作，满足主机的安全、经济、稳定、可靠运行。对承包范围内的设备、系统的日常及定期维护、保养，需按照计划对设备进行消缺及维修。

8.2.6 乙方负责承包范围内设备的日常检修、节假日临修及突发性事件的检修（特殊情况除外，双方将根据具体情况另行协商解决办法），应精心组织检修维护，确保质量，严格按照规程办事。对检修维护时遇到的质量问题应及时通知甲方，不得隐瞒，否则将承担由此引起的全部责任及损失。

8.2.7 对承包范围内的人员及设备安全负责。违反安全操作规定，发生设备损坏或人身伤亡等不安全事件，由乙方承担一切责任并赔偿甲方损失。

8.2.8 最大限度地降低环保设施装置运行物耗、水耗、电耗等。

8.2.9 乙方应采取一切合理措施，保护现场及周围的环境，避免污染、噪音或由于其设备检修方法的不当造成的对公共人员和财产等的危害或干扰。由于乙方运行监控、调整不当等原因造成的环境污染，乙方将负全责。

8.2.10 乙方应随时保持所负责承包范围设备卫生及设备区域卫生，乙方在运行、维护期间坚持文明卫生，做到卫生清理及时。做到规范管理，遵守甲方安全文明生产的有关规定。

8.2.11 乙方每月月底应编制上月工作情况月报及下月工作计划，每月＊号前呈报甲方，年底提供年度运行、检修维护工作总结。乙方应按甲方要求提供各类运行数据表格。

8.2.12 乙方对甲方提供的工器具具有使用和保管的义务，特种工器具的自然损坏，由甲方配备（工器具的配置范围由甲方根据运行、检修生产需要配置），但工器具的丢失和人为的损坏由乙方赔偿，如果因乙方使用不当所造成的损坏，由乙方赔偿。

8.2.13 乙方应严格履行合同的所有条款，必须严格遵守法律法规和电厂及甲方各项有关规定，维护甲方的利益和企业形象，不得拖欠工人工资和相关的补助。应始终采取一切合理的预防措施，防止它的职员和工人发生任何违法、暴乱或妨害治安的行为，保持工程周围人民及其财产不受上述行为的危害。

8.2.14 乙方的人员的调换要征得甲方的同意，调换人员要接受甲方的考试，并进行安规的培训，此间的一切费用由乙方负责承担。

8.2.15 乙方在各专业系统运行中，发现重大缺陷要及时汇报甲方主管，出现误操作或事故不得隐瞒真相，乙方要服从甲方处理意见，同时造成的一切损失由乙方负责。日常工作中要严格执行设备缺陷管理制度，及时填报和汇报，并负责验收。

8.2.16 乙方应根据＊＊项目主设备运行、检修需要，在现场设立完善的组织管理机构，建立健全各项管理制度、生产技术管理资料和技术管理措施，并纳入甲方的统一管理，做好运行、检修技术记录及总结，并交甲方归档。

8.2.17 由于乙方人员自身责任损坏设备，乙方全额赔偿。

8.2.18 甲方如果采用先进的管理系统进行生产和经营管理，乙方必须采取相应必要的措施以适应新的管理体系，例如建立企业信息管理系统，实行点检定修制的管理模式等。

8.2.19 乙方要根据＊＊项目主设备检修计划安排，提前编制×××的大、中、小修计划。

8.2.20 乙方负责×××场地的清扫、安全、保卫及消防等工作。

8.3 其他规定（略）

九、现场检修及维护方法、管理条例

乙方应对整个现场各种围绕维修工作的操作和维修方法的适用性、稳定性和安全性全面负责，以上操作要符合有关规程规定，同时，应服从甲方管理人员的现场协调。

十、备品配件、材料、工器具和车辆的供应方式（略）

十一、违约责任

11.1 乙方未经甲方同意撤出部分或全部的运行人员，影响到甲方安全生产，所造成的一切经济损失由乙方承担。

11.2 甲方按合同约定，按时足额将合同约定款项付给乙方；如甲方未按上述条款办理，乙方有权提出合理要求，甲方应该说明正当理由履行付款义务，否则由此造成的后果由甲方负责。

11.3 乙方工作达不到甲方管理标准和工作标准时，责令乙方限期整改，否则，甲方有权单方解除合同，乙方应赔偿由此而给甲方造成的损失。

11.4 因乙方原因导致的电厂对甲方的赔偿或罚款，由乙方全额承担。

十二、争端的解决（略）

十三、其他事项（略）

附件3

国家发展改革委办公厅关于印发的环境污染第三方治理典型案例（第一批）

发改办环资〔2017〕2079号

一、中煤旭阳焦化污水第三方治理案例

（一）概况

河北中煤旭阳焦化有限公司原有污水处理站两座，由于系统运行不稳定，不能有效达标排放。2015年4月，河北协同环保科技股份有限公司与河北中煤旭阳焦化有限公司签订合同，负责该公司焦化废水处理设施第三方运营。项目位于河北中煤旭阳焦化有限公司现有厂区内，河北协同环保科技股份有限公司对原有污水处理站进行了扩建及改造，扩建后的污水处理站处理能力达到250立方米/小时，生化系统采用传统的A/A–O工艺。项目总投资2000万元。

（二）借鉴价值

该案例的项目建设和收费机制具有一定借鉴价值。

1. 镶嵌式治理模式

该案例采用了典型的镶嵌式治理模式。第三方治理企业对焦化企业原有污水处理站的设备进行改造，并在原有的污水处理工艺基础上进行优化调节，处理后的废水全部回用。项目投入小，运营费用低于企业自运营费用。

2. 收费机制

第三方治理企业根据进水COD指标范围和出水指标要求，制定了差异化收费方式，按照重点污染物浓度实行阶梯处理价格。该收费机制可以为焦化企业节约费用，同时也有利于保障第三方运营企业利益。

二、衡水工业新区环境污染第三方治理案例

（一）概况

衡水工业新区是衡水市综合环境较为敏感的区域，规模以上工业企业达到100家。原来各企业的污染物治理设施都由企业自己运营，部分企业技术力量不足，设施运营状况不稳定，常有排放超标现象出现。

2015年衡水工业新区决定引进第三方环境综合治理服务商，并通过招标选定了航天凯天环保科技股份有限公司负责新区环境服务以及环境污染综合整治。衡水工业新区管委会的投资公司与航天凯天环保科技股份有限公司共同投资成立衡水凯天环境工程有限公司，推进新区污染治理。

（二）借鉴价值

该案例的综合整治整体打包模式及收付费机制具有一定借鉴价值。

1. 整体打包模式

衡水工业新区通过招标选定第三方，项目涵盖生活污水、工业废水、中水回用、污泥处理、废气治理、监控平台建设等工程，系统性强。第三方治理企业从源头整体统筹规划，最大限度保障环境治理效果。

2. 收付费机制创新

衡水工业新区管委会建立收支平台，采取差异化收费方式，通过平台向排污企业收取污水处理费，并按照绩效考核结果向衡水凯天环境工程有限公司支付运营服务费。

三、苏州工业园区污泥处置及资源化利用案例

（一）概况

2009年4月，法国苏伊士集团与中新苏州工业园区市政公用发展集团有限公司共同组建苏州工业园区中法环境技术有限公司，致力于园区污泥处置服务。中法环境技术有限公司负责苏州工业园区污泥处置及资源化利用项目的投资、建设和运营，园区政府负责项目的监管和评估。

该项目一期工程于2010年2月正式开工建设，2011年5月正式投产；二期工程于2015年6月开工建设，2016年7月正式投产。

（二）借鉴价值

该案例的项目建设和运行模式具有一定借鉴价值。项目采用"产业协同、循环利用"的建设模式，在规划设计上体现了循环经济和可持续发展的理念。具体做法是：1. 项目选址于苏州东吴热电有限公司厂区内，并且紧邻园区第二污水处理厂，最大限度地缩短了脱水污泥和干污泥的运输距离。2. 充分利用污水厂、污泥厂及热电厂各自的资源。污泥厂利用热电厂的余热蒸汽和污水厂产生的中水干化污水厂产生的污泥，干化后的污泥作为生物质能用于热电厂焚烧发电，产生的蒸汽冷凝水回到热电厂作为锅炉补给水循环利用，焚烧产生的灰渣作为建筑辅材；生产过程中产生的污水排回污水厂进行处理后达标排放，实现了污泥厂、污水厂与热电厂之间资源共享、协同发展。

四、无锡市芦村污水处理厂污泥处理工艺改造案例

（一）概况

无锡市芦村污水处理厂在进行工程技术改造前，采用离心式和带式脱水机对污泥进行脱水处理，脱水后的污泥含水率为 80% 左右，脱水污泥的后续处置主要是进行填埋及制作有机肥料，成本较高，市场接受能力差，公司经营不佳。

2011 年，经过公开招标，引入北京中科国通环保工程技术有限公司的全资子公司无锡中科国通环保工程技术有限公司进行污泥处理。项目总投资 4000 万元，采用"生物沥浸污泥深度脱水 + 好氧发酵 + 园林用肥和营养基质"工艺流程，由无锡中科国通环保工程技术有限公司改造（建设）并运营。

（二）借鉴价值

该案例的项目建设模式、项目投融资机制具有一定借鉴价值。

1. 源头减量化、末端资源综合利用的镶嵌式治理模式项目建设在污水处理厂内部，改变原有污水处理厂工艺后端的污泥处理工艺，对污水处理厂的浓缩污泥进行改性处理，操作和管理简单，可纳入污水处理厂的管理体系，达到污泥污染物不出厂即可处理的目的。后续采用"园林用肥和营养基质"的处置方式，污泥经过无害化处置后进行土地利用，符合国家污泥处置相关

政策要求。

2. 投融资机制

该项目资金筹措采用自有资金＋项目融资的方式完成，项目融资采用租赁融资的模式。无锡中科国通环保工程技术有限公司用《无锡市芦村污水处理厂污泥处理工艺改造工程（一期）项目污泥处置设施 BOT 及污泥处理处置服务协议》中自建部分的设备和设施向中关村科技租赁有限公司申请融资租赁，租赁期限四年。项目租赁融资有效增加了企业经营灵活性。

五、安徽宜源环保科技股份有限公司华茂国际纺织工业城污水处理案例

（一）概况

安徽华茂国际纺织工业城位于安庆临港开发区，一期规划建设用地面积 2851 亩。为推动华茂纺织工业城污水集中处理工作，引入安徽宜源环保科技股份有限公司投资建设污水集中处理工程。该污水集中处理工程总占地面积为 159 亩，一期建设内容为日处理 1.25 万立方米污水处理工程和 4775 米管网工程，2014 年 7 月通过环保验收后投入运营。

污水处理工程采用混凝沉淀＋A/O 法的污水处理工艺。华茂纺织工业城内各企业所排放的废水经收集、调节后，通过各自的专管排入宜源环保公司进行治理，污水治理达标后排入市政管网。

（二）借鉴价值

该案例在工业园区总体规划及监管体系建设方面具有一定借鉴价值。

1. "四同步"模式

环境治理项目与园区项目实行同步规划、同步设计、同步建设、同步运营的"四同步"模式。在华茂纺织工业城规划伊始，就提出了园区配套的污水集中治理项目的设计、建设与运营的经营方案。

2. 完善的监管体系

宜源环保委托第三方安徽合大环境检测有限公司对污水处理及排放定期检测和评估，安庆市环保局不定期进行抽查和环境督查。第三方监测企业和当地环境保护部门形成了双层监管体系，推动形成完善的监管体系。

六、大连市毛茔子垃圾填埋场渗滤液处理案例

（一）概况

大连毛茔子垃圾填埋场于 1983 年建设，是大连市主城区目前唯一的卫生填埋场。大连毛茔子垃圾填埋场渗滤液处理设施始建于 2003 年，先后使用生物处理、碟管式反渗透、USAB + 超滤纳滤等多种工艺和设备，均不能连续稳定运行。2016 年大连市人民政府提出大力推动环境污染治理市场化，鼓励社会资本进入环境治理市场，提高污染治理效率和专业化水平。借此契机，2016 年年初大连市毛茔子垃圾填埋场渗滤液处理项目经市政府批准引入第三方治理。

该项目于 2016 年 8 月完成招标工作，大连广泰源环保科技有限公司作为社会投资人，负责项目现场原有设施的改扩建，并进行运营。2016 年年底项目建设顺利完成。2017 年 3 月由大连市环境监测中心对处理出水进行了水质检测，出水水质各项指标达到规定标准。项目进入实质运营阶段。

（二）借鉴价值

该案例实现了由政府主导、企业建设、银行支持的三方有效合作模式。

2016 年 8 月，大连市城建局环境卫生管理处作为甲方单位公开招标，以政府购买服务（BOO）方式，引进了大连广泰源环保科技有限公司。项目由第三方治理企业自主出资建设和运营。银行对项目进行评估后，授信给企业，为企业提供支持。监管部门根据渗滤液处理达标情况支付企业运营费用，同时作为职能监管部门，监督项目运行情况。经过引入第三方治理，大连毛茔子垃圾填埋场渗滤液处理设施稳定达标运行，政府、银行、第三方治理企业三方实现共赢。

附件 4

《浙江省环境污染第三方治理实例选编》节编

2016 年 8 月

第一部分：政策篇（略）

第二部分：实例篇

1. 浙江商达环保有限公司德清农村环境治理工程

一、项目基本情况

项目名称：德清县新农村投资开发有限公司一体化设备及前期运行管理项目。

项目位置：浙江省湖州市德清县 151 个行政村。

业主单位：德清县新农村投资开发有限公司。

二、项目双方约定的第三方治理服务内容

浙江商达环保有限公司承担德清 151 个行政村污水处理项目的设计、建设、设备及运营。

（一）设计内容：为农村生活污水管网及污水处理站工程进行设计，并提供技术支持。

（二）建设与设备内容：提供农村污水站点所需要的一体化设备及其他材料，并负责安装。

(三）运营服务内容：开展农村生活污水处理设施长效运维服务工作，并按时汇报提交相关工作情况。

三、项目取得的成效

通过建立农村"智慧水务系统"，实现对 300 个站点的远程集中管理，达到农村生活污水站点长效运行的目标。处理后排放的污水水质稳定达到设计出水水质标准，每年 COD 减排量为 28.3 吨，切实改善农村水环境和生活环境。与传统方式相比，"智慧水务系统"只需要 10% 的管理人员，可节省运维费用约 280 万元。通过物联网后台大数据分析优化后的运行系统使能耗降低 30%。实现对处理场地及设备运行状态的实时监控和及时专业的维护保养，延长设备使用寿命三年以上。"智慧水务系统"的建立，对当地具有较好的经济效益、环境效益和社会效益。

2. 浙江富春紫光环保股份有限公司三门县城市污水处理厂 TOT 项目

一、项目基本情况

2014 年 7 月，经公开招投标，三门县人民政府确定浙江富春紫光环保股份有限公司为三门县城市污水处理厂一期（TOT 移交－运营－移交）和二期（BOT 建设－经营－转让）项目的投资人，并授权三门县住房和城乡建设规划局与浙江富春紫光环保股份有限公司签订项目特许经营协议。2014 年 4 月，浙江富春紫光环保股份有限公司投资设立了项目公司——三门富春紫光污水处理有限公司，主要负责投资、运营三门县城市污水处理厂（含泵站）一期 TOT＋二期 BOT 项目。

二、项目双方约定的第三方治理服务内容

三门富春紫光公司负责三门县城市污水处理厂一期项目的运营维护及二期项目的融资、设计、建设与维护，并于特许经营期满时将项目设施无偿完好移交给三门县人民政府或其指定机构

三、项目取得的成效

一年多来，三门县城市污水处理厂出水水质稳定，COD_{cr}、BOD_5、SS、NH_3-N 及 TP 的年平均去除率均高于设计去除率。三门富春紫光污水处理有

限公司被评为 2014 年度三门县住房和城乡建设系统先进集体荣誉称号,获得政府部门的充分认可。2015 年配合政府开展全县城乡污水一体化的前期工作,在充分论证方案可行性的基础上,多次开展现场调研,收集了大量的基础资料和信息,将海润街道下设的 8 个村级污水处理站作为一体化试点。

3. 杭州友创环境工程技术有限公司嘉兴分公司王江泾太平污水处理站 TOT 项目

一、项目基本情况

杭州友创环境工程技术有限公司(乙方)是一家专业从事环境工程技术咨询服务、环境工程设计、设备制作及运维服务的综合型科技企业。在 2014 年 8 月以议标方式,嘉兴市闻源水务投资有限公司(甲方)将王江泾丝织科技园区的太平污水处理站委托杭州友创环境工程技术有限公司嘉兴分公司试运营,后于 2014 年 9 月 1 日正式委托乙方运维管理,协议委托运营期为三年。

二、项目双方约定的第三方治理服务内容

乙方对嘉兴市闻源水务投资有限公司所属的丝织科技园区太平污水处理站内的设施、设备进行运营管理,产权归属甲方所有。在委托运营期内,甲方保证其接纳的废水水质为喷水织机废水,不得接纳其他废水,允许接纳水量为 16000 吨/日,日平均污水处理量不少于 5000 吨,运营期满后乙方将设施和设备移交给甲方。

三、项目取得的成效

杭州友创环境工程技术有限公司嘉兴分公司在运营丝织科技园区太平污水处理站的几年中,没有超标排放,得到各级政府和环保部门的认同,2014 年被王江泾镇政府评为环境治理工作先进集体。

4. 浙江天乙环保科技有限公司金华市宏华织物污水处理站 TOT 项目

一、项目基本情况

浙江天乙环保科技有限公司专业从事废水废气净化处理工程设计、工程承建,环境污染治理设施承包运营。在 2010 年 4 月以议标的方式,金华市宏

华织物整理有限公司（甲方）将宏华园区内的污水处理站委托浙江天乙环保科技有限公司（乙方）改造升级并运营管理，时间为三年。

二、项目双方约定的第三方治理服务内容

乙方负责处理甲方生产过程中产生的印花、印染废水净化处理设施以及中水回用处理设施（自废水流入调节池起至标准排放口止）的日常运行管理，包括废水的净化及中水回用处理运行操作，药剂、营养物质供应，污泥脱水、外运填埋，操作工管理、设备维护及与废水处理、中水回用处理设施运营相关事项。一、二期生化出水直接回用（900m^3/d）及膜处理后所得淡水的回用由甲方负责实施。

三、项目取得的成效

浙江天乙环保科技有限公司在运营金华市宏华织物整理有限公司污水站过程中，安全、稳定、有序，得到了业主的认可及各级政府和环保部门的认同。

5. 杭州余杭环科污水处理有限公司余杭经济开发区污水处理项目

一、项目基本情况

余杭经济开发区按照开发区的发展规划，在园区引进了杭州天奇印染、杭州佳昌印染、杭州恒生印染等六家印染企业，以增加开发区的活力。但是，这些印染企业建成后，每天将产生约10000吨高浓度、高色度的印染废水。按照国家环保法以及浙江省人民政府关于钱塘江流域水污染防治的有关文件以及开发区的规划要求，决定在印染区块内建立集中污水处理厂。经过多方论证，该工程由浙江省环境保护科学设计研究院成为主要股东成立杭州余杭环科污水处理有限公司（以下简称"余杭环科"），以BOT（建设—运行—转让）模式参与余杭经济开发区污水处理项目建设。

二、项目双方约定的第三方治理服务内容

杭州余杭环科污水处理有限公司与余杭政府部门签订特许经营协议，负责项目的设计、施工管理与调试。在开发区管委会的见证下，余杭环科与各印染企业签订《污水处理服务协议》，各印染企业提交真实的生产工艺、产品及使用原料。

三、项目取得的成效

污水处理的 BOT 项目运行十多年来，未发生过超标排放事件，在多次的提标改建中都能做到技术、工艺先进可靠、投资合理可行，得到了环保部门的高度肯定。十年的运行也带来了一定的环境效益和社会效益：印染污水集中处理，确保了污水处理的达标率，减少了对周围河道的污染，改善了人民群众生存环境，解决了开发区印染区块污水的治理和无序排放，完善了开发区的基础设施，改善投资环境；同时也带来了良好的经济效益，为再创 BOT 项目打下了坚实经济基础。

6. 嘉兴艾尔瑞环境科技有限公司嘉兴中威印染污水站项目

一、项目基本情况

项目名称：嘉兴市中威印染有限公司污水站运营管理项目

位置：嘉兴市海盐县盐于公路

业主单位：嘉兴市中威印染有限公司（以下称"托管方"）

设计处理污染物种类及来源：主要污染物来自厂内的印染及印花废水

二、项目双方约定的第三方治理服务内容

项目为 BOT 改造项目，嘉兴艾尔瑞环境科技有限公司（以下称"运营方"）负责设备投资、维修、日常维护和污水达标排放；托管方负责污水站的水电费、污泥处置以及监督来水质量。合同期为 5 年，合同期满运营方无偿将相关设备交由托管方。

三、项目取得的成效

本项目在实行第三方运营以前，由于其水质比较复杂，造成 B/C 比较低，所以 COD 一直在 200mg/L 左右徘徊，时有超标。运营方运营后采用科学管理，将部分好氧池改为水解酸化池，以提高 B/C，后来又增加了深度处理，现在出水 COD 仅 50mg/L，企业主从烦恼的环保问题中解放处理，全身心投入到生产与销售中去。目前的污水达标率在 99% 以上，中水回用率在 50% 以上。使企业的环保成本降低了 20%。运营方在本项目的运营过程中，由于合同期有 5 年，所以为托管方带来了稳定的客户资源，托管方利用自身的技术在水处理运用过程中获得收益。

7. 台州市污染防治工程技术中心柏树里村废水处理工程

一、项目相关情况

柏树里村废水处理工程位于台州椒江柏树里村，该村的流苏产业一直处于"低、小、散"的粗放型扩张状况，部分流苏生产的染线废水直排村内河中，造成了水环境的严重污染。针对这种状况，柏树里村发挥牵头作用，提供废水处理站所需的土地以及配套所需的污水收集管网，七家染线企业共同负责提供建设所需资金，委托台州市污染防治工程技术中心设计并建设新建一座集中污水处理站。

二、项目双方约定的第三方治理服务内容

成立柏树里污水处理公司作为乙方，甲方为村内染线企业和其他企业，乙方代甲方处理生产、生活污水，负责污水处理站日常运转，公司收入来源有：染线企业的染线废水处理费、村内其他企业的生活污水处理费、环保专项资金补助。

三、项目取得的成效

环境效益明显。出水水质均满足 GB8978—1996 表 4 中的一级标准。暂以目前实际日处理量计，年运行 330 天，可实现年 COD 削减量约 44 吨，可为改善台州水环境起到积极作用。对于村内排污企业而言，可集中精力应对生产，解除了小企业环保技术力量不足，设施难以运行好的环保压力。柏树里污水处理公司成立后解决了村里多余劳力的就业问题，有一定社会效益。

8. 浙江海拓环境技术有限公司龙湾区蓝田电镀废水处理中心工程

一、项目基本情况

根据温州市人民政府颁布的《温州市电镀行业污染整治规划》，龙湾区电镀整治标准厂房废水处理工程启动。其中蓝田电镀废水处理中心总占地约 13 亩，于 2011 年 3 月由浙江海拓环境技术有限公司（以下简称"海拓"）设计施工总承包，并于 2012 年 6 月委托海拓运营至今。基本情况如下：

项目名称：龙湾区电镀整治标准厂房废水处理工程

项目地址：龙湾区海滨街道

业主单位：温州市龙湾标准厂房建设开发有限公司

二、项目双方约定的第三方治理服务内容

海拓负责污水厂的废水处理、污泥处理工艺相关设施的正常运行、预防性维护等保养工作，保证废水的稳定达标排放。

三、项目取得的成效

环境和经济绩效。从 2012 年 6 月运营至今，项目达标情况稳定，出水水质好。从排放的源头上进行疏导和治理，从而减少直排和偷排现象。同时也相应减轻的业主方的压力，使企业完全从环保风险中解脱出来，专心致力于企业自身的发展，从而增加更大的经济效益。

技术成效。海拓通过不断科技创新，目前已掌握了电镀集中区废水低成本稳定达标处理技术、电镀废水回用技术、电镀污泥资源化技术、污水运营管理标准等核心技术，努力实现电镀行业废水的无害化处理和资源化利用。海拓目前已建设有重金属资源化研发中心，已经有一个根本性的解决方案实现资源大循环。

管理成效。作为专业第三方治理服务商，海拓在污水运营管理标准方面也有所成效。在业内首创"HT-SOMS"标准化运营管理体系，形成了一套完整的废水处理系统运营管理的方法，并建立了海拓特色的信息化管理系统如 ERP 远程管理和报告系统、现场目视化管理、应急处理系统、培训考核系统、档案管理系统等。

9. 浙江海河环境治理应急工程有限公司浙江南天投资电镀废水处理项目

一、项目基本情况

浙江海河环境治理应急工程有限公司是一家专业从事环境突发事故应急处理，设备调试及运维服务的技术性科技企业。在 2015 年 3 月 1 日以议标的方式，浙江南天投资有限公司（甲方）将南天投资电镀废水处理厂委托浙江海河环境治理应急工程有限公司（乙方）运营，时间为二年。

二、项目双方约定的第三方治理服务内容

（一）对甲方已建成未运行的处理设施，乙方进行分析研究，对重要环节，有技术缺陷的环节进行技术改进。

（二）为增加运行成本核算透明度，减少甲方高支出风险和乙方运行成本估计不足产生的亏损风险。双方约定三个月的试运行期，试运行期间乙方药剂、水、电费为直接费用，从采购到费用支付由甲方自行承担。水质保障，法律责任由乙方承担，通过试运行较全面、合理地计算直接成本。

（三）乙方服务范围为各类废水收集池到排污口之间的治理设施运行，管理检修维护、操作、检测、管理人员的配置、所需药剂、器材的采购等全部工作。乙方确保处理后水质达到排放标准及合同约定的要求。

三、项目取得的成效

浙江海河环境治理应急工程有限公司在运营南天投资电镀废水处理厂的一年多中，都达到国家环保排放标准，得到当地各级政府和环保部门的认同。由于该项目投资及运行良好，成绩显著，2015年获得省环保厅给予的环保治理补助259万元。

10. 绍兴市嵊新首创污水处理有限公司嵊新污水处理厂工程

一、项目基本情况

嵊新污水处理厂一期工程位于浙江省嵊州市仙岩镇严坑村，主要承担着嵊州市和新昌县两地企业排放的生产废水以及城镇生活污水的集中处理和达标排放任务。2011年1月，嵊新污水处理厂一期工程经增资扩股，引入国内水行业龙头之一的北京首创股份有限公司，合资成立绍兴市嵊新首创污水处理有限公司（以下简称"嵊新首创"）；其中，北京首创股份有限公司占51%股权，嵊州市和新昌县人民政府分别占26.95%和22.05%的股权。公司由北京首创控股进行运行管理，嵊州市和新昌县对污水出水水质监督管理。

二、项目双方约定的第三方治理服务内容

嵊新首创负责管理嵊新污水处理厂的运行，处理嵊新两地的污水达标排放。嵊州、新昌两县市按实际污水处理量支付污水处理费用。

三、项目取得的成效

嵊新污水处理厂由嵊新首创公司运行管理，节能降耗、达标排放、生产成本高低由嵊新首创公司自己负责，降低了业主方的管理压力。业主方负责

对嵊新首创公司污水处理达标监督管理，督促了嵊新首创公司污水处理效果，有效确保出水水质达标排放。嵊新首创公司用市场化的模式管理污水处理工作，有效提高污水处理效率，在确保污水达标排放的基础上节能降耗，降低运行成本，使嵊新污水处理厂运行成果圆满，超过了当初设计的目标。

11. 台州市路桥中科成污水净化有限公司路桥污水处理厂工程

一、项目基本情况

2006年11月22日，路桥区人民政府授权台州市建设规划局路桥分局（甲方）与台州市路桥中科成污水净化有限公司（乙方）签订项目特许经营协议，规定台州市路桥中科成污水净化有限公司为台州市路桥污水处理厂一期（TOT 移交－运营－移交）和二期（BOT 建设－经营－转让）项目的投资人，主要负责投资、运营台州市路桥污水处理厂一期 TOT 和二期 BOT 项目。

二、项目双方约定的第三方治理服务内容

台州市路桥中科成污水净化有限公司负责台州市路桥污水处理厂一期项目的运营维护及二期项目的融资、设计、建设与运营维护，并于特许经营期满时将项目设施无偿完好移交给路桥区人民政府或其指定机构。

三、项目取得的成效

九年多来，台州市路桥污水处理厂出水水质稳定，COD_{cr}、BOD_5、SS、NH_3-N 及 TP 的年平均去除率均高于设计去除率。

12. 浙江博华环境技术工程公司温岭市新河镇污水处理厂项目

一、项目基本情况

2014年6月，经公开招投标，温岭市人民政府（甲方）确定浙江博华环境技术工程有限公司（乙方）为温岭市新河镇污水处理厂（一期）项目的第三方托管运营方。2014年7月，浙江博华环境技术工程有限公司在温岭设立了分公司办事处——浙江博华环境技术工程有限公司温岭分公司。

二、项目双方约定的第三方治理服务内容

浙江博华环境技术工程有限公司负责温岭市新河镇污水处理厂（一期）项目的运营维护。

三、项目取得的成效

温岭市新河镇污水处理厂（一期）项目出水水质稳定，CODcr、BOD$_5$、SS、NH$_3$－N及TP的年平均去除率均高于设计去除率。通过不懈的努力，温岭市新河镇污水处理厂（一期）项目将在2016年5月前完成阶段性环保验收。2016年按照要求将进行提标改造，使出水标准达到准Ⅳ类水，真正实现劣Ⅴ类水的零排放，使污水厂不再变成集中排放劣Ⅴ类水的场所。

13. 浙江桃花源环保科技有限公司杭州罗家斗河道生态治理工程

一、项目基本情况

项目名称：杭州市拱墅区罗家斗河道生态治理工程。

建设单位：杭州市拱墅区河道监管中心。

建设地点：罗家斗为东西走向，沿线经过董家路、古墩路，处于拱墅区、余杭区和西湖区三区交界处。本次治理河段为罗家斗（古墩路－丰庆路）河段。

污染源概况：治理段沿岸共有11处排污口，污染较严重，水体呈碧绿色且有大量漂浮物存在。主要污染指标为氨氮（NH3－N）和总磷（TP）。

二、项目双方约定的第三方治理服务内容

浙江桃花源环保科技有限公司负责对罗家斗（古墩路－丰庆路）河段生态治理工程进一步优化详细设计，并提供配套的施工方案、运营维护方案、应急预案，组织人员进行施工以及后期运营维护，保证工程正常有序地进行，养护管理期结束后，做好交接工作。工程治理工期60日，养护管理期12个月。

三、项目取得的成效

工程实施后，基本消除了黑臭现象，水体生态系统结构区域合理，水体生物多样性指数较治理前有所提高。各设施、构筑物结构安全，且外观优美，满足景观设施需求。

14. 浙江科然环境科技有限公司金华琐园村生活污水处理项目

一、项目基本情况

2016年3月12日，经公开招投标，金华市琐园村村政府（甲方）确定

浙江科然环境科技有限公司（乙方）为金华市锁园村设计建造生活污水处理设备终端。

二、项目双方约定的第三方治理服务内容

浙江科然环境科技有限公司负责项目的设计、建造与维护。

三、项目取得的成效

设备检查运行至今，出水水质完全达到 DB33/973—2015 一级标准。建成后终端完美融入自然环境，更美化了周边环境，获得业主的一致好评。

15. 舟山达人环保科技有限公司舟山南山社区生活污水处理项目

一、项目基本情况

本项目位于舟山市双桥街道南山社区，该社区有 130 户居民，日产生生活污水约 46 吨。该社区污水管网还未建设，生活污水均为直排，对生态环境造成负面影响。舟山市达人环保科技有限公司（以下简称"达人环保"）采用 PKA 湿地对生活污水进行集中处理，使污水处理后达到《城镇污水处理厂污染物排放标准》（GB 18918—2002）中一级 B 排放标准以上，同时通过智能化平台对农村污水治理实现精细化管理和规模化管理。

二、项目双方约定的第三方治理服务内容

达人环保按照合同约定对双联街道南山社区生活污水工程项目进行可行性研究、设计、采购、施工、试运行（竣工验收）。其中，社区生活污水的纳管收集由南山社区街道办事处负责；舟山市达人环保科技有限公司负责智能化 PKA 湿地终端水净化处理，湿地出水排放至湿地附近低洼水渠。湿地系统若保修期（保修期为 2 年）内出现质量问题，达人环保提供免费维护；如 30 年内发生质量问题，达人环保按成本价提供维护。

三、项目取得的成效

PKA 湿地能对农村生活污水具有良好的净化处理效果，智能化系统的引入能加强对湿地的时时监控，提高了湿地运行效能。本项目处理后的尾水可作为河道的生态补水或者农田回用水，日处理规模为 46 吨，尾水产生率取 80%，则每天产生尾水 36.8 吨。回用水按每吨 0.3 元的价格来计算，每天可产生 11 元的经济效益,每年收益 4000 余元。

16. 宁波正清环保工程有限公司宁海县农村生活污水处理工程

一、项目基本情况

宁波正清环保工程有限公司(以下简称"正清公司"或"乙方")是一家集环保设计、施工建设、运行维护管理为一体的综合科技环保企业。正清公司专注新农村水环境污染治理,对于农村分散性水污染减排工作,采用的工艺技术和指标,提供了规范化的工程设计和技术服务。正清公司负责宁海县 8 个行政村污水处理工程的运维工作,甲方为宁海县政府。

二、项目双方约定的第三方治理服务内容

正清公司负责宁海县凤潭村等共 8 个行政村的污水处理工程维护工作,确保污水管网以及终端设施的正常稳定运行。具体内容包括:污水处理设施的移交接收;建立健全档案资料;管网系统的日常养护;终端设施的日常巡检和维修养护;农村生活污水设施智能水务平台建设(示范点)。

三、项目取得的成效

两年来,项目终端出水水质稳定,很好地解决了当地农村污水乱排问题,在美好乡村的建设道路上迈进了一大步。

17. 浙江天地环保工程有限公司滨海热电厂烟气脱硫工程

一、项目基本情况

浙江浙能绍兴滨海热电有限责任公司(以下简称"滨海热电厂")2×300MW 机组烟气脱硫工程由浙江天地环保工程有限公司(以下简称"天地公司")采用 BOT 特许经营模式管理,脱硫特许经营合同周期为 20 年。

二、项目双方约定的第三方治理服务内容

滨海热电厂将脱硫设施的建设、运行、维护及日常管理由天地公司承担,实现 SO_2 减排任务。

三、项目取得的成效

(一)充分发挥天地公司的技术优势,实现脱硫环保设施专业化管理。特许经营模式使天地公司充分发挥其专业化优势,极大地提高脱硫设施投运率，环境效益显著。同时，由于运行方也是建设方，在日常运行中根据运行情况的变化，对系统进行优化设计、技改，合理调整运行状态，从而达到最经济、最有效的运行。

（二）提高电厂经营效率，构筑电厂环保防护墙，有利于电厂集中精力抓主业。实施特许经营后，滨海热电厂将精力集中到对主业的管理上，更好地发挥双方的优势，提高企业效益，实现双赢。减少了财政支出，减少了银行贷款的负担，使电厂业主将更多的资金有效地用于其他项目的发展，使业主的风险得以分散与转移。

（三）有效控制建设投资，经营情况良好。天地公司根据实际情况，注重技术优化、运营成本分析，不断提高安全生产水平，脱硫投运率在99%以上，水耗、石灰石粉耗及电耗等主要经济指标均优于设计要求，并在当年取得较好的盈利水平。财务内部收益率（全部投资）比可行性研究时提高了4.3%。

18. 浙江天蓝环保技术股份有限公司华电大同第一热电厂脱硫脱硝BOT项目

一、项目基本情况

华电大同第一热电厂有限公司（以下简称"华电大一"）2×135MW机组烟气脱硫脱硝工程，位于大同市南郊区平旺村东南约650m处公司厂区内，工程由浙江天蓝环保技术股份有限公司（以下简称"天蓝环保"）采用BOT特许经营模式管理，脱硫脱硝特许经营合同周期为11年。

二、项目双方约定的第三方治理服务内容

华电大一脱硫脱硝设施的建设、运行、维护及日常管理由浙江天蓝环保技术股份有限公司承担，实现SO_2、NOx的减排任务。

三、项目取得的成效

充分发挥天蓝环保的技术优势，实现脱硫脱硝环保设施专业化、精细化管理，优化运行、节能降耗。天蓝环保减轻了华电大一的环保压力，电厂集中精力抓主机管理，提高经济效益。天蓝环保根据运行生产的实际情况，深入分析，注重系统优化、设备优化、运营成本分析，不断提高安全生产水平，脱硫投运率在100%，水耗、电耗、石灰石耗、氨水耗等主要经济指标均优于设计要求，并在当年取得较好的盈利水平。

19. 杭州恒煜环保科技有限公司天马轴承生产线烟尘污染治理项目

一、项目基本情况

浙江天马轴承有限公司（以下简称"天马公司"或"业主"）位于浙江省德清县雷甸镇的生产线，是其七大生产基地之一。项目主要污染源来自铸造生产线产生的烟尘，对生产车间操作环境和周边生态环境造成较大污染。杭州恒煜环保科技有限公司（以下简称"恒煜公司"）在了解分析该生产线烟尘污染物来源的基础上，为其提供了治理设计方案，并于2014年3月签订了该设计方案的关键治理设备。

二、项目双方约定的第三方治理服务内容

天马公司铸造熔炼炉车间生产线烟尘污染治理主要通过："建设→运行→移交"（即BOT模式）和"业主委托→运维→移交"（相似TOT模式）来进行的。业主承担烟尘治理设施的投资，固定资产属业主拥有。恒煜公司负责设计、安装调试，按经济承揽合同收费，试运行达标后移交业主投运。业主再委托恒煜公司对烟尘治理设施进行运行、维护、管理。恒煜公司按有偿运行管理的标准范围内容向业主定期收取服务费用，定期或不定期对烟尘治理设施进行抽检（有资质的环保专业检测部门）；恒煜公司承担运维期限内发生的相关费用。

三、目前实际运行情况

项目于2014年5月竣工验收，6月完成运行检测，排放标准达到《工业炉窑大气污染物排放标准》（GB 9078—1996）表2标准，检测结果为9.5mg/m^3，林格曼黑度小于1级，最终交付运维管理。

20. 浙江环茂自控科技有限公司绍兴柯桥区定型机尾气监测项目

一、项目基本情况

2014年，绍兴市柯桥区有固废企业220余家，印染企业210余家，定型机废气处理设施1900余套，固废处置和定型机废气的监管压力巨大，绍兴市柯桥区环境保护局决定对全区定型机废气治理建立实时在线监控系统。2014年8月，通过公开招投标的方式，绍兴市柯桥区环境保护局（甲方）确定了浙江环茂自控科技有限公司（乙方）为柯桥区定型机尾气监测项目的建设单位。2016年2月，又通过招投标的方式，确定浙江环茂自控科技有限公司为该项目的运维单位，运维期限一年。

二、项目双方约定的第三方治理服务内容

浙江环茂自控科技有限公司负责绍兴市柯桥区203家企业、1966台定型机废气排放监测监控系统的建设、运维服务工作。

三、项目取得的成效

通过对柯桥区203家企业，1966台定型机废气治理设施运行的有效监控，促进了企业定型机废气治理设施的正常运行，实现环保部门执法监督的信息化，健全管理手段提升管理能力，督促企业依法履行污染治理和达标排放的环保责任，促进企业的节能减排和产业升级，对环境治理和环境质量的提升有着不可替代的作用，也实现了废气收集率达到95%以上，总颗粒物去除率80%以上，油烟去除率75%以上的治理目标。

21. 平阳绿色动力再生能源有限公司平阳县生活垃圾焚烧发电项目

一、项目基本情况

2009年9月平阳县人民政府（甲方）为了规范生活垃圾的处理，改善平阳县环境质量，与平阳绿色动力再生能源有限公司（乙方）签订了《平阳县生活垃圾焚烧发电（一期）项目特许权协议》，通过BOT（建设——运营——移交）方式在平阳县鳌江镇钱仓社区东江村建设机械炉排炉焚烧处理工艺技术的平阳县生活垃圾焚烧发电项目（以下简称"项目"），授予平阳绿色动力再生能源有限公司对平阳生活垃圾焚烧发电项目的投资、建设、运营维护、收费特许经营权，特许期为28年，建设规模为日处理生活垃圾600吨。

二、项目取得的成效

项目投产运行后使平阳县境内的生活垃圾得到了集中有效的利用处置，

极大改变了平阳县环境卫生状况。项目配备的废气、废水、固废处置设施的正常运行、治理物料的正常投入，确保了各项指标达到 GB 18485—2014 中表 4 标准，彻底消除了生活垃圾焚烧处置的二次污染，真正地实现了垃圾处理的无害化、减量化和资源化。

22. 浙江博世华环保科技有限公司龙泉市高塘生活垃圾填埋场渗滤液处理项目

一、项目基本情况

浙江博世华环保科技有限公司（乙方）是一家专业从事环境污染治理和生态环境修复，集技术开发、技术服务、环保设备制造、工程总承包、资源综合利用及进出口贸易为一体的以固体废物处理为主体的综合性环保公司。2014 年 9 月通过招投标方式取得龙泉市高塘生活垃圾卫生填埋场渗滤液处理项目，项目性质为设计、采购、施工（EPC）总承包，同时含带 5 年该项目运维权。项目甲方为龙泉市环境卫生管理处。

二、项目双方约定的第三方治理服务内容

乙方为甲方提供的渗滤液处理系统服务，包括设备、材料（膜等）的正常使用，设备更换、维修维护，系统正常运行。在委托协议结束时，乙方移交完好的设备、运行记录和相应的分析数据。在 5 年委托运行期间至少更换一次全套膜组件、设备及仪器的易损易耗件，乙方需充分考虑上述情况。

三、项目取得的成效

浙江博世华作为项目运维单位在运营渗滤液处理站的过程中，通过业主单位的大力配合支持加上自身的项目运维经验技术与有效管理，做到了根据季节性渗滤液水量变化，合理安排生产、设备维护到位、水质稳定连续达标排放，台风暴雨时未发生渗滤液外溢等环境污染事件，工作成绩得到业主单位和环保部门的认可。